权威·前沿·原创

皮书系列为
"十二五"国家重点图书出版规划项目

中国社会科学院创新工程学术出版项目

上海蓝皮书
BLUE BOOK OF SHANGHAI

总编／王 战 于信汇

# 上海经济发展报告
# （2016）

ANNUAL REPORT ON ECONOMIC DEVELOPMENT
OF SHANGHAI (2016)

## 创新发展先行者

主 编／沈开艳

社会科学文献出版社
SOCIAL SCIENCES ACADEMIC PRESS (CHINA)

图书在版编目(CIP)数据

上海经济发展报告.2016:创新发展先行者/沈开艳主编.
—北京:社会科学文献出版社,2016.1
(上海蓝皮书)
ISBN 978-7-5097-8630-7

Ⅰ.①上… Ⅱ.①沈… Ⅲ.①区域经济发展-研究报告-上海市-2016 Ⅳ.①F127.51

中国版本图书馆 CIP 数据核字(2015)第 308558 号

上海蓝皮书
## 上海经济发展报告(2016)
—— 创新发展先行者

主　　编 / 沈开艳

出 版 人 / 谢寿光
项目统筹 / 郑庆寰
责任编辑 / 郑庆寰　张　媛

出　　版 / 社会科学文献出版社·皮书出版分社 (010) 59367127
　　　　　　地址:北京市北三环中路甲29号院华龙大厦　邮编:100029
　　　　　　网址:www.ssap.com.cn

发　　行 / 市场营销中心 (010) 59367081　59367090
　　　　　　读者服务中心 (010) 59367028

印　　装 / 北京季蜂印刷有限公司

规　　格 / 开　本:787mm×1092mm　1/16
　　　　　　印　张:17　字　数:258千字

版　　次 / 2016年1月第1版　2016年1月第1次印刷

书　　号 / ISBN 978-7-5097-8630-7

定　　价 / 79.00元

皮书序列号 / B-2006-045

本书如有破损、缺页、装订错误,请与本社读者服务中心联系更换

▲ 版权所有 翻印必究

# 上海蓝皮书编委会

**总　编**　王　战　于信汇

**副总编**　王玉梅　黄仁伟　叶　青　谢京辉　王　振
　　　　　何建华

**委　员**（按姓氏笔画排序）
　　　　　王世伟　石良平　刘世军　阮　青　孙福庆
　　　　　李安方　杨　雄　杨亚琴　肖　林　沈开艳
　　　　　季桂保　周冯琦　周振华　周海旺　荣跃明
　　　　　邵　建　屠启宇　强　荧　蒯大申

# 主编简介

**沈开艳** 上海社会科学院经济研究所副所长、研究员、博士、博士生导师，社会主义政治经济学创新工程学科首席专家，"上海建设具有全球影响力的科技创新中心"社科规划系列课题首席专家，上海市经济学会副会长，中国南亚学会常务理事，中共上海市委党校、华东师范大学、浦东新区党校兼职教授。本科、硕士、博士分别毕业于南京大学经济系和上海社会科学院经济所，曾先后在美国麻省理工学院、印度尼赫鲁大学、英国剑桥大学等国外著名高校做访问学者、接受项目培训。

主要研究方向为政治经济学、宏观经济学及中国经济理论与实践、印度经济等。出版有《结构调整与经济发展方式转变》《农村经济转型》《上海城市功能转型》《经济发展方式比较研究》《中国期货市场运行与发展》《就业促进与和谐社会》《中国（上海）自由贸易试验区建设：理论分析与实践探索》等十余部学术著作，在CSSCI期刊上发表经济学论文数十篇，主持和承担国家级、省市级科研项目十余项，从2010年起担任《上海经济发展报告》主编至今。曾获上海市邓小平理论研究与宣传优秀成果一等奖，上海市哲学社会科学优秀成果二等奖，全国蓝皮书评比一等奖、二等奖等。

# 摘　要

　　创新是引领发展的第一动力。适应和引领中国经济新常态，关键是依靠科技创新转换发展动力，使创新成果更快转化为现实生产力。建设具有全球影响力的科技创新中心，上海必须继续当好全国改革开放排头兵、创新发展先行者。基于此，《上海经济发展报告（2016）》把创新发展先行者定为主题，分总报告、科创中心篇、创新空间篇和创新经济篇四大部分，共计12个报告。

　　本书总报告认为，2015年我国宏观经济运行总体上呈现"有喜有忧，总体稳定，趋势向好"的基本态势。但上海也面临着艰难的挑战与瓶颈，比如严重的人口老龄化以及碎片化的创新链等。究其根源，是促进创新的各项体制机制没有理顺。为此，上海建设全球科创中心首当聚焦体制机制建设，集全市之合力，推动科技资源配置的制度变革。

　　科创中心篇围绕建设全球科创中心的体制机制分别从人才、法制和社会氛围营造等方面展开。本篇指出，人才是建设全球科创中心的重要资源，上海需要进一步调整行业分布、专业结构、区域分布及培养模式；同时，上海应进一步健全科技立法体系，提高科技创新政策的可实施性，健全法律责任，增强制度刚性；指出上海必须坚持以市场为主、大力促进创新主体的多元化、塑造宽容创业失败的社会心理。

　　创新空间篇主要聚焦上海自贸实验区建设、"一带一路"战略关系。首先，分析上海自贸试验区及溢出效应，认为自贸实验区扩区对利益、汇率、人民币国际化改革具有实质性意义；其次，比较分析上海、广东、福建和天津自贸试验区建设的总体方案、运行现状、发展目标和未来趋势；最后，指出上海是"一带一路"和长江经济带的交会点和我国江海航运的原点，是中国（上海）自由贸易试验区制度创新推广的龙头。

创新经济篇关注上海热点问题，认为上海互联网加速发展趋势明显，产业集聚和载体建设加快、互联网企业成长明显和互联网细分行业发展迅速；发现智慧照明、3D打印、移动医疗、网络视听、互联网金融、移动互联网等领域取得一定进展；认为主营业务在500万元以下、500万~5000万元和5000万元及以上不同规模的中小微企业的景气状况分别呈现好转、基本持平和略有好转的趋势。并指出，上海整体市容环境优美整洁、秩序良好，但某些地区特别是城乡接合部或城中村地区仍然肮脏混乱；上海郊区城镇化、城乡一体化发展步伐逐步加快，并且取得丰硕成果，特别是三次产业发展和融合具有鲜明的地方特色。但产业发展水平、农业农村人口转移、城乡基础设施建设等仍面临不少问题。

# Abstract

Innovation is the main dynamic leading to development. In order to adapt and lead the development in the new normal of Chinese economy, transferring dynamic for development by virtue of technical innovation is necessary to transfer innovation accomplishment to actual productivity. To construct an internationally influential center of technology and science, Shanghai ought to be reform pioneer and innovation explorer of the whole country continuously. Given the situation above, *Annual Report on Economic Development of Shanghai 2016* chooses " the pioneer of innovation development" as the main theme, and consists of four parts which are the Main Report, the Part of Technological Innovation Center, the Part of Innovation Space, and the Part of Innovation Economy, and 12 reports in total.

The Main Report concludes that for the macroeconomic operation in China, it appear a situation that can be generalized as "good with bad, stable in general, the tendency to the good". Shanghai, however, is still facing the formidable challenge and full of bottlenecks such as the aging of population, the deficiency of entrepreneurship intention, the fragmentation of innovation chain. The fundamental reasons of these problems are the institutions and mechanisms which are not adaptable to the reality of innovation. Therefore, the construction of institutions and mechanisms is the most important task for Shanghai to establish the internationally influential innovation center of science and technology, that is to collect the power of the whole city to impel the institutional reformation of the distribution of innovation resource.

The Part of Innovation Center focuses on the institution and mechanism establishment of international innovation center, and emphasize the issues of market, human resource, legality and social environment. This part concludes that the kernel content of market environment construction of Shanghai global science and technology innovation center should consists of the services of financial supporting, the service of transferring of scientific and technological achievements, the construction of innovation service platform and relevant policy support. This part points out that human resource is an important part of the establishment of global technical innovation center, Shanghai needs to adjust the distribution of industries, the structure of specialties, regional distribution and mode of cultivation; that Shanghai ought to perfect scientific and technological legislation system, advance the applicability of innovation policies, perfect the legal obligation to advance institutional rigidity. This part also points out that Shanghai ought to insist on the market-orientation, try to achieve the diversity of innovation subjects, construct the social psychology of tolerating failure.

The Part of Innovation Space mainly focuses on the strategic relation between the construction of scientific and technological center and that of Free Trade Zone as well as "the Belt and Road" Strategy. Above all, this part analyzes the situation and its spill-out effect, and concludes that the expansion of the Free Trade Zone has the essential influence on the interest, exchange rate, and the reform of RMB internationalization; this part compare the overall plans, operation situation, development target and tendency of Free Trade Zone of Shanghai, Guangdong, Fujian and Tianjin; at last, this part points our that Shanghai is the junction of "the Belt and Road" and Yangtze River Economic Zone, the start point of Chinese shipping, whether inland or outland, and also the model of institutional innovation of China (Shanghai) Pilot Free Trade Zone.

The Part of Innovation Economy focuses on the hot spots of Shanghai. This part conclude that the development of Shanghai internet economy is accelerating, so are the industrial clusters and the construction of industrial carriers, the enterprises and subdivision industry develop rapidly; that the fields of intelligent lighting, 3D printing, mHealth, Network audio-visual, Internet finance, wireless internet also achieve development; that small and micro businesses of different levels leads to different development situations, Prime operating revenue of 500,000 well, that of 50000 – 5000000 stable, that of more than 5000000 slightly well. This part points out that in general the city appearance environment of Shanghai is neat and beautiful, however in the field of rural-urban fringe zone,

## Abstract

the appearance environment is disorderly and dirty; that the urbanization of Shanghai obtains great achievements, especially, the development of tertiary industries and the industrial integration is impressed with regional characteristic, whereas the level of industrial development, the transfer of population, and the construction of infrastructure is still of lots of problems.

# 目 录

## Ⅰ 总报告

B.1 制度变革引领上海全球科创中心建设 ………… 李 凌 周大鹏 / 001
 一 全球科技创新与科创中心建设新趋势 ………………… / 002
 二 上海建设全球科创中心的总体优势 …………………… / 007
 三 上海建设全球科创中心面临的挑战与瓶颈 …………… / 013
 四 制度变革与上海"科创22条" …………………………… / 020
 五 上海全球科创中心建设的实践与思考 ………………… / 025

## Ⅱ 科创中心篇

B.2 上海建设全球科技创新中心的人才环境研究 ……… 高向东 等 / 034
B.3 上海建设具有全球影响力科技创新中心的
  法制环境研究 ……………………………………………… 彭 辉 / 060
B.4 上海建设科技创新中心的社会氛围营造研究 ……… 李双金 / 084

## Ⅲ 创新空间篇

B.5 上海自贸试验区扩区和溢出效应分析 …………………… 沈桂龙 / 104

B.6　上海、广东、福建和天津自贸试验区比较分析 ………… 徐　琳 / 119

B.7　"一带一路"战略下上海与长江经济带城市群互动
　　 发展研究 ……………………………………………… 邓立丽 / 137

## Ⅳ　创新经济篇

B.8　上海"互联网+"创新趋势及对产业的影响
　　 ……………………………………………… 张晓娣　张　申 / 156

B.9　上海"四新"经济发展相关领域竞争力分析
　　 ………………………… 雷新军　王　鹏　张　凯　钟　斌 / 172

B.10　上海中小微企业发展景气研究 ………………… 陈国政 / 199

B.11　上海城市管理创新研究 ………………………… 于　辉 / 221

B.12　农业发展推动上海城乡一体化的作用研究
　　　——以浦东新区泥城镇为例 …………………… 沈开艳 等 / 239

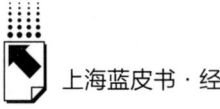

# CONTENTS

## I  General Report

**B**.1  The Path to The Internationally Influential Innovation Center
of Science and Technology　　　　　　　*Li Ling, Zhou Dapeng* / 001

 1. The Tendency of the Construction of Science and Technology
  Innovation Center in the World　　　　　　　　　　　　　/ 002

 2. The Overall Superiority of Shanghai to Construct Science
  and Technology Innovation Center　　　　　　　　　　　　/ 007

 3. Challenges and Bottlenecks of Shanghai to Construct
  Science and Technology Innovation Center　　　　　　　　/ 013

 4. Institution Reform and "22 Policies of the Construction
  of Innovation Center" of Shanghai　　　　　　　　　　　　/ 020

 5. The Reform Effect of the Construction of Science and Technology
  Innovation Center and Some Policy Suggestions　　　　　　/ 025

## II  The Parts of Innovation Center

**B**.2  The Environment of Human Resource in the Construction of
 Shanghai Science and Technology Innovation Centre
　　　　　　　　　　　　　　　　　　　　　*Gao Xiangdong, etc.* / 034

B.3 The Environment of Legality in the Construction of Shanghai
Science and Technology Innovation Centre           *Peng Hui* / 060

B.4 On the Social Atmosphere Build in the Construction of
Shanghai Science and Technology Innovation Centre   *Li Shuangjin* / 084

## Ⅲ  The Parts of Innovation Space

B.5 The Expansion of China (Shanghai) Pilot of Free Trade Zone
and Its Spill-out Effect                           *Shen Guilong* / 104

B.6 The Comparative Study of the Free Trade Zone in Shanghai,
Guangdong, Fujian and Tianjin                      *Xu Lin* / 119

B.7 On the Interaction between Shanghai and the Yangtze River
Economic Belt in the Background of "One Belt and Road"
Strategy                                           *Deng Lili* / 137

## Ⅳ  The Parts of Innovation Economy

B.8 The Innovation Tendency of "Internet+" in Shanghai
and Its Influence on Industries          *Zhang Xiaodi, Zhang Shen* / 156

B.9 The Comparative Study of the Industrial Competition
Capability of "Four-New" Economy                   *Lei Xinjun, etc.* / 172

B.10 On the Prosperity Situation of Middle, Small and Micro
Businesses in Shanghai                             *Chen Guozhen* / 199

B.11 On the City Management Innovation of Shanghai   *Yu Hui* / 221

B.12 On the Function of Industrialization of Agriculture in the
Course of the Integration of Urban and Rural Areas
                                                   *Shen Kaiyan, etc.* / 239

# 总报告
General Report

## B.1 制度变革引领上海全球科创中心建设

李 凌 周大鹏[*]

**摘 要：** 国际金融危机之后，欧美发达经济体向制造业强势回归。集创新动力、载体、资源和环境于一体的全球科创中心，在新产业革命中扮演了重要的节点角色。建设具有全球影响力的科技创新中心，是继"四个中心"之后，上海城市功能拓展与提升的新目标与新举措。作为全国人口首位城市，上海综合实力强，科技创新水平领先，国际化程度高，金融体系完善，构成建设全球科创中心的基础与优势。然而，上海也面临着艰难的挑战与瓶颈。比如，过高的生活成本、严重的人

---

[*] 李凌，上海社会科学院经济研究所、智库研究中心副研究员，经济学博士，主要研究方向为创新经济；周大鹏，上海社会科学院世界经济研究所助理研究员，经济学博士，主要研究方向为产业经济。

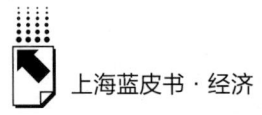

口老龄化以及碎片化的创新链等，导致出现了"创新资源丰富但创新动力不足""创新人才云集但创新活力匮乏"的悖论。究其根源，是促进创新的各项体制机制没有理顺。为此，上海建设全球科创中心首当聚焦体制机制建设，集全市之合力，推动科技资源配置的制度变革。上海"科创22条"吹响了制度变革的号角，其后续效果和连锁反应正逐步显现。

关键词： 全球科创中心　制度变革　科技创新

建设具有全球影响力的科技创新中心[①]，既是上海适应全球科技竞争新趋势、落实国家创新驱动战略新要求的目标定位，也是推进城市功能提升、全面深化改革的战略举措。2015年5月，中共上海市委十届八次会议通过《关于加快建设具有全球影响力的科技创新中心的意见》（以下简称"科创22条"），对上海建设具有全球影响力的科创中心做出具体部署，勾勒出科创中心建设的时间表，吹响了科创制度变革的号角，是破除科技资源配置瓶颈的行动指南。本报告围绕科技创新的全球新趋势，探寻上海推进全球科创中心建设的优势、挑战与瓶颈，通过政策梳理与区县案例比较，提出上海建设全球科创中心的理论思考与对策建议。

## 一　全球科技创新与科创中心建设新趋势

当今世界，随着新产业革命和新技术革命的深入推进，全球科技创新活动极为活跃，全球科技创新中心（或创新集群区域）成为一类重要的创新

---

[①] 2014年5月，习近平总书记在视察上海时提出，上海要加快建设具有全球影响力的科技创新中心。本文将"具有全球影响力的科技创新中心"等同于"全球科创中心"表述，尽管两者的内涵略有差异。

载体。科技创新成为城市在全球层面配置创新资源,实现智能制造和产业结构升级,摆脱 2008 年金融危机冲击的新路径与新使命。进入 21 世纪,科技创新作为一种高度开放的活动,嵌入区域和全球创新网络,根据节点城市(或区域)等级,获取全球创新资源,产生创新成果与辐射效应。区域、城市乃至国家成为创新要素集聚的载体,并力求发展成为科技创新中心。

## (一)科技创新的内涵

依据经济学家对创新的定义,"创新"具有三层含义。[①] 一是发现,发现新的规律和知识;创新是科研人员或科学家以科学研究为先导的知识创新活动,构成知识创新体系。二是发明,发明新的工具、材料与配方,改造工艺流程,实现新技术产品化的过程等;创新是技术人员或工程师以标准化为轴心开展的一系列技术创新活动,构成技术创新体系。三是变革,变革传统的生产形态和管理模式,实现新产品的商业化过程等;创新是企业家在信息化背景下运用现代科技实现价值创造的过程,企业家与企业家精神构成市场创新体系的重要组成部分。

应当看到,创新的三层含义之间既有联系又有区别,环环相扣,交织在一起,构成一条旨在提升科技资源配置效率的"创新链"。从知识创新体系到技术创新体系,再到市场创新体系,创新的主体和载体都不断发生着变化,创新活动从个体(微观)走向组织(宏观),从生产者边界走向消费者边界,从以公益性特征为主走向以营利性特征为主。所以从这个意义上讲,创新的主体和载体是多元的,创新活动是供给推动和需求拉动共同作用的结果。此外,如果把创新环境也考虑进来,那么在创新链的不同环节上,通过政府干预与制度设计,就能改变创新激励,从而更好地诱导和设计创新。一个鼓励创新的市场环境往往需要政府管理模式也做出相应的制度变革与调整,这也属于广义创新的范畴。

---

[①] "创新"的三层含义参考了陈宪(2015)一文,但具体内涵略有不同。详见陈宪《科创中心建设呼唤企业家精神》,《解放日报》2015 年 1 月 8 日。

2001年，联合国开发计划署（UNDP）在《人类发展报告2001》中公布了全球46个国际技术创新中心名单（见附表1），引起广泛关注。该名单依据的是《连线》（Wired Magazine）杂志根据被评估地区在四项指标上的综合表现进行的排名。这四项指标分别与弗里曼（C. Freeman）提出的创新系统四要素之间存在着对应关系：一是人们的创业意愿，即创新动力/主体；二是提供专门知识、促进经济稳定发展的知名公司和跨国公司的数量，即创新载体；三是当地高校和科研机构开发新技术和培育技术工人的能力，即创新资源；四是风险资本把创意转化为商业模式的能力，即创新环境。这46个国际技术创新中心主要集中在发达国家和地区，大致可分为五类：9个是发达国家的大都市、26个是发达国家新兴地区、5个是发达国家老工业基地、4个是发展中国家的高新技术密集区，还有2个是特殊地区（见附表2）。其中，美国就有13个之多，覆盖农业、传统制造业、现代服务业、高新技术产业等领域。

### （二）全球科创中心发展新特征

近十年来，随着互联网的普及，技术移民和全球资本流动速度加快，创新资源集聚空前活跃，全球科技创新中心产生新的发展特征。

一是科创人才多样。人才是推动全球科创中心的核心资源，包括科学家、工程师、智库专家、用户界面设计师和企业家等。互联网背景下，技术移民占比不断提高，移民中介机构为创新者提供高品质的支撑服务。

二是全球资本可达。资金是全球科创中心发展的重要资源，通畅的融资渠道为潜在的科技创新带来充沛的资金支持，充分借助多层次资本市场，利用风险投资基金、天使基金等确保实现从思想到产品及商业化的飞跃。

三是依托产学研集群。基础科学发展在全球科创中心建设中扮演着创新策源的角色。比如，美国斯坦福大学为硅谷输送了大量创新人才，也造就了著名的"斯坦福—硅谷"产学研模式，借此打通"知识—技术—市场"创新链，提高科技成果转化率。

四是形成非正规创新网络。企业之间的非正规网络为加快创新要素流动创造了条件，网络成员之间通过行业协会、企业联盟或共性技术平台[①]等非行政力量缔结在一起，共同分享信息、技术、人力资源和创新理念。

五是贴近市场需求。市场需求是拉动全球科创中心发展的驱动力量，也是检验创新成果的唯一标准，技术选择、产品升级符合市场需求的偏好，决定着科技创新的方向。

六是科技服务体系完备。完备的科技服务体系是构建"热带雨林"式创新生态的必要条件，包括项目发现、团队构建、技术交易、企业孵化、创业培训、知识产权保护、后续投融资等全方位支持的服务内容体系，培育开放性、多样性和竞争性的创新组织。

### （三）欧美发达国家科技发展新趋势

后全球金融危机时期，创新要素流动频繁、重组加快，全球科创中心的渗透性和扩散性越来越强，对经济社会发展的引导和贡献愈发明显。以欧美发达国家发起的"再工业化"和"工业4.0"为中心，在世界范围内出现了新一波以政府主导为主要特征的智能制造业升级，根本动因在于尽快摆脱2008年金融危机的阴霾，进一步牢牢占据全球科技发展的制高点，在国际地位竞争中抢夺先机和话语权。

美国奥巴马政府自2012年3月开始推行国家制造业创新网络（NNMI）计划，这是继颁布《重振美国制造业框架》《制造业促进法案》，启动"先进制造业伙伴"（AMP）计划以及设立白宫制造业政策办公室以来，美国实施"再工业化"战略的又一重要步骤，也是奥巴马政府"利用行政权力推动制造业复苏和经济发展"的重大举措。国家制造业创新网络（NNMI）由15个具有共同目标、相互关联但又各有侧重的制造业创新研究院（IMIs）组成，计划投入10亿美元；到2013年7月，研究院数量被修正为十年内达到45个，并在2015财年的预算中增加投入。目前，美国已经成立了4家制

---

[①] 例如，苹果公司通过IOS系统将全球用户与App制造商连接在同一个平台上，根据应用商店研究公司Distimo和Appsfire的统计。截至2015年2月，全球App软件数量已突破140万款，相似功能的App制造商借助苹果终端设备采集用户需求，实现网络创新。

造业创新研究院,分别是国家增材制造、新一代电力电子制造、数字制造与设计、轻质现代金属制造。每一个研究院都旨在发展成为一个地区枢纽,集聚产学研等各方力量,联合联邦机构共同投资技术领域,连接技术应用与产品开发。①

德国内阁于2010年7月14日通过由联邦教研部主持制定的《2020高科技战略》,重点关注气候/能源、保健/营养、机动性、安全性和通信五大领域。为确保《2020高科技战略》的有效推进,德国联邦政府预计每年投入50亿欧元,同时将投入高科技的资金占比提升至GDP的1%。除此之外,还有专门针对中小企业的资助项目。德国财政资金重点资助三类创新活动:一是对处于初创期的高科技公司进行州层面的资金资助;二是为没有能力租用展台的小企业提供展示的机会;三是为企业与大学合作"牵线搭桥"。另外,企业可以从欧盟、联邦和州三个层面同时申请,最多可申请到整个研发支出50%的资助。为了避免财政资金使用效率低下,德国政府对财政资金的资助规则做出了严格规定,包括资助对象是项目而不是行业、资助资格需要经过充分竞争获取、专家委员会全程介入资助始末以及市场化托管资助资金等。② 为了全面提升德国工业竞争力,在新一轮工业革命中占领先机,2013年4月,德国政府于汉诺威工业博览会上正式提出"工业4.0"战略。在德国工程院、弗劳恩霍夫协会、西门子公司等德国学术界和产业界的推动,以及德国联邦教研部与联邦经济技术部联手资助下,该项目升级为国家战略,德国联邦政府投入2亿欧元。

可见,这一轮科技创新主要是在政府主导下推进的,科技创新不再像以往那样被动式发展,而是各国制度设计的产物。其显现三大新趋势:首先,财政资金全面介入,注重战略规划与顶层设计,聚焦基础学科发展,打通产学研链条;其次,制造业升级全面展开,通过促进制造业和数字技术的

---

① 丁明磊、陈志:《美国建设国家制造业创新网络的启示及建议》,《科学管理研究》2014年第5期。
② 根据牛智敬等撰写的新闻报道改写而成,具体参见牛智敬、顾乡《德国如何保证创新财政补贴不被滥用》,《第一财经日报》2015年4月23日。

融合，实现技术升级与产品创新；最后，城市发展全面转型，城市作为集聚科技创新资源的载体作用凸显，智慧城市蓬勃兴起，一定程度上缓解了就业压力。发达国家为摆脱金融危机阴霾而引领世界发展潮流的实践经验，表明科技创新是推动一个国家和民族向前发展的重要力量。新一轮全球科技革命与产业变革背景下，中国经济只有深化体制机制改革，加快实施创新驱动发展战略，才能适应新常态、引领新常态，实现"两个一百年"的奋斗目标。

## 二 上海建设全球科创中心的总体优势

### （一）科技创新是强国之策

中国是世界四大文明古国之一，中国古代的科学技术在世界科学技术史上书写了浓墨重彩的一笔，在天文学、农业技术、医学、数学、建筑等领域都为人类文明做出了杰出贡献。其中，造纸术、指南针、火药、活字印刷术四大发明为世人所乐道。李约瑟在《中国科学技术史》中记载："中国人的发明就多了，这些发明在公元一世纪到十八世纪期间先后传到了欧洲和其他地区，包括：①龙骨车；②石碾和水力在石碾上的应用；③水排；④风扇车和簸扬机；⑤活塞风箱；⑥平放织机和提花机……㉓火药以及和它有关的一些技术；㉔罗盘针；㉕纸、印刷术和活字印刷术；㉖瓷器。我写到这里用了句点，因为26个字母都已经用完了，可是还有许多例子，甚至还有重要的例子可以列举。"① 李约瑟进一步指出，在16世纪以前，中国在科技和经济发展上一直保持世界领先水平，但之后便迅速全面衰落。除了制度变迁外，科技落后是解释"李约瑟之谜"的重要视角。②

新中国成立后，科技进步成为推动我国社会主义建设和经济增长的有力

---

① 李约瑟：《中国科学技术史》（第一卷），中华书局香港分局，1975，第546~547页。
② 王冬、孔庆峰：《资源禀赋、制度变迁与中国科技兴衰——李约瑟之谜的科技加速进步假说》，《科学学研究》2013年第3期。

武器。在共和国艰难的发展初期，建设者依旧以极大的热情投入科研工作，创造了"两弹一星"①的辉煌业绩，缩小了同欧美大国之间科技进步的差距（见表1）。

表1 主要核国家从原子弹到氢弹研制时间对比

| 核国家 | 第一颗原子弹 | 第一颗氢弹 | 时间间隔 |
|---|---|---|---|
| 中国 | 1964年10月 | 1967年6月 | 2年8个月 |
| 美国 | 1945年7月 | 1952年11月 | 7年4个月 |
| 苏联 | 1949年9月 | 1953年8月 | 3年11个月 |
| 英国 | 1952年10月 | 1957年9月 | 4年11个月 |
| 法国 | 1960年2月 | 1968年8月 | 8年6个月 |

资料来源：青海省原子城纪念馆。

改革开放之后，科技领域拨乱反正，科技创新突飞猛进，"国家科技成果重点推广计划""攀登计划""973计划"相继实施，"科教兴国"战略加速了科技创新的进程。1992年春邓小平在南方讲话中指出，科学技术是第一生产力，"高科技的作用，从经济发展来讲是生产力，从军事角度来讲是威慑力，从政治上来说是影响力，从社会发展而论是推动力"。②

进入21世纪，国家高度关注创新问题。2006年《国家中长期科学和技术发展规划纲要（2006－2020年）》正式出台，明确提出"自主创新"的内涵：自主创新就是从增强国家创新能力出发，加强原始创新、集成创新和在引进先进技术基础上的消化吸收再创新。2007年党的十七大更是进一步明确，将"提高自主创新能力、建设创新型国家作为国家发展战略的核心"。2012年党的十八大报告再次强调，"坚持走中国特色自主创新道路，以全球视野谋划和推动创新，提高原始创新、集成创新和引进消化吸收再创新能力，更加注重协同创新。深化科技体制改革，加快建设国家创新体系，

---

① 指原子弹、氢弹和人造地球卫星。
② 孙汉文：《现代科学技术概论》，中国经济出版社，1999，第24页。

着力构建以企业为主体、市场为导向、产学研相结合的技术创新体系。完善知识创新体系，实施国家科技重大专项，实施知识产权战略，"将全社会的智慧和力量凝聚到创新发展上。

2014年5月，中共中央总书记习近平在视察上海时指出，科技创新已经成为当今世界提高综合国力的关键支撑，成为社会生产方式和生活方式变革进步的强大引领。上海要"努力在推进科技创新、实施创新驱动发展战略方面走在全国前头、走到世界前列，加快向具有全球影响力的科技创新中心进军……要牢牢把握科技进步大方向，瞄准世界科技前沿领域和顶尖水平，力争在基础科技领域有大的创新，在关键核心技术领域取得大的突破；要牢牢把握产业革命大趋势，围绕产业链部署创新链，把科技创新真正落到产业发展上；要牢牢把握集聚人才大举措，加强科研院所和高等院校创新条件建设，完善知识产权运用和保护机制，让各类人才的创新智慧竞相迸发"。上海市委书记韩正在2015年1月市政协"解放思想深化改革开放，着力建设科技创新中心"专题会议上指出："上海要建设具有竞争力的创新中心城市。要形成大众创业、万众创新的局面，创新的活力在于改革，创新的动力在于市场。"

2015年5月25日，为全面落实中央关于上海要加快向具有全球影响力的科技创新中心进军的新要求，认真贯彻《中共中央、国务院关于深化体制机制改革加快实施创新驱动发展战略的若干意见》，适应全球科技竞争和经济发展新趋势，立足国家战略推进创新发展，中共上海市委、上海市人民政府公布了《关于加快建设具有全球影响力的科技创新中心的意见》。一年时间，科创中心实现了从概念提出、蓝图设计再到具体推进的跨越，上海逐渐在全球有影响力的科创中心中重新定位自己的坐标。

## （二）上海具备建设全球科创中心的条件与优势

建设全球科创中心为什么选择上海？科创中心建设的上海优势可能出于以下几点考虑。

### 1. 上海是全国首位城市[①]，经济腹地广阔

人口规模与科技创新正相关，从《连线》发布的 46 个国际技术创新中心看，世界上科技创新最活跃的地区一般都集中在硅谷、洛杉矶、纽约等人口稠密且快速增长的大城市。2014 年，上海市常住人口达到 2425.68 万人[②]，如果把区域一体化程度较高的经济腹地长三角地区也计算在内，那么将辐射到接近 2 亿人口。人口规模尤其是年轻人的数量，一方面为科技创新提供了充足的人才基数和智力储备，另一方面也为新产品开发开辟了广阔的市场空间，快速扩张的劳动力市场也能降低创业的机会成本。

### 2. 上海综合实力相对较强

作为崛起中的全球城市，上海在综合实力、社会治理、产业结构、基础设施、对外开放、科教文卫与辐射功能等方面已经取得长足发展（见表 2），"四个中心"建设框架初步形成。

表 2　反映上海综合实力的社会经济发展指标及其排名、占比情况

| 类别 | 主要指标 | 2014 年指标值 | 排名、占比 |
|---|---|---|---|
| 综合实力 | 人均 GDP | 9.73 万元（1.57 万美元） | 全国第 2 |
|  | 金融（含外汇）市场交易额 | 786.66 万亿元 | 全国第 1 |
|  | 进出口额 | 4666.22 亿美元 | 全国第 3 |
|  | 服务贸易额 | 接近 2000 亿美元 | 全国第 1 |
| 产业结构 | 二产：三产 | 34.7:64.8 | 结构合理 |
|  | 战略性新兴产业增加值 | 3453.23 亿元（占 GDP 的 14.7%） | 全国领先 |
| 基础设施 | 港口货物吞吐量 | 75528.89 万吨 | 世界前 2 |
|  | 集装箱吞吐量 | 3528.53 万国际标准箱 | 世界第 1 |
|  | 浦东机场货运量 | 340 万吨 | 世界第 3 |
|  | 轨道交通运营里程 | 548.44 公里（不含磁悬浮） | 世界领先 |
| 对外开放 | 外资银行 | 子行（法人）22 家，分行 73 家 | 全国第 1 |
|  | 外企总部 | 超过 1000 家 | 全国第 1 |
|  | 常驻境外人士 | 30 万人 | — |

---

[①] 首位城市是在一个相对独立的地域范围内（如全国、省区市等）或相对完整的城市体系中，处于首位的，即人口规模最大的城市。

[②] 资料来源：《2014 年上海市国民经济和社会发展统计公报》。

续表

| 类别 | 主要指标 | 2014年指标值 | 排名、占比 |
|---|---|---|---|
| 科教文卫 | 研发强度（R&D/GDP） | 3.60%（R&D投入831亿元） | 全国领先 |
| | 高等院校、两院院士 | 60余所、166位 | 全国第2 |
| | 科研院所 | 105家 | — |
| | 外企研发中心 | 388家 | 全国领先 |
| | 平均期望寿命 | 82.29岁 | 发达国家水平 |
| 辐射功能 | 商品销售总额 | 7.41万亿元 | — |
| | 电子商务交易 | 1.35万亿元 | 全国领先 |
| | 关区货物进出口总额 | 8634.55亿美元 | 占全国近1/4 |
| | 市场体系 | 上海证交所、黄金交易所、期货交易所、钻石交易所、技术交易所等 | |
| 国资实力 | 国资总资产 | 24.3万亿元 | 占上海GDP的47% |
| | 行业分布 | 房地产、汽车、电站设备、港口、宾馆酒店等 | |
| 社会治理 | 管理规范 | 一门办理、一头管理、一口管理 | |

资料来源：《2014年上海市国民经济和社会发展统计公报》、2014年《上海统计年鉴》。

### 3. 上海科技创新水平处于全国领先地位

截至目前，上海全面参与了国家16个重大项目，具备丰富的重大项目经验。先进封装光刻机、双模终端基带芯片、重组人尿激酶原（普佑克）等体现国内科技最高水平、打破国际垄断的重大创新成果和产品在上海相继出现；光源、65米射电望远镜、国家蛋白质科学基础设施等一批大科学装置落户上海；"神舟十号"载人航天工程、"嫦娥三号"探月工程、"蛟龙号"载人潜水器科考等国家战略工程，都闪烁着上海科技工作者的聪明才智。从2010~2014年《全国科技进步统计监测报告》提供的定量指标来看，2010~2013年上海综合科技进步水平始终保持全国首位，2014年位列第2，获得82.48分，仅落后北京0.64分，与天津、广东、江苏和浙江相比，领先优势较为明显（见图1）。其中，科技活动投入指数位居全国第1，科技进步环境指数、科技活动产出指数位居全国第2，高新技术产业化指数、科技促进经济社会发展指数位居全国第3。

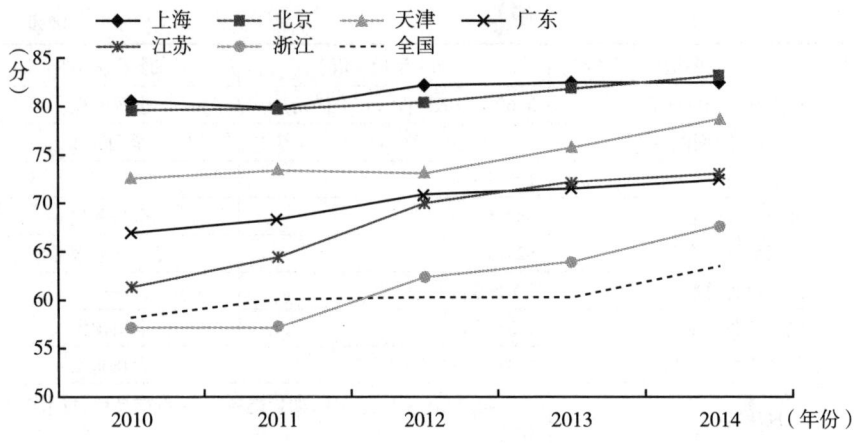

**图1　2010～2014年上海及主要省市综合科技进步水平指数变化**

资料来源：根据历年《全国科技进步统计监测报告》整理。

**4. 上海的国际化水平相对较高**

自20世纪90年代初浦东开发开放以来，上海就把全球市场作为自己的发展坐标，通过大量吸引外资，与国际规则接轨，朝着社会主义现代化国际大都市目标迈进。2013年9月底，中央批准设立中国（上海）自由贸易试验区之后，上海进一步确立了以开放促改革的战略方针，深入推进行政体制改革，种好改革试验田，通过制度复制、效应溢出方式，向全国推广。高度国际化为上海吸纳全球创新资源，引进吸收再创新创造了条件与平台。

**5. 上海的金融市场体系发展较为完善**

科创中心建设离不开"四个中心"，尤其是国际金融中心的支撑。科技创新不仅包括研发和锻造产业链本身，而且还包括价值发现与实现的过程，因而也离不开大资本推动与衍生金融工具的作用。建设全球科创中心特别需要关注以下议题，如科技创新投融资渠道是否畅通、多层次多功能的资本市场是否增加了中小企业参与市场公平竞争的权利以及如何借助互联网为新业态注入创业资本等。经过多年发展，上海国际金融中心建设取得重大进展，从强调金融机构集聚转向完善金融市场体系发展与创新，从科技与金融的独立发展转向市场机制设计下通过技术银行等方式促进两者的深度融合等，这也是上海建设全球科创中心的题中之意。

## 三　上海建设全球科创中心面临的挑战与瓶颈

上海拥有丰富的科技创新资源，建设全球科创中心意愿强烈，但同美国硅谷、以色列的特拉维夫等世界一流的科技创新中心相比，在体制机制创新、市场化改革和创新文化方面，仍有较大差距。面对中央提出的建设全球科创中心目标，上海面临严峻挑战：高昂的生活与创业成本、人口老龄化等，这些挑战并不必然阻碍科创中心建设，但必须加以重视。与此同时，上海还面临诸多科创中心的建设瓶颈，集中表现为碎片化的"创新链"，导致创新激励缺失或错位，进而出现上海"科技创新资源丰富但创新动力不足""创新人才云集但创新活力匮乏"的现实困境，应设法予以扭转与突破。

### （一）不断攀升的生活成本与人口老龄化问题

#### 1. 高昂的生活与创业成本

2014年，上海居民人均可支配收入达到4.77万元，多年来一直领跑全国，然而在购买力平价意义上，上海高昂的生活成本在国内也是首屈一指的，主要包括房价①、学费、交通费、医疗费等，这大大降低了上海对创业人士的吸引力。

2014年3月4日英国著名智库《经济学人》发布的"2014年度全球生活成本"调查显示，上海已经成为中国内地生活成本最高的城市，排名第21位，超过纽约（排名第26位）和北京（排名第47位）。另一家全球知名咨询公司美世咨询（Mercer）公布的"2015年度全球城市生活成本"排名

---

① 2015年前5个月上海核心区新房均价开始进入"8万元/平方米"时代，其中静安区逼近"10万元/平方米"。

显示，上海列第6位，超过北京，上升势头强劲，在2014年度的排名中，上海仅列第10位。

而且，创业园区过度依赖土地租金的做法，也严重扭曲了创业激励。比如，上海98家挂牌的文化创意园区几乎都依靠租金收入，只有个别园区通过提供增值服务、股份置换等方式获利，而且在园区分布更为集中的中心城区，租金更加高昂。园区经营在"租金模式"中，逐步陷入惰性与僵化。[①] 有两方面的制度安排提升了上海创业的机会成本：一是企业规模扩大和科层组织设计，导致企业内部的行政化倾向，在国有企业内部尤甚；二是强势政府和行政指令干预，一旦知识产权失于保护，产权溢价得不到市场认可，就在无形之中提高了创业成本，进而梗阻创新创业。调研发现，一些科技从业人员在张江"打工"若干年后，便赴深圳创业，究其根源，仍然在于上海高昂的创业成本。

应当看到，高昂的生活和创业成本，无疑是"上海为什么出不了马云"的重要原因。同时，高昂的生活与创业成本可能会阻碍科技创新中心建设，但关键在于创新的收益是反哺、惠及与激励了创新者，还是变相地以各种"租"的形式，为土地、房屋等为创新活动提供创业条件的资产垄断者所占有。一旦激励扭曲且固化下来，就容易产生盘踞在科创阶层之上的食利阶层，从而遏制创新活力，阻碍创新文化形成。

2. 人口老龄化趋势严重

"十二五"期间，上海进入人口老龄化加速发展期。2013年底，上海60岁及以上户籍人口达到387.62万人，占户籍总人口的27%；预计到2015年末将增至430万人，约占户籍总人口的30%[②]，在全国范围内率先步入老龄化社会。

研究发现，上海各区县60岁及以上户籍人口在户籍总人口中的占比差异较小，而在常住人口中的占比差异则较大（见图2），这在一定程度

---

① 孙洁：《创意产业空间集聚的演化：升级趋势与固化、耗散——来自上海百家园区的观察》，《社会科学》2014年第11期。
② 资料来源：上海市统计局。

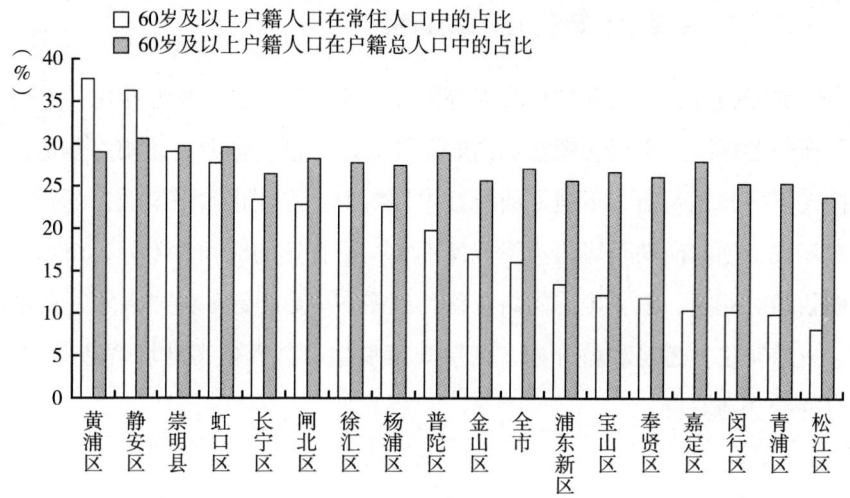

**图 2　2013 年上海各区县 60 岁及以上户籍人口占比分布**

资料来源：2014 年的《上海统计年鉴》。

上揭示了，大部分潜在的创新创业者——相当一部分是年轻的外来常住人口——出于规避高昂的生活成本等原因，居住或工作在上海郊区。而且上海外来人口中潜在的创新创业者占比并不高。2014 年上海市委 1 号课题调研指出，大部分流动人口受教育程度较低，属于公共服务导入型，他们集聚在生活成本相对低廉的市郊，是为了分享上海医疗卫生和基础教育等公共服务资源。2009 年，上海社会科学院人口与发展研究所开展的关于上海本地和外来人员就业、社会保障情况的抽样调查显示，100 名上海户籍劳动力中，大专及以上学历占 44～45 名，初中及以下学历占 23～24 名；而在上海外来劳动力中，这两项指标分别为 30～31 名和 47 名。[①] 可见，人口老龄化以及外来人口受教育水平偏低，将对全球科创中心创建构成严峻挑战。

---

① 周海旺：《上海市外来与本地从业人员状况比较研究——基于 2005 年和 2009 年两次抽样调查的分析》，《人力资源研究》2010 年第 4 期。

## （二）发展瓶颈：碎片化的创新链

同美国硅谷、以色列特拉维夫等世界一流的科技创新中心相比，上海科技创新的发展瓶颈主要表现在：高端研发人才、创新创业人才相对不足；研发投入不高，创新能力不强，前沿技术创新少，产业化水平偏低；创新创业氛围不浓，创业活动及风险投资规模不大，小企业的成长性不强；市场导向的创新相对薄弱，创新生态网络有待增强等。① 无论是在科技人才、科创资金、成果转化，还是利益分配、创新政策衔接、创新生态环境营造等方面，都有待健全与完善。

1. 科技人才

一是科研人员的评价体系仅基于论文，而不与产业界的技术合作或技术转让挂钩。真正原创型的思想创新并不多见，再加上研究的选题主要来自政府资助，往往同现实需求割裂脱节。

二是传统体制内科研人员是科研单位的附属品，束缚和限制了人才的自由流动。比如，每位科研人员都是特定科研机构的资源，具有单位属性，单位与单位之间的壁垒森严，科研人员之间的横向流动与跨界合作难度较大。此外，科技人才在高校、科研院所和创新企业之间的双向流通不畅，在企业里获得的技术发明和专利产品不能作为职称晋升依据，从而制约了人才作用发挥。

三是创新型企业缺乏高端技术人才，特别是先进制造业的高级人才奇缺。数据显示，尽管上海企业的技术工人占比超过了50%，但高级技师仅占总技术工人的0.1%左右，技师和高级技工的占比也分别只有1.1%和6.1%，而在发达国家，高级技工占比一般都超过35%。② 此外，上海对外

---

① 国务院发展研究中心课题组：《上海建设具有全球影响力科技创新中心的战略思路与政策取向》，《科学发展》2015年第5期。
② 数据引自胡晓鹏《"十二五"期间上海提高自主创新能力战略思路研究》，载潘世伟主编《建设创新驱动的世界城市——上海"十二五"发展规划思路研究》，上海人民出版社，2011，第142页。

籍高端人才的吸引面临永久居留证的升级门槛过高、申报流程长、发放数量少,来沪外国留学生毕业以后无法在上海直接就业等问题。目前,上海境外人员占常住人口的比例不到1%,远低于纽约的36%、硅谷的66%和新加坡的33%。①

2. 科创资金

一是科技型中小企业融资难问题依然突出。市工商联的相关调研表明,有89.4%的企业存在向银行获取创新资金支持的意愿,但创新型企业大多属于轻资产企业,无法提供资产抵押。即使有银行对中小企业、科技企业提供资金的支持,但由于其高风险的特点,银行对其也有风险评估,往往银行的贷款利率也是偏高的,融资成本既难也贵。

二是缺乏善于甄别的国内风险投资公司。根据清科等研究机构提供的数据,目前中国有天使投资基金177个,资金总额大概150亿元。其中北京有56个,金额大概超过70亿元,上海有26个,金额在24亿元左右。上海的天使投资无论是在规模上还是在投资活跃度上,都不及北京。② 对初创期、种子期的投入和商业孵化相对不足,普遍采用跟随国际风投的低风险策略等,都在一定程度上拉大了金融与科技的距离,也"稀释"了上海创业的吸引力。

三是现有的中小板、创业板准入门槛高。一般要求企业具有持续盈利能力和一定规模的净资产,阻碍了主业较为突出又具有一定现金流规模但需要持续投入的创新型企业的上市通道。

3. 成果转化

一是"高大上"的科研成果难以走出实验室、走上生产线。2014年上海联合产权交易所提供的一则数据令人惊异,在上海市产权交易中,技术交

---

① 肖林:《上海共性技术研发主体严重缺失》,澎湃新闻,http://www.thepaper.cn/newsDetail_forward_1366428。

② 肖林:《上海共性技术研发主体严重缺失》,澎湃新闻,http://www.thepaper.cn/newsDetail_forward_1366428。

易只有103项,交易金额仅11.31亿元,分别不足交易总量的5%和1%①,反映了知识创新体系与技术创新体系之间的脱节。

二是技术熟化成为"缺失的一环"。通过实地调研笔者发现,国内技术转移转化的关键难点在于技术熟化这一瓶颈上,也就是产品的"中试环节"。技术熟化通常需要数十倍于研发的中试成本且具有外部性,因此,国内企业和风投往往不愿意在中试环节投入过多,这使得从研发、应用到商业化之间缺失关键一环。这反映出技术创新体系与市场创新体系之间的脱节。

三是忽视市场需求这道看不见的"玻璃门"。目前,我国的产业规划和技术路径大多是由政府制定的,各地战略性新兴产业选择又大体趋同。政府圈定了哪些重点发展的产业,往往成为新政策出台时人们关注的重点。在此情形下,政府通过产业指导目录鼓励企业选择前沿技术,推动新产品生产,然而,一旦新产品得不到市场的认可,与市场的消费阶段不匹配,科技创新企业就会被阻挡在消费市场这道看不见的"玻璃门"之外。

4. 利益分配

一是企业内部的创新利益分配带有浓重的唯领导意志色彩。企业内部的科技攻关项目,"领导挂帅"、论资排辈是惯例,工程技术人员的署名权得不到应有的尊重。企业科层化的组织构架,淡化了对创新贡献的客观评价,特别是在国有企业,"关系"往往超越正式制度,导致创新激励中的"领导意志"与"平均主义",造成创新产权模糊,打击创新者的积极性,降低创新团队的满意度。这些负面现象不仅客观存在,而且还从体制机制的根源上腐蚀创新机体、弱化创新意志,迫使创新流于形式,变成应付各级领导汇报的表面文章。

二是实践中的股权激励试点工作推进阻力重重。用股权期权方式激励创新者,形成合理的利益分享机制,是国外比较成熟且行之有效的创新激励手

---

① 资料来源:上海联合产权交易所。

段之一。然而国内的股权激励方案走得异常艰难①，往往原则上同意，操作上却反对或缓行，从政策到落地环节重重，导致上海的股权激励试点至今全军覆没②。

三是科研奖励隶属于事业单位绩效工资范围，总盘子不变、财政拨款和报销方式不变，激励效果难以凸显。高校、科研院所从业人员主要依靠工资性收入，科研奖励占比有限，而且从奖金的管理体制看，仍隶属于事业单位财政拨款范围，总盘子不变、报销周期长、手续烦琐、"奖物不奖人"。

5. 创新政策衔接

一是科技型企业在工商注册登记、融资、股权变更和退出时犯难，陷入政策真空地带。比如，创客空间的工商注册登记问题③、一址多照的问题等。另外，当科技型企业发生股权更迭时，按照目前的工商注册规定，需要股东同时悉数到场，一起办理手续，这对于基于互联网发展起来的新业态而言，难度极大。

二是创新政策有时"相互打架"。新法颁布后旧法仍在实行，导致政策在操作层面的混乱，缺乏明确统一的创新管理法规。例如，在激励科研机构推进知识产权保护和技术转让方面，个别地区20年前颁布的已经废除的法规目前仍在实行，这极大地削弱了新法律、新法规的创新激励导向作用④。

---

① 2015年9月11日《解放日报》以《股权激励为何三次"暂缓"》为题，介绍了上海大学教授、超导材料专家蔡传兵及其研发团队在分享股权激励方面的三次起伏。
② 企业高层不支持与权力斗争或许是股权激励方案无法落地的又一重要原因。在高校方面，仅有少数研发团队获得了股权激励，如上海理工大学太赫兹研发团队获得太赫兹技术研究院72%的股份，学校占股28%。目前，太赫兹技术研究院正在注册中，注册资金为3000万元，包括300万元现金和2700万元无形资产。
③ 3W咖啡的例子。
④ 比如，1996年国家《促进科技成果转化法》规定：利用职务科技成果作价投资的，科研人员从该项科技成果形成的股份或者出资比例中，提取不低于20%的比例。2015年8月29日《促进科技成果转化法修正案》将此比例提高到不低于50%。又如，在上海市层面，2007年出台《上海市发明创造的权利归属与职务奖酬实施办法》，明确规定了发明人的权利；2013年上海市高级人民法院制定了《职务发明创造发明人或设计人奖励、报酬纠纷审理指引》，其中强调科研机构的技术转让规定的重要性。这些新的政策对科技创新做出了更大范围的鼓励与激励。

三是国内研发费用加计扣除的政策支持力度不足。上海在本土企业经营方面收取企业在海外的投资收入、红利和管理金收益的税收,对企业技术引进、消化吸收、技术输出产生的成果却没有明确的税收优惠,对跨国经营企业在境外开展技术创新、品牌创建、市场拓展、上市推进和高层次管理人才培训等方面也没有特别的资金资助。

6. 创新生态环境

一是"容错机制"缺失。科技创新充满着不确定性,创新失败往往消磨企业的创新意志,但企业家精神的本质恰恰是冒险和不畏失败。上海在创新文化方面处于弱势,鼓励创新的"容错机制"有待建立与完善。

二是日益高企的商务成本正在逐步蚕食上海的创新文化。目前,上海有创业苗圃71家、市级孵化器107家、加速器13个,基本形成了覆盖全市所有区县的孵化器网络①。然而,一些创业园区管理跟不上,只有华丽的外表,而缺乏必要的创新创业服务,既没有金融支持和股权跟投机制,也缺乏线上线下开放式的与创业者的互动与引导,这就难以营造"大众创业、万众创新"的浓厚氛围。

综上,上海建设全球科创中心,核心是解决体制机制问题,破除制约创新的一切制度藩篱,推进简政放权,突出市场机制在科技资源配置方面的决定性作用,并更好地发挥政府在优化创新生态环境方面的作用。

## 四 制度变革与上海"科创22条"

2015年5月25日,中共上海市委十届八次会议通过"科创22条",对上海建设全球科创中心做出了目标规划与战略部署,吹响了科创制度变革的号角,成为破除科技资源配置瓶颈的行动指南。

### (一)科创链亟须制度支撑

目前,上海科技创新存在动力不足的问题,原因在于政府和市场各司其职

---

① 资料来源:上海市科技创业中心。

的制度安排不到位，科技创新资源配置的制度支撑不力，尤其是该由市场配置资源的领域政府介入过深，从而导致各类科技创新资源配置的体制机制混乱。从理论上讲，科技创新成果的商品化、产业化，由于创新成果知识产权的私有属性，应主要由市场机制发挥决定性作用，价格调节是市场经济的一种有效制度安排，政府主要加强对知识产权的保护，过度干预科技成果的市场转化不仅会导致科技资源配置效率低下，而且还会扭曲创新激励的利益分配，形成"与市场争利"之势。在科技创新的公共品领域，如科学研究、技术转化、应用试验和小试中试等环节，由于创新的外部性较强或者存在大量沉没成本，很少有企业愿意参与这个阶段的科技创新，"市场失灵"问题则更容易产生，这就需要由政府干预的制度安排来加以推动和规范，以降低科技创新的外部成本。

政府和市场是两种截然不同但又紧密相关的资源配置权力场，在科技创新领域，两种权力一旦发生错配，就极易阻碍创新进程、扭曲创新利益分配，造成"有研发无技术、有技术无试验、有试验无业态、有业态无产业"的科技创新"碎片化"。为此，"科创22条"明确指出，上海要突破科技创新的发展瓶颈，应当聚焦创新链上不同阶段政府和市场关系的内在深层次矛盾，核心是解决体制机制问题，用制度变革打造完整的科技创新链，提升上海全球科创中心建设的核心功能。

## （二）用"负面清单"激发市场活力

坚持市场在资源配置中的决定性作用，反映到科技创新资源配置方面，就是要用"负面清单"激发科技创新的市场活力，其主要包括两层含义。一是在制度设计上"留有余地"，用"负面清单"来激发个人创造才华，吸引企业探索新工艺、新技术、新市场和新模式。用"负面清单"为个人和企业的创新留出空间，而不是凡事都由政府来审批，因为从理论上讲，政府不是一个创新机构。二是把本该属于市场的科技资源配置权力归还给市场，修复权力错配，合理配置资源。比如，在科技人才认定方面，核心问题并不在于简化了多少人才审批程序，也不在于放宽了多少人才认定标准与名额，而在于认定的权力归谁所有，科技人才是政府来认定还是市场说了算。"比尔·盖茨"和"乔布斯"并不是在那些所谓的唯学历、唯职称论的人才评价体系中脱颖而出的，相反，他们或许甚至连本科都没有毕业。

因此，从制度变革的视角看，建设科技创新中心的核心不在于一个国家或一座城市拥有创新资源的多寡，而在于科技创新资源配置的制度安排。在好的市场制度下，即便创新人才和资源不在本地，他们也会纷至沓来，为本地服务。美国就是极好的一个例子，全世界最优秀的创新人才和创新资源都能为其所用，关键就在于美国拥有一套规范、成熟的市场制度，孕育了包括开放网络、公司制度、风险投资体系等在内的制度创新。硅谷之所以能够成为全球顶级科创中心，其中的重要原因之一，就是以开放制度和创新网络吸引全球科技顶尖人才[1]。

### （三）用"正面清单"约束政府权力

政府权力在配置科技创新资源中，既不能懒政怠政，对有损于市场的恶行置之不理，也不能越俎代庖，过度干预企业的科技创新活动，而是要"有所为有所不为"，将政府行为置于"正面清单"的约束下。否则，政府的权力可能不着边际，既容易滋生腐败，又导致行政效率低下。

用"正面清单"约束政府权力，主要是因为在科技创新的公共品生产领域，具有一定的自然垄断性质，导致政府权力的垄断性以及由此派生出来的权力扩展，必须加以约束。为此，用"正面清单"约束公权力的肆意膨胀，是鼓励创新的另一种具体表现，也是依法行政、依法治国的重要体现。

用"正面清单"约束政府权力，核心在于简政放权，实现有所"不为"。在科技创新领域，要砍掉一批行政审批项目；把不需要由政府部门审批的事项尽快下放市场、下放社会；对保留的行政审批项目进行改内容、改流程、改时限；并切实履行好对已保留审批事项的事中和事后监管，探索在

---

[1] 从2014年硅谷联合投资公司发布的"硅谷指数"（The Index of Silicon Valley 2014）来看，硅谷非美国出生的居住者的比例为36%，明显高于加州（27%）和美国全国（13%）的平均水平；硅谷约51%的人口使用的日常语言不是英语，同样高于加州（44%）和美国全国（21%）的平均水平。

行政领域引入质量管理体系认证的标准化管理模式，主动向社会开放民生类、市场监管类政府掌握的信息等。

用"正面清单"约束政府权力，还要求政府必须为科技创新的正向溢出提供必要的外部性补偿，特别是在重大科学装备购买、中试和生产性技术的应用转化研究等强外部性领域，实现有所"为"。"正面清单"的约束、规范和引导，旨在逐步实现从管理型政府向服务型政府的转变，相关部门要主动完善有助于激发和促进科技创新活动的公共服务和扶持政策体系；推进科技基础设施建设、知识产权保护、市场监管与法制建设等公共事务发展；为科技资源的市场化改革创造更加公平公正、竞争有序、法制透明的制度环境和激励性氛围。[①]

### （四）上海"科创22条"及其延伸效应

上海"科创22条"明确提出，建设全球科技创新中心，采取"两步走"的战略步骤，分别以2020年和2030年为节点，先后形成科技创新中心基础框架体系以及科技创新中心的核心功能，形成科技创新的"上海模式"，使上海在服务国家、参与全球合作竞争中发挥枢纽作用。"科创22条"分别在吸引人才、科技金融、简政放权和激励让利方面做出了详尽规划，在优化科技资源配置方面迈出了关键一步，促使资源配置更加合理且富有效率。进一步明确市场的"负面清单"和政府的"正面清单"，以营造激励科技创新的环境与氛围，为上海建设全球科创中心提供有力的制度保障。

自2015年第三季度起，上海陆续在科技人才、众创空间、金融服务、智能制造等方面出台实施意见和操作细则，推动"科创22条"落地。如《关于深化人才工作体制机制改革促进人才创新创业的实施意见》（简称"人才20条"）、《关于本市发展众创空间推进大众创新创业的指导意见》、《关于促进金融服务创新支持上海科技创新中心建设的实施意见》，以及由市经信委出台的《关于上海加快发展智能制造助推全球科技创新中心建设的实施意见》等，产生了围绕"科创22条"的制度延伸效应，亮点频现（见表3）。

---

① 李凌：《激发科技创新市场活力应明确负面和正面清单》，《解放日报》2015年6月30日。

表3 围绕上海"科创22条"出台的部分实施细则及其主要亮点

| 发布时间 | 文件名称及主要亮点 |
| --- | --- |
| 2015年7月6日 | 《关于深化人才工作体制机制改革促进人才创新创业的实施意见》<br>• 降低永久居留证申办条件①，获公安部12项支持的科创中心建设出入境新政<br>• "双自联动"建设人才改革试验区，建设海外人才离岸创新创业基地<br>• 完善科研人员双向流动制度，着重解决科研人员在事业单位与企业之间流动时的社保关系转移接续问题<br>• 优化人才生活保障，包括鼓励公租房建设、突破供地面积7%限制、建立第三方国际医疗保险结算平台以及借社会力量办外籍人员子女学校等 |
| 2015年8月17日 | 《关于本市发展众创空间推进大众创新创业的指导意见》<br>• 政府不再认定市级孵化器，把孵化器的认定和评判权交给市场<br>• 围绕产业链打造创业社区②<br>• 简化商事制度，落实集中登记、"一址多照"，采取单一窗口、网上申报、三证合一等措施 |
| 2015年8月21日 | 《关于促进金融服务创新支持上海科技创新中心建设的实施意见》<br>• 科创中心与金融中心建设紧密互动<br>• 推进多样化信贷服务创新、开展投贷联动（"股权+银行贷款"和"银行贷款+认股权证"等）融资服务创新，成立张江科技银行<br>• 发挥多层次资本市场的支持作用，支持在上海证券交易所设立战略新兴板③、推动上海股权托管交易中心设立科技创新板④<br>• 推动股权投资创新试点，扩大外商投资股权投资企业试点（QFLP）范围<br>• 强化互联网金融的创新支持功能，推动开展股权众筹融资业务试点 |
| 2015年8月25日 | 《关于上海加快发展智能制造助推全球科技创新中心建设的实施意见》<br>• 对接"中国制造2025"和"互联网+"战略，将智能制造作为上海全球科技创新中心前沿布局和增强上海制造业国际竞争力的主攻方向<br>• 全力推进智能制造的应用层、装备层、网络层和平台层"四位一体"协同发展<br>• 五大工程：智能制造应用示范工程、智能装备自主突破工程、智能制造标准支撑工程、智能制造平台创建工程、智能制造载体建设工程 |

注：①工资性年收入和年缴纳个人所得税达到规定标准，在上海已经连续工作满4年，每年在中国境内居住累计不少于6个月，经所在单位推荐，可以申请永久居留。

②位于张江的IC咖啡，瞄准集成电路（IC）产业，为创业者提供服务。具体而言，张江集成电路产业发达，IC咖啡借助这一区域优势提供专业化细分服务，建立了机器人、智能穿戴、移动医疗等80多个与集成电路产业相关的微信群，供创业者和行业专家交流，打通产业链上下游资源。与张江偏"硬"的信息技术相比，杨浦区五角场社区的技术偏"软"，相对更适合集聚互联网创业者。

③战略新兴板是区别于主板、不以营利为要求、具有差异化的发行上市标准，与其他市场板块错位发展，符合新兴产业企业与创新型企业发展特征的一种制度安排。

④科技创新板重点服务于张江国家自主创新示范区等相关区域的科技创新中小微企业，通过设置和引入符合科技创新中小微企业需求的挂牌条件、审核机制、交易方式、融资工具等制度安排，推动建立与战略新兴板等其他多层次资本市场间的对接机制，加强政策配套和市场服务。

资料来源：相关文件经笔者整理而得。

## 五 上海全球科创中心建设的实践与思考

为了贯彻落实"科创22条",上海各区县也纷纷意识到科创中心建设带来的重大发展机遇,因地制宜地出台了各自版本的具体政策措施,呈现一派全球科创中心建设新气象。

### (一)目标愿景与上海各区县创新路线图

上海推进全球科创中心建设,从空间功能上看,应具体落实在相关区县和高新技术产业园区。为此,在"科创22条"颁布后的短短2个月内,围绕区县科创资源优势和比较优势,上海17个区县纷纷确定在科创中心建设中的位置,制定重点推进领域或项目,以目标愿景设定的方式,推动政府职能转变,形成了一张富有特色的区县科创路线图(见表4)。同时,各种形式的众创空间,如同繁星点点、星星之火,散布在上海的各个区县,成为上海推进全球科创中心建设的新亮点。据不完全统计,目前上海仅注册备案并成功获得认定的孵化器机构已经超过107家。

**表4 上海17个区县科创路线**

单位:平方千米

| 区县 | 面积 | 主要定位 | 重点推进领域或项目 |
| --- | --- | --- | --- |
| 浦东 | 1210 | 核心功能区 | 综合性国家科学中心、张江科技城;<br>张江科技银行;<br>"双自联动"机制;<br>国家级人才管理改革试验区 |
| 静安 | 7.62 | 创新生态示范区 | 科技创新资源集散与交易;<br>激活"睡眠专利" |
| 普陀 | 55.47 | 科创驱动转型实践区<br>宜居宜创宜业生态区 | 构建"一轴两翼"[①]科创布局 |
| 闸北 | 29.19 | 创新创业活力区 | "南中北"[②]三个重点功能区孵化众创空间;<br>大学生创业扶持十大政策 |
| 虹口 | 23.4 | 科技金融融合创新示范区 | 借鉴"硅巷"模式[③],打造创新与风投中心;<br>打造"一中心六平台"[④],构建科创服务体系 |

续表

| 区县 | 面积 | 主要定位 | 重点推进领域或项目 |
| --- | --- | --- | --- |
| 杨浦 | 60.61 | 科创中心重要承载区<br>万众创业示范区 | 制定"3310 计划"⑤，吸引海外人才 |
| 宝山 | 312.21 | 中国产业互联网创新实践区 | "互联网＋"创新实践（软件信息、文创等） |
| 闵行 | 372.79 | 功能集聚区<br>大紫竹区域："先行区" | 打紫竹牌、布闵行局，"五大板块"集聚区 |
| 嘉定 | 463.55 | 科创中心重要承载区 | "嘉定创投"——12 亿元政府引导基金和天使引导基金；<br>3 年 6 亿元引千名人才 |
| 松江 | 604.67 | 3.0 版科创园区 | 城市产业长廊——沪西南科技创新走廊龙头项目 |
| 奉贤 | 720.44 | 中小企业科技活力区 | "千人计划"创意园建设 |
| 长宁 | 37.19 | 航空服务创新试验区 | 三类重点航空服务业 |
| 金山 | 611 | 特色创新基地<br>高级蓝领的"摇篮" | 发展"智造产业"、打造"智创平台"、<br>培育"智能农业"、建设"智慧城市" |
| 青浦 | 668.54 | 第三产业服务创新 | "四新"经济 |
| 崇明 | 1411 | 科技研创岛 | 打造一批"创客村"；<br>建设长兴海洋装备岛 |
| 黄浦 | 20.5 | 服务科创主阵地 | 建立首个区域性海外人才服务窗口平台；<br>聚焦新金融、新消费、创意 2.0、互联网＋、大健康 |
| 徐汇 | 54.76 | 科创中心重要承载区 | 聚焦生物医药、金融保险等 |

注：①"一轴"是指以武宁路为提升区域科技创新功能的策源地，沿线有电科所、中电五十所、中船九院、华东电力设计研究院、上海邮政院、市测绘院等知名部属、市属科研院所。"一轴"重在"优势转化"，即立足大院大所集聚基础优势，积极推进以市场为导向的创新型体制机制改革试点。"两翼"是指以武宁路为轴线，"北翼"依托地铁 11 号线，以桃浦科技智慧城为核心，与真如城市副中心功能区联动，形成北部创新发展带；"南翼"依托地铁 13 号线，长寿商业商务区、长风生态商务区、中环商贸区等功能区联动发展，形成南部创新活力带。

②闸北区南部的"梦创空间"、中部的"飞马新立方 5i center 综合体"以及北部的"聚能湾创业园"。

③"硅巷"发展模式，即依托完备的都市发展环境，嵌入式地集聚发展轻资产高科技企业。

④"一中心"即大柏树科技创新中心，"六平台"即科技人才服务平台、科技成果转化与技术转移平台、科技金融服务平台、创新创业孵化平台、创新公共服务平台以及信息化载体支持平台。

⑤"3310 计划"是杨浦作为国家级海外高层次人才创新基地建设的总体框架，即通过实施"百千万"工程、人才环境工程、主导产业集群发展工程三大工程，实现三大目标，并推出与之配套的十项政策。

资料来源：参考《驱动力——上海 17 区县科创路线图》，《东方早报·上海经济评论》2015 年 8 月 6 日专版，经作者整理而得。

## （二）科创中心建设中关于政府与市场的理论思考

上海建设全球科技创新中心是一项系统工程，既需要"自上而下"的顶层设计与体制创新，也需要全社会形成共识、齐力推进。当前，上海"科创22条"已然掀起了新一轮科创中心建设与体制机制改革高潮，其后续效果和连锁反应正在逐步显现。尽管科学全面地评估科创中心建设进程可能尚需时日，但目前仍可根据现实情况，提出关于科创中心建设中政府与市场关系的理论思考。

### 1. 建设科创中心，应该坚持政府主导，还是市场主导

从理论上讲，科技创新的主体是科学家、工程师和企业家，尤其是企业家在连接创新供给与潜在需求方面的重要作用，而不是政府。在"冲击—调整"模式下，新技术、新业态、新产业具有突破既有政府管制框架的冲动，倒逼政府做出制度变革。① 然而在实践中，明晰政府和市场的边界充满着挑战。政府和市场之间的关系是动态变化相互影响的，在政府和市场之间，甚至还存在着广阔的中间地带，可由中间组织（如行业协会等）发挥具体作用。尽管欧美发达国家新一轮产业革命和科技创新实践大多是由政府主导的，国际金融危机冲击致使政府干预主义复兴，然而中国从来都不缺乏政府管理的经验，缺的是"自下而上"的草根精神和首创精神。而且可以肯定的是，一旦科创中心建设推进迟缓，或是与发达国家的差距在拉大而不是缩小时，善治意愿和干预冲动，将迫使政府陷入并强化传统的"管人、管钱、管项目"的惯性思维，而这恰恰是互联网时代建设科创中心所要摒弃的。为此，从制度变革的角度看，尽快形成市场的"负面清单"和政府的"正面清单"，树立"法无授权不可为"的理念与规范，对于上海推进全球科创中心建设尤为重要。

### 2. 政府应以怎样的介入方式，推动体制创新和制度变革

从上海科创中心建设的目标愿景和总体思路设计来看，其体现了政府的

---

① 李凌：《激发科技创新市场活力应明确负面和正面清单》，《解放日报》2015年6月30日。

简政放权意愿,韩正书记也曾明确表示,"创新不是'管'出来的,而是'放'出来的。"然而,从科创中心建设的战略步骤与各区县的创新路线图来看,仍能隐隐发现种种"管"的迹象,而且越到基层,传统思维惯性就越强,通过产业规划、空间布局、资金分配等方式来"管人、管钱、管项目"。如此这般,部门之间和地区之间的割裂、断层或者重复投入与浪费就难以避免。为此,需要进一步利用互联网,开放、整合政府掌握的信息和资源,包括在操作层面及时废除过期政策等。应当看到,"实施意见"也不是越多越好,而是要起到引导的作用,破除"管"的思维定式,调整既得利益格局。另外,各地区各部门需要因地制宜地参与科创中心建设,中心城区和郊区的任务、使命和路径,也应当有所区别,实现协同推进、错位发展。

3. 如何看待科创中心建设中政府与创新之间的关系

美国麻省理工学院 Daron Acemoglu、哈佛大学 James A. Robinson 及巴黎经济学院 Thierry Verdier 三位学者曾提出创新体制的两种模式,竞争模式(Cutthroat Capitalism)和温情模式(Cuddly Capitalism)。前者主张直接通过金钱激励创新,是一种追求创新最大化的强激励模式,以美国为代表;后者则强调机会开放,是一种既注重创新冒险精神培养又关注社会福利制度建设的弱激励模式,以北欧为代表。[①] 在上海建设科创中心的制度变革中,既有政府重点资金扶持的强激励模式,又有注重环境建设、主张各类市场主体公平竞争的弱激励模式。判断政府引导创新机制优劣的问题,应从社会福利层面加以观察和回答,创新激励机制不仅包括政府通过简单设定资金奖励或专利保护来纠正市场失灵,还涉及诸多要素投入,如基础教育和社会保障等。不能用政府(企业)研发支出或专利数量等单一指标来评估创新机制的优劣,而应当从社会全局的角度来看待创新,即评估创新对整个社会生活福祉水平的影响。

4. 政府介入科创中心建设应重点关注哪些核心领域

从制度变革的视角看,政府介入科创中心建设,不能"眉毛胡子一把

---

① 《美国模式 VS 北欧模式,创新机制哪家好》,澎湃新闻,http://www.thepaper.cn/wap/resource/jsp/newsDetail_ forward_ 1299136。

抓",而应充分运用制度变革产生的激励效应,发挥市场在科技资源优化配置中的决定性作用,做到"有进有退"。一方面,需要政府加大对"高精尖"科研项目的投入力度,包括引入代表科技进步方向的大装置,为科研机构、高校和企业的科研团队提供中试服务,引导产学研的科研项目合作,建立共性技术研发服务平台和信息公开平台,支持交叉学科前沿研究和跨国合作研究以及共享研究成果等。另一方面,更需要通过改革与开放,倒逼政府改变传统的"计划"思维,从制度设计的每一处细节入手,体现科学家、工程师和企业家的贡献与时代价值;通过改变创新激励,使科创中心建设同每个人的生存与发展息息相关,让一切创新主体、创新要素充分活跃起来,形成推进科技创新的强大合力。

5. 既要调动各级部门的积极性,又要防止部门利益撕裂创新链

目前,从各区县以及各委办局的创建实践来看,积极性较高,这是值得提倡和肯定的,而且在多数情况下,政府介入更有助于集中有限的创建资源,实现科技资源的有效配置。但与此同时也要清晰地认识到,全球科创中心建设的主体是企业或科研机构,是科技人才,而不是政府,政府的作用只在于营造鼓励创新的体制环境。一旦创建活动成为一项政治任务,就难以避免掺杂部门利益和晋升动机,造成一哄而上,争夺话语权,千篇一律式地搞重复投资、低效建设,从而碎片化创新链,扭曲资源配置。这一点需要引发足够的警惕与防范,从上海创建全球科创中心的顶层制度设计上加以协调与规范。

综合以上,上海建设全球科创中心是一场面向未来的深刻制度变革。

(三)上海全球科创中心建设的政策突破口

从政策建议角度看,"科创22条"仍有未尽之义。上海在全球科创中心建设过程中,应重点聚焦"科创22条"落地时的政策突破口,并不断加以完善。

一是加强顶层设计、协同创新,争取国家层面的项目和资金支持,重点探索跨部门管理体制、整合创新链。建议上海科创中心推进小组协调各部委

的创新支持政策，使其相互衔接，对科创中心建设进度进行实时跟踪评估与经验总结。同时将上海科创中心创建中的重大任务，如国家科学中心建设、功能性承载区等，列入国家"十三五"专项规划，争取国家层面的资金扶持和地方配套。

二是重点聚焦科技从业人员激励的政策突破口，坚持推进科研经费、人事管理制度改革，释放科技创新活力。建议采用渐进式和增量改革措施，引入规范的合同管理理念，把科研管理的重点从财政经费报销转移到对科研成果质量的考核上。同时，将理工类和社科类研究分类管理，并结合国家高端智库建设方案与2015年通过的《促进科技成果转化法修正案》，大幅提高创新团队人力资本在课题经费支出和科技成果股份中的比例。建议进一步推进科研奖励突破绩效额度的试点，结合科技创新可能存在的诸多不确定性，探索弹性管理方法，加快推进将科技创新成果及社会评价纳入人才职称评定标准等。

三是重点聚焦科技型中小企业发展的政策突破口，在完善登记、注册、股权变更、金融支持等事宜的同时，为企业退出预留政策空间。建议加快推进科技银行建设，探索轻资产的无抵押、无担保、小额度、短周期等融资方式，特别是在研发设计、信息服务和文化创意产业领域。争取"一行三会"的政策支持，探索开设科技板市场和增设转板机制的可行性，实现全球科技中心与国际金融中心的联动发展。此外，要形成"热带雨林"式的资金支持模式，扩大风投、私募和天使基金的规模，为"大众创新、万众创业"提供有效的金融支持创造条件。

四是重点聚焦科研成果转化的体制机制突破口，发挥技术交易的中介功能，探索技术投融资机制。积极引导和鼓励有条件的国有资本平台注资或控股技术交易中心，集技术孵化、展示、评估、交易、转让、专利匹配等功能于一体，运用大数据方法，提高科技成果转化效率。借鉴美国的波士顿经验，成立技术银行，运用股权介入方式，致力于技术资产的融通与增值，营造技术资产管理体系。

附表1　国际技术创新中心评分（2001年）

| 序号 | 城市或地区 | 所在国 | A | B | C | D | 合计评分 |
|---|---|---|---|---|---|---|---|
| 1 | 阿尔伯克基 | 美国 | 4 | 3 | 3 | 2 | 12 |
| 2 | 奥卢 | 芬兰 | 3 | 2 | 3 | 2 | 10 |
| 3 | 奥斯丁 | 美国 | 3 | 4 | 4 | 2 | 13 |
| 4 | 巴登—符腾堡 | 德国 | 3 | 3 | 2 | 2 | 10 |
| 5 | 巴伐利亚 | 德国 | 3 | 3 | 2 | 3 | 11 |
| 6 | 巴黎 | 法国 | 3 | 2 | 2 | 2 | 10 |
| 7 | 班加罗尔 | 印度 | 3 | 4 | 3 | 3 | 13 |
| 8 | 波士顿 | 美国 | 4 | 4 | 3 | 4 | 15 |
| 9 | 东京 | 日本 | 3 | 2 | 3 | 3 | 11 |
| 10 | 都柏林 | 爱尔兰 | 3 | 3 | 3 | 3 | 12 |
| 11 | 弗吉尼亚 | 美国 | 3 | 3 | 2 | 2 | 10 |
| 12 | 弗兰德斯 | 比利时 | 4 | 2 | 3 | 2 | 11 |
| 13 | 盖扎莱 | 突尼斯 | 1 | 1 | 1 | 1 | 4 |
| 14 | 格拉斯哥—爱丁堡 | 英国 | 3 | 3 | 1 | 1 | 8 |
| 15 | 硅谷 | 美国 | 4 | 4 | 4 | 4 | 16 |
| 16 | 豪登 | 南非 | 1 | 1 | 1 | 1 | 4 |
| 17 | 赫尔辛基 | 芬兰 | 3 | 4 | 4 | 3 | 14 |
| 18 | 吉隆坡 | 马来西亚 | 2 | 3 | 1 | 2 | 8 |
| 19 | 剑桥 | 英国 | 4 | 3 | 3 | 2 | 12 |
| 20 | 京都 | 日本 | 4 | 1 | 3 | 3 | 11 |
| 21 | 旧金山 | 美国 | 3 | 3 | 3 | 4 | 13 |
| 22 | 坎皮纳斯 | 巴西 | 4 | 3 | 1 | 0 | 8 |
| 23 | 昆士兰 | 澳大利亚 | 2 | 3 | 2 | 2 | 9 |
| 24 | 伦敦 | 英国 | 4 | 3 | 3 | 4 | 14 |
| 25 | 罗利—达勒姆—查伯尔希尔 | 美国 | 4 | 4 | 3 | 3 | 14 |
| 26 | 洛杉矶 | 美国 | 3 | 3 | 2 | 3 | 11 |
| 27 | 马尔默—哥本哈根 | 瑞典、丹麦 | 3 | 3 | 2 | 3 | 11 |
| 28 | 蒙特利尔 | 加拿大 | 3 | 4 | 2 | 3 | 12 |
| 29 | 墨尔本 | 澳大利亚 | 3 | 2 | 3 | 2 | 10 |
| 30 | 纽约 | 美国 | 3 | 3 | 3 | 3 | 12 |
| 31 | 仁川 | 韩国 | 2 | 2 | 2 | 2 | 8 |
| 32 | 萨克森 | 德国 | 3 | 2 | 1 | 2 | 8 |
| 33 | 圣保罗 | 巴西 | 1 | 3 | 3 | 2 | 9 |
| 34 | 圣菲 | 美国 | 3 | 2 | 2 | 1 | 8 |
| 35 | 斯德哥尔摩—基斯塔 | 瑞典 | 3 | 4 | 4 | 4 | 15 |
| 36 | 索菲亚·安蒂波利斯 | 法国 | 2 | 3 | 2 | 1 | 8 |
| 37 | 台北 | 中国 | 4 | 3 | 3 | 3 | 13 |
| 38 | 泰晤士河谷 | 英国 | 3 | 3 | 2 | 2 | 10 |
| 39 | 特隆赫姆 | 挪威 | 2 | 1 | 2 | 1 | 6 |
| 40 | 西雅图 | 美国 | 3 | 4 | 3 | 2 | 12 |

续表

| 序号 | 城市或地区 | 所在国 | A | B | C | D | 合计评分 |
|---|---|---|---|---|---|---|---|
| 41 | 香港 | 中国 | 3 | 2 | 2 | 2 | 9 |
| 42 | 新加坡 | 新加坡 | 1 | 2 | 2 | 2 | 7 |
| 43 | 新竹 | 中国 | 3 | 1 | 4 | 3 | 11 |
| 44 | 盐湖城 | 美国 | 3 | 2 | 2 | 1 | 8 |
| 45 | 以色列 | 以色列 | 4 | 4 | 4 | 3 | 15 |
| 46 | 芝加哥 | 美国 | 3 | 2 | 2 | 2 | 9 |

注：A代表地区高等院校和研究机构培训熟练工作人员或创造新技术的能力；B代表能带来专门知识和经济稳定的知名公司和跨国公司的影响；C代表人们创办新企业的积极性；D代表获得风险资本以确保好点子成功进入市场的可能性。得分最高分为4分，最低分为1分。

资料来源：根据 The United Nations Development Program, *Human Development Report 2001* 整理而得。

**附表2　国际技术创新中心分类（2001年）**

| 分类 | 城市 | 分类 | 城市 |
|---|---|---|---|
| 发达国家的大都市 | 巴黎 | 发达国家新兴地区 | 圣菲 |
| | 东京 | | 斯德哥尔摩—基斯塔 |
| | 伦敦 | | 索菲亚·安蒂波利斯 |
| | 纽约 | | 特隆赫姆 |
| | 赫尔辛基 | | 盐湖城 |
| | 洛杉矶 | | 以色列 |
| | 蒙特利尔 | | 吉隆坡 |
| | 墨尔本 | | 仁川 |
| | 西雅图 | | 台北 |
| 发达国家新兴地区 | 奥卢 | | 圣保罗 |
| | 奥斯汀 | | 香港 |
| | 波士顿 | | 新加坡 |
| | 都柏林 | 发达国家老工业基地 | 巴登—符腾堡 |
| | 弗吉尼亚 | | 巴伐利亚 |
| | 弗兰德斯 | | 萨克森 |
| | 格拉斯哥—爱丁堡 | | 泰晤士河谷 |
| | 硅谷 | | 芝加哥 |
| | 豪登 | 发展中国家的高新技术密集区 | 班加罗尔 |
| | 京都 | | 盖扎莱 |
| | 旧金山 | | 坎皮纳斯 |
| | 昆士兰 | | 新竹 |
| | 罗利—达勒姆—查伯尔希尔 | 特殊地区 | 阿尔伯克基 |
| | 马尔默—哥本哈根 | | 剑桥 |

资料来源：《上海形成国际技术创新中心城市的战略研究》，上海科技网，2003年9月23日。

## 参考文献

Acemoglu, D., Robinson, J., and T. Verdier, Can't We All be More Like Scandinavians?*MIT Working Paper*, March, 2012.

《驱动力——上海 17 区县科创路线图》，《东方早报·上海经济评论》2015 年 8 月 6 日专版。

艾德铭：《上海创新环境建设成果转化：难在哪儿，怎么突破?》，《解放日报》2015 年 5 月 14 日。

陈宪：《科创中心建设呼唤企业家精神》，《解放日报》2015 年 1 月 8 日。

丁明磊、陈志：《美国建设国家制造业创新网络的启示及建议》，《科学管理研究》2014 年第 5 期。

弗里曼：《工业创新经济学》，北京大学出版社，2004。

国务院发展研究中心课题组：《上海建设具有全球影响力科技创新中心的战略思路与政策取向》，《科学发展》2015 年第 5 期。

胡晓鹏：《"十二五"期间上海提高自主创新能力战略思路研究》，载潘世伟主编《建设创新驱动的世界城市——上海"十二五"发展规划思路研究》，上海人民出版社，2011。

李凌：《平台经济发展与政府管制模式变革》，《经济学家》2015 年第 7 期。

李凌：《激发科技创新市场活力应明确负面和正面清单》，《解放日报》2015 年 6 月 30 日。

李约瑟：《中国科学技术史》（第一卷），中华书局香港分局，1975。

牛智敬、顾乡：《德国如何保证创新财政补贴不被滥用》，《第一财经日报》2015 年 4 月 23 日。

斯蒂格利茨：《社会主义向何处去》，吉林人民出版社，1998。

孙汉文：《现代科学技术概论》，中国经济出版社，1999。

孙洁：《创意产业空间集聚的演化：升级趋势与固化、耗散——来自上海百家园区的观察》，《社会科学》2014 年第 11 期。

# 科创中心篇

The Parts of Innovation Center

## B.2
## 上海建设全球科技创新中心的人才环境研究

高向东 等[*]

**摘　要：** 上海建设全球科技创新中心对人才环境提出了新的要求，因此只有对上海的人才环境进行充分合理的评价，了解上海人才环境发展的基本状况及其在全国乃至全球城市中的地位，发现上海人才环境的优势与劣势，才能为上海建设全球科技创新中心的全面部署提供智力支持。本研究通过选择人才环境的显性指标变量构建人才环境的综合评价体系，以实际数据为基础，利用定性分析与定量分析相结合的方法，对建设全球科创中心新形势下的上海人才环境进行综合评价。同

---

[*] 高向东，博士，博士生导师，华东师范大学公共管理学院教育人力资源研究所教授，第十届和第十一届上海市政协委员，主要研究方向为人口经济学、社会保障和人才学等。参与本项目研究的其他成员有余运江、朱蓓倩、陶树果、汪传江、王新贤和方中书。

时，分析了上海人才建设所面临的外部环境问题，并运用比较成熟的数学预测方法对未来上海人才数量和结构做出合理的预测。本研究根据国家和上海市政府出台的相关文件精神，结合上海人才建设的总体目标与基本任务，以及充分借鉴国内外在人才建设方面的实践经验，相应地提出系统可行的对策建议。

关键词： 全球科创中心　人才环境　人才预测

# 一　上海人才建设所面临的外部环境问题

## （一）上海人才建设所面临的国内环境

1. 科技创新人才数量优势不突出，高学历人才的差距明显

上海的科技创新人才数量①虽高于天津，但是大幅低于北京，同时，也低于长三角的江苏、浙江，低于经济比较发达的广东和山东（见表1）。上海的科技创新总人数比北京少10.7万人。分学历来看，本科学历的人才比北京少2.5万人，仅为北京的69.15%；硕士学历的人才比北京少3.86万人，为北京的49.6%；具有博士学历的高级人才比北京少3.8万人，仅为北京的37%。可见，上海具有本科及以上学历的人才数量与北京的差距在不断扩大。因此，上海应加强对高学历人才的吸引力。

2. 创新经费投入相对不足，显著低于北京

2013年，上海的研究与发展经费内部支出为7767847万元，仅为北京

---

① 这里用研究与发展（R&D）人员的数量来指代科技创新人才，数据来源于《2014年中国科技统计年鉴》，中国统计出版社，2014。如无特殊说明，本文的数据均来自《2014年中国科技统计年鉴》。

### 表1　研究与发展（R&D）人员

单位：人

| 地区 | R&D人员 | 女性 | 博士毕业 | 硕士毕业 | 本科毕业 |
|---|---|---|---|---|---|
| 上海 | 226829 | 59526 | 22226 | 37955 | 56282 |
| 北京 | 334194 | 109747 | 60068 | 76525 | 81389 |
| 天津 | 143667 | 38256 | 8598 | 19475 | 35045 |
| 江苏 | 626882 | 142056 | 25382 | 64924 | 209162 |
| 浙江 | 416010 | 95204 | 25382 | 64924 | 106070 |
| 山东 | 409441 | 101483 | 14478 | 43445 | 130601 |
| 广东 | 652405 | 441806 | 18387 | 67155 | 149027 |
| 全国 | 5018218 | 1250289 | 287480 | 661250 | 1388171 |

资料来源：《2014年中国科技统计年鉴》，中国统计出版社，2014。下同。

的65.55%。其不仅大幅低于北京，还大幅低于江苏、广东和山东等省（见表2）。从基础研究、应用研究和实验发展这三个类别来看，上海的经费投入比例分别为7.06%、13.22%和79.72%。基础研究和应用研究分别比北京低4.52个百分点和8.55个百分点，实验发展则比北京高13.08个百分点。但是，与江苏、浙江、山东等省相比，上海的实验发展经费金额不仅低很多，所占比例也低出10多个百分点。上海与其他地区在研究与发展经费上的差距需要引起足够的重视。

### 表2　研究与发展（R&D）经费内部支出

单位：万元，%

| 地区 | R&D经费内部支出 | 基础研究 | | 应用研究 | | 实验发展 | |
|---|---|---|---|---|---|---|---|
| | | 金额 | 百分比 | 金额 | 百分比 | 金额 | 百分比 |
| 上海 | 7767847 | 548726 | 7.06 | 1026727 | 13.22 | 6192394 | 79.72 |
| 北京 | 11850470 | 1372366 | 11.58 | 2580388 | 21.77 | 7897716 | 66.64 |
| 天津 | 4280921 | 180320 | 4.21 | 535021 | 12.50 | 3565580 | 83.29 |
| 江苏 | 14874466 | 436863 | 2.94 | 799200 | 5.37 | 13638403 | 91.69 |
| 浙江 | 8172674 | 189309 | 2.32 | 398068 | 4.87 | 7585297 | 92.81 |
| 山东 | 11758027 | 264467 | 2.25 | 686417 | 5.84 | 10807143 | 91.91 |
| 广东 | 14434528 | 338248 | 2.34 | 1027674 | 7.12 | 13068606 | 90.54 |
| 全国 | 118465979 | 5549512 | 4.68 | 12691151 | 10.71 | 100225316 | 84.60 |

## 3. 政府投入占比较大，外资企业科创经费投入多

从研究与发展的经费来源看，上海以企业资金为主，占61.94%；政府资金的比例也比较高，达到31.61%；虽然上海市政府投入经费的比例远高于天津、江苏、浙江、山东、广东等省市，但还是比北京低25.73个百分点。从国际范围来看，研发创新更多的应该是一种企业行为，企业资金应该是科技创新的主导力量。从这个意义上来看，上海企业在创新方面的投入还不够，其所占比例远低于江苏、浙江、广东等经济较发达省份。此外，上海市外资企业在科技创新方面的投入仅为2.51%，比北京低0.71个百分点。这也充分说明了，外资企业并没有将研发等核心部门转移到上海。如果能吸引外资企业将核心研发力量、研发资金转移到上海，那么必能大力提升上海市的科技创新能力及竞争力（见表3）。

表3 各地区按资金来源看研究与发展经费内部支出

单位：万元，%

| 地区 | R&D经费内部支出 | 政府资金 | | 企业资金 | | 国外资金 | | 其他资金 | |
|---|---|---|---|---|---|---|---|---|---|
| | | 金额 | 百分比 | 金额 | 百分比 | 金额 | 百分比 | 金额 | 百分比 |
| 上海 | 7767847 | 2455541 | 31.61 | 4811300 | 61.94 | 194676 | 2.51 | 306330 | 3.94 |
| 北京 | 11850470 | 6795421 | 57.34 | 4011290 | 33.85 | 381571 | 3.22 | 662188 | 5.59 |
| 天津 | 4280922 | 726278 | 16.97 | 3293539 | 76.94 | 100631 | 2.35 | 160474 | 3.75 |
| 江苏 | 14874465 | 1415778 | 9.52 | 12808726 | 86.11 | 85382 | 0.57 | 564579 | 3.80 |
| 浙江 | 8172675 | 661568 | 8.09 | 7336160 | 89.76 | 23783 | 0.29 | 151164 | 1.85 |
| 山东 | 11758027 | 985532 | 8.38 | 10559249 | 89.80 | 51971 | 0.44 | 161265 | 1.37 |
| 广东 | 14434528 | 1162162 | 8.05 | 12907069 | 89.42 | 98286 | 0.68 | 267011 | 1.85 |
| 全国 | 118465980 | 25005673 | 21.11 | 88377198 | 74.60 | 1058604 | 0.89 | 4024505 | 3.40 |

## 4. 人才发展环境有待改善和提升

本研究认为，人才的发展环境有三：一是制度环境；二是创业和工作环境；三是生活环境。

从制度环境来看，首要的是关系立足之本的户籍制度。就人才引进的户籍制度而言，虽然相比于北京将落户指标下发到各用人单位，上海的统一打分落户更为公平合理，但是这一打分落户政策仍存在两个问题。一是落户分

数逐年升高，很多985高校的硕士生都落不了户，更别提本科生了；二是对用人单位来说，统一打分制度会将部分用人单位急需、分数不够的人才挡在门外。由于本地户籍关系生活的方方面面，很多分数未能达到落户分值的人才可能会离开上海，前往其他城市发展。

从创业和工作环境来看，上海这座拥有2400多万常住人口的巨型城市为创业者、劳动者提供了丰富的创业机会和就业岗位，但是大城市也有其不足，如房租高、用地紧张等。上海市市长就曾多次感慨，上海为什么留不住马云？2008年，杭州市余杭区划拨450亩建设用地给阿里巴巴公司，这样的大手笔在寸土寸金的上海几乎不可能。相对于国内其他城市，如杭州、苏州等，上海的创业环境方面还存在欠缺。高端人才对科研软环境的要求越来越苛刻，科研软环境建设的不足成为上海要留住人才的新难题。非科研活动挤占了科学家大量时间和精力，使其不能安心从事研究活动；上海科技园产城融合不足，研发环境相对拥挤，创新思维难以持续迸发。

从生活环境来看，人才也是人，也有衣食住行的需要。甚至只有良好的生活环境，才能让他们安心工作，进行科技创新。上海相对国内其他大城市而言（北京除外），高企的房价和日益拥堵的交通是两个非常严重的问题。数据显示，2015年上海的房价继续领跑，新房平均成交价在每平方米3万元以上，10月份更是突破了每平方米4万元。如此高昂的房价对人才尤其是刚刚参加工作的年轻人可以说是一笔沉重的负担。虽然上海的交通拥堵问题没有北京那么严重，但是中国科学院发布的《中国新型城市化报告2012》显示，上海以上班路上需要耗时48分钟而位居第三。

除了衣食住行这一传统的需要，现代人也越来越重视健康。空气新鲜、环境优美也成为人们追求的目标。2013年上海市空气质量状况令人担忧，空气质量为优的仅为52天，污染天数达到124天。全年$PM_{2.5}$平均浓度为62微克/立方米，超过$PM_{2.5}$二级标准35微克/立方米的年平均限值。虽然在各个部门的齐抓共管下，同时冬季未出现长时间的污染输送和累积过程，2014

年的冬季没有出现持续数天的污染，全年污染天数减少至84天，但是空气质量仍然不容乐观。

**5. 创新绩效低于部分大城市**

2013年，上海市新产品开发项目数大幅低于江苏、广东等经济较发达的省份，也比北京低近3000个。新产品开发经费支出也大幅低于江苏、广东，但与北京的差距不明显。不过新产品销售收入却仅为北京的50.18%。说明，上海市的科技创新绩效还比较低，有待进一步提升新产品开发项目数以及专利的产业化路径，提高新产品的经济效益。此外，专利申请数和有效发明专利数都低于北京，与江苏、广东等经济较发达省份的差距更是非常大。专利申请数仅为广东的14.26%，有效发明专利数仅为广东的7.58%（见表4）。

表4 各地区高技术产业新产品开发及生产状况

单位：万元，个

| 地区 | 新产品开发项目数 | 新产品开发经费支出 | 新产品销售收入 | 专利申请数 | 有效发明专利数 |
| --- | --- | --- | --- | --- | --- |
| 上海 | 3979 | 1421741 | 7950113 | 7088 | 5359 |
| 北京 | 6801 | 1500594 | 15844619 | 8308 | 8714 |
| 天津 | 2510 | 438171 | 18228710 | 3678 | 3456 |
| 江苏 | 13744 | 4023235 | 61542994 | 19439 | 14243 |
| 浙江 | 8114 | 1475047 | 18187699 | 12586 | 6672 |
| 山东 | 5756 | 1636704 | 18191965 | 8106 | 4667 |
| 广东 | 22815 | 7594387 | 97687742 | 49691 | 70733 |
| 全国 | 97230 | 24279546 | 312296100 | 143005 | 138785 |

## （二）上海人才建设所面临的国际环境

**1. 人才实力整体较弱，国际竞争实力不足**

与国际大都市相比，上海人才资源的整体实力、总体水平还比较落后，问题集中体现为"大而不强"。首先，人才贡献率依然较低。据《中国人才资源统计报告2014》，上海人才贡献率为36.7%，高于全国平均值（26.6%）；但与发达国家的50%~70%相比，差距仍然很大。其次，人才素质与国际先进国家和地区的水平还有较大差距。我国工程师所创造的产值只有美国的1/16、德国的1/13、日本的1/10。最后，人才结构与国际大都市发展的要求不相适应。

2. 人才创新创业能力依然较弱

目前，劳动力生产率和人均收入较低，上海的劳动生产率多年都排在第20位左右；人才参与经济和创新创业的活力较低，如2013年反映经济体中人力资本就业活跃程度的经济活动率指标排名，上海仅为第28名，远远落后于日本大部分地区。又如，以千人拥有科技活动人员数为例，上海张江为239.9人/千人，低于北京中关村的253.7人/千人、武汉东湖开发区的271.1人/千人、西安高新区的263.9人/千人、成都高新区的292.9人/千人，仅比深圳高新区的221.5人/千人略高。可以说，上海科技人才的创新能力基本还处于学习、追赶及局部超越的阶段。

3. 高端领军人才数量不足，人才国际化程度低

首先，高端人才数量不足。截至2013年底，上海两院院士人数为165人，累计498人入选国家"千人计划"。同期，北京的相应数据为758人和909人，分别是上海的4.6倍和1.8倍。与全球知名创新中心相比，上海的国际化人才比例相对偏低。

其次，国际人才的集聚度依然很低。近年来，在沪外籍人口连年增长，到2013年底达到17.64万人，但在沪外籍人口占常住人口的比例还较低，仅为0.73%，与纽约、香港、新加坡等城市差距较大（见表5）。且近十年外国人总量增速呈下行趋势。

最后，本土人才国际化水平还较低。有关调查显示，上海科技创新人才有79.9%没有出国（境）经验，仅有20.1%曾经出国（境）。有92%的科技创新人才没有参加国际或海外学术团体，有近87%没有一年及以上的海外留学（含做访问学者）或工作的经历。

表5 上海与主要国际大都市外籍常住人口比较

单位：万人，%

| 类别 | 上海<br>（2013年） | 纽约<br>（2011年） | 新加坡<br>（2011年） | 香港<br>（2011年） |
| --- | --- | --- | --- | --- |
| 常住人口 | 2415.15 | 825 | 507.67 | 707.1 |
| 外籍常住人口总量 | 17.64 | 306.7 | 184.6 | 58.2 |
| 在沪外籍人口占常住人口比例 | 0.73 | 37 | 36.3 | 8.2 |

注：包括新加坡永久居民和非居民。
资料来源：《上海统计年鉴》、《纽约人口统计》、新加坡统计局、香港政府一站通。

## 二 上海建设全球科创中心形势下的人才环境评价

人才作为最稀缺的要素资源，在经济社会发展中往往起着决定性的作用，而一个地区人才资源的多寡又取决于该地区人才环境是否能够留住与吸引人才。上海作为全球重要的节点城市，建设全球科技创新中心的战略目标更是对上海人才环境提出了新的要求。科技与创新的动力关键在于人才，因此在对上海建设全球科技创新中心进行全面部署之前，有必要先对上海的人才环境进行充分合理的评价，了解上海人才环境发展的基本状况及其在全国乃至全球城市中的地位，发现上海人才环境的优势与劣势，从而为上海建设全球科技创新中心的全面部署提供智力支持。

本研究通过选择人才环境的显性指标变量构建人才环境的综合评价体系，以实际数据为基础，利用定性分析与定量分析相结合的方法，对建设全球科创中心新形势下的上海人才环境进行综合评价，从而达到了解上海人才环境优势与不足及其在全国以及全球城市中所处地位的目的，并据此提出相应的政策性建议。

### （一）人才环境评价有关概念的界定

为了建立一套科学规范的人才环境评价指标体系，首先要对人才环境的有关概念进行界定。人才环境一般是指一个地区或国家的人才赖以生存、得以发展的经济、政治、社会、文化、科技、自然等环境,包括影响人才成长的各种外部要素的总和。具体来说,有硬环境和软环境之分;既包括物质环境,也包括精神环境;既包括宏观环境,也包括微观环境。

人才环境评价是指对上述归纳的影响人才成长与发展的各因素条件进行综合评价,主要是通过选择反映人才环境质量的显性变量,并基于这些变量构建能够综合反映人才环境质量的指数,最后基于构建的指数来对人才环境进行评价分析。

### (二)人才环境综合评价体系的构建原则

构建评价指标体系是为了把复杂的人才环境系统转化成方便计量、可比较的数据,为人才环境的量化评价提供依据。人才的培养和发展涉及多方面,而且每一方面又涉及多重因素和变量,所以它不仅是一个内在关系极其复杂的系统,同时也必然是一个理论丰富的逻辑体系。因此,要处理这样一个复杂系统,首先需要确定指标选取的原则。具体来说,构建人才环境评价指标体系应遵循以下原则。

1. 系统性和层次性相结合原则

影响人才发展的各种自然、政治、经济、社会、文化、科技等因素构成了一个综合的系统,所以构建的指标体系要具有一定的层次结构,可分解为不同的层次等级,用以全面反映人才环境大系统的特征。我们在研究中,首先考虑指标体系的建立要能准确体现整个系统的情况,从能对一个系统进行描述的角度,选择能代表系统内部结构和反映系统整体功能的部分作为评价系统的指标;其次要从不同的层次来考虑对系统进行表征等。

2. 科学性和可操作性相结合原则

人才环境综合评价指标体系能够科学准确地度量和反映人才环境的主要特征和关键问题,且是在充分认识和研究其特征的基础上建立起来的。同时,必须考虑指标数据的可获得性和评价的可行性,只有这样,研究成果才能在现实生活中得到广泛的应用和推广,也才能使评价指标体系具有可操作性,为创造合理的人才环境以及优化人才资源配置提供科学的指导。

3. 动态性和稳定性相结合原则

人才环境在不同时间具有不同的主要矛盾与特性，是一个不断发展变化的系统，故对不同发展阶段的状况进行具体分析应该采用动态的指标体系。同时，应考虑到人才环境中相对稳定的自然环境部分，在不同时期的可比性评价指标体系又应该在一定时间内具有相对稳定性。

4. 普遍性与特殊性相结合原则

一方面，在构建上海市人才环境综合评价指标体系时，要考虑到人才环境的普遍特性，评价描述的指标体系要有一定的全面性和涵盖面，以全面反映人才环境的各个方面；另一方面，在建设全球科技创新中心的新背景下，上海人才环境的评价体系不仅要关注传统环境因素，而且更要特别关注人才环境中的科技环境以及创新创业环境这些以往被忽视的部分，从而提高此次上海人才环境评价的针对性。

## （三）新形势下上海市人才环境评价指标体系的构建

人才环境作为一个复杂的系统，涉及自然、政治、经济、社会、文化、科技等各个方面。本研究基于对人才环境内涵的把握，并考虑到建设全球科技创新中心形势下对人才环境评价的新要求，在遵循以上指标设计原则的基础上，结合现有的相关研究成果以及人才专家的意见，将上海市人才环境（总指标）分为自然环境 $F_1$、经济环境 $F_2$、人文社会环境 $F_3$、科技环境 $F_4$、人才就业环境 $F_5$、人才生活环境 $F_6$、创新与创业环境 $F_7$ 七大类，即七个一级评价指标 $F_i$（$i=1,2,\cdots,7$）。七个一级评价指标中的每个指标又都是一个复杂的系统，因此在这七个一级指标下又划分出相应的二级指标 $F_{i,j}$，每个二级指标又由若干个可以直接测量的三级指标 $F_{i,j,l}$ 合成，三级指标由于指标数量众多在此不再一一列出。

第一，综合指数的合成方法。

根据上面的分析，人才环境综合指数 $F$ 可以表示为：

$$F = f(F_1, F_2, F_3, F_4, F_5, F_6, F_7) \qquad (1.1)$$

在具体的合成中采用等权重线性加权合成法进行，即将人才环境的七个组成部分的重要性同等看待，因此可以表达为：

$$F = \sum_{i=1}^{7} F_i / 7 \quad (1.2)$$

对于三级指标合成二级指标以及二级指标合成一级指标的过程，是利用方差加权求和法进行合成，其公式为：

$$F_{i,j} = \sum_{i,j} k_{i,j,l} \times F_{i,j,l} \quad (1.3)$$

其中 $F_{i,j,l}$ 为三级指标，$k_{i,j,l}$ 为三级指标的方差，$F_{i,j}$ 为二级指标。

$$F_i = \sum_i k_{i,j} \times F_{i,j} \quad (1.4)$$

其中 $F_{i,j}$ 为二级指标，$k_{i,j}$ 为二级指标的方差，$F_i$ 为一级指标。

第二，最底层指标的标准化。

由于所选取的各指标差异很大，因此在进行指标合成之前必须先对最底层的三级指标进行标准化处理，从而达到去量纲的目的。这里选择最常用的直线型中阈值法去量纲的方法，其步骤主要分为两步：第一步，确定各个指标的阈值范围；第二步，利用极差公式进行数据标准化。本研究中选用的极差公式如下所示：

$$正向指标: X_{new} = (X - X_{min})/(X_{max} - X_{min}) \quad (1.5)$$

$$反向指标: X_{new} = (X_{max} - X)/(X_{max} - X_{min}) \quad (1.6)$$

其中，$X_{new}$ 表示去量纲后的值；$X$ 代表各数据的实际值；$X_{max}$ 与 $X_{min}$ 分别代表数据阈值范围的最大值与最小值。

### （四）上海人才环境评价结果的计算与分析

为了全面了解上海市人才环境的发展状况，本文根据人才环境的评价指标体系收集了2007年与2013年上海市人才环境指标体系三级指标的数据，并为了明确上海市人才环境与全国其他一线城市相比后存在的优势与劣势，本文特别选择了香港、北京、深圳、广州四座代表性城市作为对比城市，数据所属年份同样为2007年与2013年，所有数据来源于中国社会科学院中国城市与竞争力指数数据库以及北京大学中国家庭追踪调查数据库。

基于实际收集的数据，按照以上人才环境评价综合指标的合成方法，可以计算出2007年与2013年上海市以及其他四座国内一线城市的七项人才子环境发展指数得分 $F_i$ 以及人才环境综合指数得分 $F$。

1. 上海市人才环境总体发展状况

为了对上海市人才环境的总体发展概况有一个整体的了解，笔者分别绘制了2007年与2013年上海以及国内其他四座一线城市的人才环境综合指数对比和变化图（见图1、图2）。

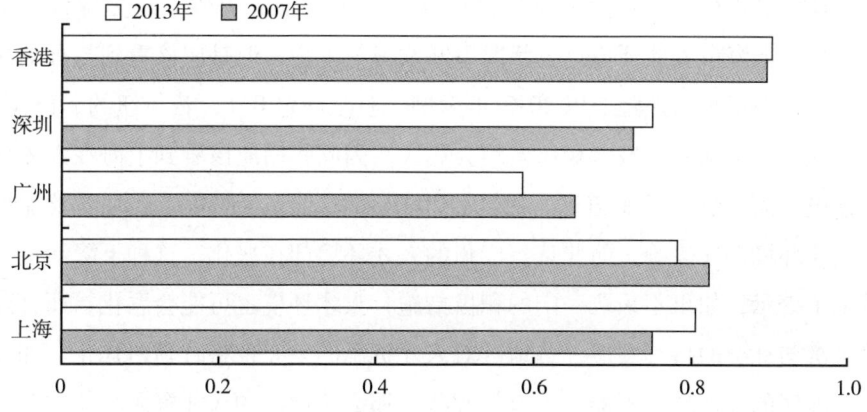

**图1　上海与国内其他四座一线城市的人才环境综合指数对比**

资料来源：中国社会科学院中国城市与竞争力指数数据库和北京大学中国家庭追踪调查数据库。下同。

通过研究可以看出以下几点规律。第一，从2007~2013年五座城市的人才环境的排名来看，香港稳居第一，北京与上海不分伯仲，深圳位列其后，而广州则在末位。其间，上海的人才环境综合指数在国内五座一线城市中上升最快，上升率达到5%以上，表明近年来上海市人才环境持续改善，这是上海市各项人才配套政策作用的结果。第二，从排名变化来看，上海市的人才环境综合指数在国内由第三位上升到第二位，从而超过北京成为内地

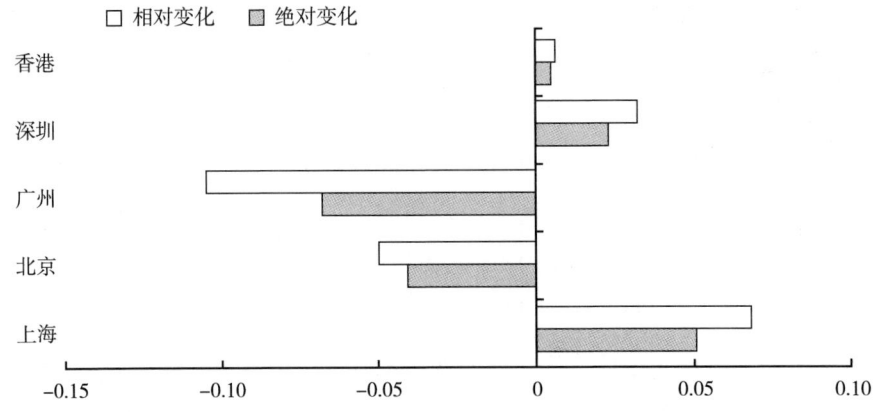

**图 2　上海与国内其他四座一线城市人才环境综合指数变化**

人才环境最优城市,这为上海建设全球科技创新中心提供了有力保证。第三,虽然上海市人才环境总体状况不断改善与进步,但是应该看到与香港相比还是存在不小的差距。以2013年为例,差距超过0.1,若与纽约、巴黎、伦敦这样的全球一线城市相比差距会更大,因此我们应该看到上海在人才环境建设方面仍然任重而道远。第四,2007~2013年,香港、上海以及深圳的人才环境都在改善,而北京、广州的人才环境却在恶化,这种下降给上海带来了警示,如果不采取一定的积极措施,人才环境也可能会恶化,而且随着经济与社会的持续发展,各地区对人才资源的争夺也将日渐白热化,如果一个地区的人才环境不能得到有效改善,那么该地区的人才资源将流向其他地区,这一点应是上海引以为鉴的。

2. 上海市人才环境的各项子环境的基本发展状况

前面分析了上海市人才环境2007~2013年的总体基本状况,指出了上海市人才环境在国内一线城市中的位置以及近些年发生的变化,但是并没有指出上海市人才环境具体的优势与劣势所在,无法为具体的人才环境建设提供建议。因此,必须从人才环境的各项子环境入手,逐项分析各子环境的具体发展状况,才能明确上海市人才环境建设未来的着力点与重点所在。

上海市与国内其他四座一线城市在2007年与2013年七项人才子环境排名的热力图如图3所示,图中每一个方块对应一座城市一年中一项人才子环境，方块颜色的深浅表示该城市该年该项子环境在所有城市中的排名顺序，"1"代表该项子环境在所有城市中排名第一，数值越小表明该项子环境越好，热力图中颜色越深。

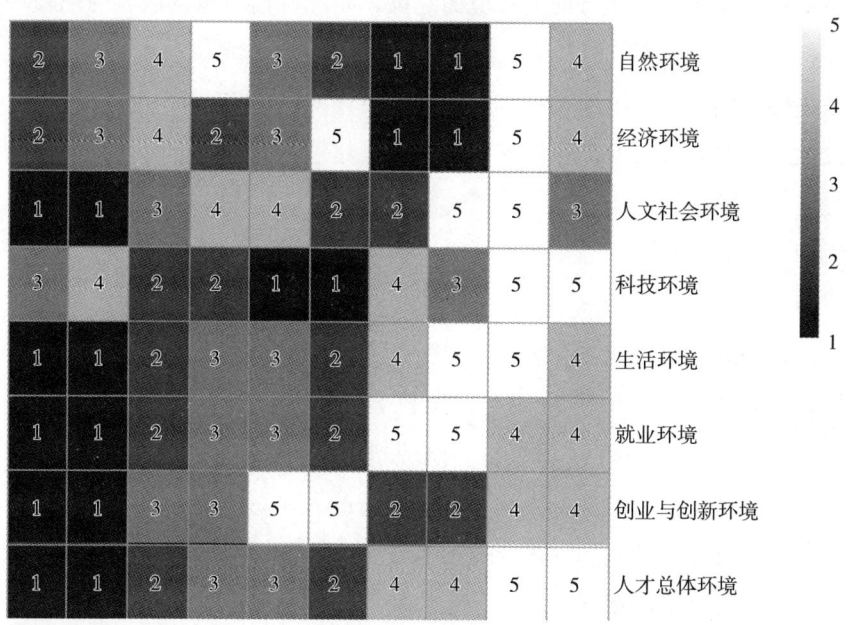

**图3　上海与国内其他一线城市各项人才子环境指数排名**

通过研究得出，从左至右颜色逐渐由深到浅，这表明在整体上从左至右排名是逐渐下降的。从最下面一行的人才总体环境排名分布可以看出，2007～2013年综合指数排名的唯一变化是上海超越了北京从第三位晋升为第二位，而香港第一位、深圳第四位、广州第五位的分布则稳定不变。

观察各项子环境指数的颜色可以看出，在2013年的各项子环境中，香港除了在科技环境位列第三名之外，其余所有环境都处于领先地位，人文社会环境、生活环境、就业环境、创业与创新环境这四项子环境更是稳居首位，这些都是上海所不具备的。在2013年的七项子环境中，上海只有科技环境一项略优于香港，这也导致上海人才总体环境落后于香港，表明上海的人才环境虽然在内地位列第一，但是和香港相比整体差距明显；上海唯一略优于香港的人才子环境是科技环境，同时也表明上海具有良好的科技实力和基础，有利于上海科技创新中心的建设与实现。建设全球科技创新中心的关键在于科技环境、创业与创新环境的建设，因此科技环境、创业与创新环境需要特别关注。虽然2013年上海人才总体环境超过北京在内地排名第一，但是在科技环境方面不如北京，北京的科技环境在2007~2013年稳居第一。不仅如此，在创业与创新环境方面，深圳也超过了上海，上海位列香港与深圳之后，这不利于激发"大众创新、万众创业"的活力，也不利于上海全球科创中心的建设。

通过研究得出，2007~2013年上海与国内其他一线城市的各项人才子环境指数排名变化情况（见图4），图中每个方块中的数字为该指标在该年度城市排名中的变化位数，"0"表示排名不变，负数表示排名下降，正数表示排名上升。从图4可以看出，只有香港的各项指标没有发生下降，而其他城市都或多或少地有指标发生下降。上海的人才总体环境表现良好，七项子环境中有五项排名有所进步，这有利于为上海建设全球科技创新中心营造良好的经济与社会环境，也有利于上海吸引全国乃至全球的优秀人才来上海工作和创业。但是，值得注意的是，上海的经济环境排名在这六年间下降了两位，由第二位跌至了第四位，这和上海"四个中心"的战略规划相背离，也和上海建设全球科技创新中心的目标相背离，需要提高警惕。

人才与资本等其他要素资源一样，在空间上具有很强的流动性，因此相邻地区或者其他地区人才环境的改善必然会降低本地区留住人才的能力以及对人才的吸引力。通过研究得出，北京人才环境的各项子环境以及综合环境在2007~2013年虽然表现得不尽如人意，但是深圳的部分子环境进步很快，其人文社会环境更是由第五位蹿升至第二位，这与上海形成了一定的竞争之势，对上海吸引全国以及全世界的人才构成了一定的威胁。

**3. 上海人才环境各子环境与国内领先城市间的距离**

通过前面的分析可以知道，上海在众多人才环境指标上与香港都存在一定的差距，在某些指标上与北京也存在一定的差距。因此，上海在打造全球

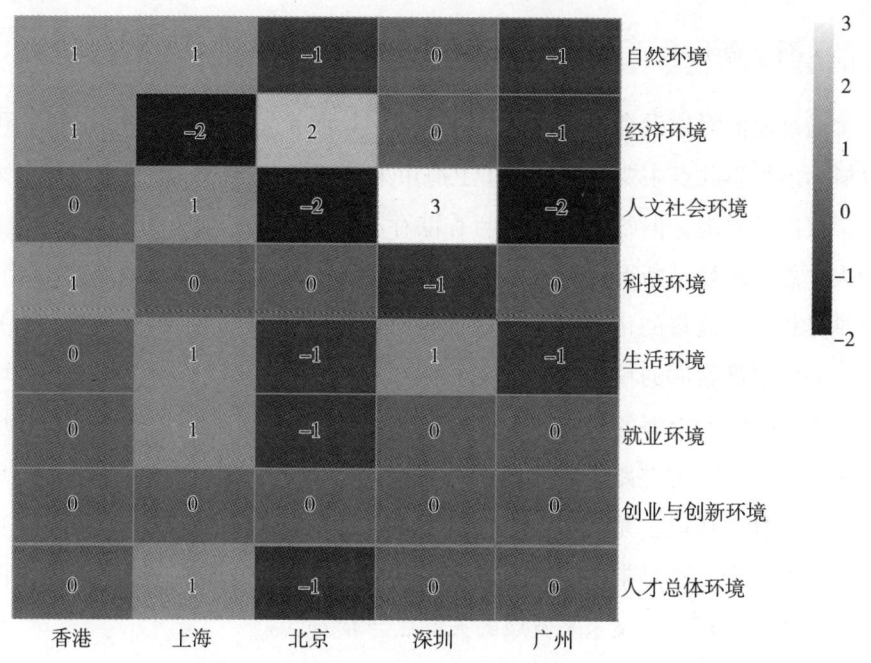

**图4　上海与国内其他一线城市的各项人才子环境指数排名变化**

科技创新中心的过程中首先要以北京与香港为参照物，只有缩小了同北京与香港的差距，才能缩小同欧美发达国家城市之间的差距，而且北京与香港同属中国，其人才环境的建设路径值得上海借鉴和学习。

由香港、上海和北京三座城市的各项人才环境指数对比可知，上海除了在科技环境方面较香港有较大的优势之外，在就业环境、创业与创新环境、人文社会环境三个方面与香港差距较大，这些指数的差距在0.3左右，而在生活环境、经济环境以及自然环境三个方面虽然与香港存在一定的差距，但是差距不大。因此，未来上海在建设全球科技创新中心的过程中，需要着力推进的就是人文社会环境、就业环境以及创业与创新环境三个方面。

对比上海与北京的曲线可以看出，上海除了在科技环境方面稍微逊于北京之外，在其他几项子环境中都超越了北京，正因为如此，上海的人才总体环境才超越了北京，位居第二，但是也可以看出，虽然上海在众多子环境方面领先于北京，但是优势并不明显。

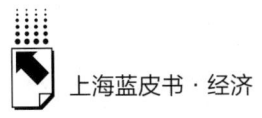

### （五）新形势下上海人才环境评价的总结

通过前面对建设全球科创中心新背景下上海市人才环境的评价分析，可以概括出如下几点主要的结论：①上海市人才环境在国内一线城市中排名第二，仅次于香港，但各项子环境与香港存在较大差距；②2007～2013年上海人才总体环境不断得到改善，超越北京成为内地人才环境最优越的城市，但是其相对于北京的优势并不明显；③建设全球科技创新中心，人才是关键，而吸引高素质的科技与创新人才的关键在于科技环境、创业与创新环境的不断改善，而上海的科技环境相对于北京有一定的差距，创业与创新环境相对于香港有一定差距，因此这两方面亟待改善与弥补；④上海的就业环境、人文社会环境，尤其是创业与创新环境跟香港这样的全球一线城市存在着较大的差距。这是未来上海打造全球科技创新中心过程中在吸引人才方面必须解决的短板，也是未来发展的关键点与着力点。

## 三 人才环境不断完善下的上海人才总量和结构预测

本研究运用比较成熟的数学方法来预测上海未来人才变化趋势。根据上海统计的近年来人才数量、人才结构等数据，对未来上海人才数量和结构做出科学的预测。

### （一）预测方法

常用的预测方法主要有回归分析法、趋势外推法、移动平移法、指数平滑法、灰色系统预测法等。根据各种预测方法的特点、适用范围以及问题的实际情况，结合预测的要求，我们利用分要素人口预测法中灰色理论GM（1，2）模型以及双线性开放 - 动态模型对上海人才资源总量进行预测。

1. 灰色理论模型

"灰色控制系统"理论正式发表在1982年，是邓聚龙教授提出的。GM

(1,2)模型是灰色系统中最常用的模型,但随着时间的推移,在任何一个灰色系统的发展过程中,都会不断地有一些随机扰动或驱动因素进入系统,使系统的发展相继受其影响。

2. 双线性开放－动态模型

在采用国际通用的宋健人口模型的基础上,考虑到上海作为一个开放城市(区域),外来人口变化比较大,建立了双线性开放－动态模型。

### (二)上海人才资源总量趋势预测

1. 灰色理论预测结果

上海人才资源总数、党政人才数和专业技术人才数、企业经营管理人才数的GM(1,2)模型仍以2000~2010年的统计资料为依据,采用灰色理论法对未来人口数进行预测,取2000年为基础年,即2000年时间$t=0$。运用上面GM(1,2)模型的建模方法,得回归方程:

$u(t+1) = 45718901.30\exp(0.02t) - 44979491.30$ 其中$u$为人才资源总数,$t$为时间。

$C = 0.1630$;$P = 1.0000$,表示模型预测良好,可以用于预测。

$v(t+1) = 18934.58\exp(3579t) - 2347.91$ 其中$v$为党政人才数量,$t$为时间。

$C = 0.0967$;$P = 1.0000$,表示模型预测良好,可以用于预测。

$w(t+1) = 63.48\exp(40747t) - 45.428400$ 其中$w$为专业技术人才数量,$t$为时间。

$C = 0.6578$;$P = 1.0000$,表示模型预测良好,可以用于预测。

$m(t+1) = 1332.35\exp(33251t) - 3475.13$ 其中$m$为企业经营管理人才数量,$t$为时间。

$C = 0.5869$;$P = 1.0000$,表示模型预测良好,可以用于预测。

灰色理论的预测结果如表6所示。

表6　上海灰色理论人才预测结果

单位：万人

| 年份 | 人才资源总数 | 党政人才 | 企业经营管理人才 | 专业技术人才 |
| --- | --- | --- | --- | --- |
| 2016 | 448.11 | 22.85 | 183.27 | 241.97 |
| 2017 | 456.54 | 23.28 | 186.72 | 246.53 |
| 2018 | 475.21 | 24.24 | 194.36 | 256.61 |
| 2019 | 484.13 | 24.69 | 198.01 | 261.43 |
| 2020 | 493.31 | 25.16 | 201.76 | 266.39 |

**2. 双线性开放-动态模型预测结果**

双线性开放-动态模型采用上海"六普"人才百岁表作为预测的基础数据。外来人口的性别年龄构成采用区人口办实有人口信息库中的资料。

分性别、年龄的人口迁移模式：由于缺乏有关户籍迁移人口的分性别和年龄的信息，我们只能利用户籍人口的年龄结构来推估户籍迁移人口的年龄构成。也就是说，即便户籍人口预测中考虑到户籍人口迁移，其结果中年龄结构实际上反映的是原先户籍人口的年龄构成。换言之，户籍人口迁移并未对户籍人口年龄结构产生影响。由于外来人口的年龄构成相对稳定（通过不断更替，保持相对年轻的人口结构），因此，我们利用2010年"六普"外来人口年龄结构来估算未来年份的外来人口年龄结构。

分性别、年龄的死亡模式：由于上海的预期寿命很高，近几年人口死亡率变动不大，因此，采用2010年"六普"的死亡构成表。

双线性开放-动态模型预测结果如表7所示。

表7　上海双线性开放-动态模型人才预测结果

单位：万人

| 年份 | 人才资源总数 | 党政人才 | 企业经营管理人才 | 专业技术人才 |
| --- | --- | --- | --- | --- |
| 2016 | 454.10 | 23.64 | 185.45 | 245.01 |
| 2017 | 464.69 | 24.08 | 190.77 | 249.84 |
| 2018 | 479.07 | 24.44 | 196.42 | 258.21 |
| 2019 | 488.22 | 25.12 | 199.72 | 263.38 |
| 2020 | 497.84 | 26.52 | 202.87 | 268.45 |

### 3. 关于上海人才资源预测结果的比较与分析

上海作为近年来经济快速发展的区域，高素质外来流动人口还将大量集聚，并且随着上海自贸区的建设，上海导入的户籍人口和"人在户不在"的区外上海户籍人口都将有较大幅度增长。因此，本文在上海人才总量的预测参数设置时采用了较高的值。同时，不同的人口预测方法对预测结果有很大的影响，本文采用了两种预测方法。灰色理论预测结果认为，上海2020年人才资源总数为493.31万人，党政人才为25.16万人，企业经营管理人才为201.76万人，专业技术人才为266.39万人。双线性开放－动态模型认为，上海2020年人才资源总数为497.84万人，党政人才为26.52万人，企业经营管理人才为202.87万人，专业技术人才为268.45万人。

综合上述方案，我们认为，预测结果差距在一定的合理范围内，预测手段和方法较为合理。基本上可以认为2020年人才总数为490万人。而人口调控政策效果不明显的情况下，上海外来人口仍然会大规模导入，2020年人才资源总数很有可能会突破500万人。如果上海采取严格的人口调控政策，严格控制外来人口的导入，高素质外来人才持续大规模减少，2020年人才资源总数可能会低于490万人。

## （三）上海人才需求预测

自改革开放以来，上海GDP保持着较快的发展速度，2008年金融危机后出现了小幅度下滑，对人才的需求量减少，但是随着经济的复苏，人才需求量渐渐增大。从经济可持续发展对人才的需求角度出发分析人才供需平衡，对于促进人口与经济可持续发展具有举足轻重的作用。

人才是经济发展不可缺少的因素，那么经济发展对人才的需求量为多少，这需要精确的计量分析。对经济发展中人才需求的预测，一般采用经济计量模型法和就业弹性系数法，由于计量模型在长期预测中缺乏合理性，所以本研究采用了就业弹性系数法。就业弹性是经济增长每变化一个百分点所对应的就业数量变化的百分比。就业弹性的变化取决于经济结构和人才成本等因素。如果经济结构中小企业、服务业等劳动密集型经济所占比例较大，资本比例较低，就业成本相对就低，就业弹性就高。在经济增长速度相对稳定的前提下，保持较高就业弹性对于就业和再就业增长更具现实意义。

计算就业弹性的步骤如下：设 $L$ 为就业数量，$\triangle L$ 为就业增加量，$Y$ 为 GDP，$\triangle Y$ 为 GDP 增加量，$G_L$ 为就业的增长速度，$G_Y$ 为经济增长速度，则就业弹性用差分公式表示为：$E = (\triangle L / \triangle Y) \times (Y/L) - G_L/G_Y$。

下文以此为基础对上海未来人才需求进行预测，即根据经济发展速度与从业人口增长速度之间的关系，来预测未来上海对人才的需求量。具体步骤如下。

近五年来上海劳动的产出弹性为 0.2227，即经济总产出增长 1 个百分点，带动就业增长 0.2227 个百分点。通过经济增长速度的预测就可以测算出未来从业人口需求总量。

经济增长总量的预测以 GDP 为衡量指标，在历年 GDP 增长趋势（见图5）分析的基础上，根据未来经济发展环境和趋势，预测 GDP 的增长变化趋势。

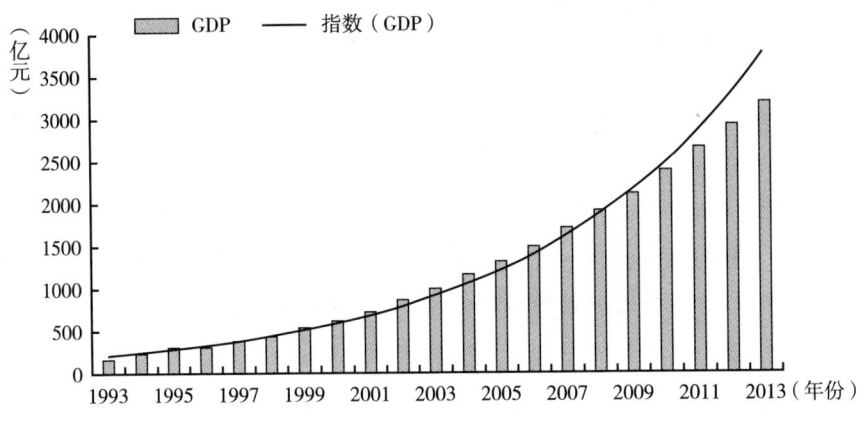

**图5　历年上海 GDP 变化情况**

资料来源：根据《上海统计年鉴》（2001~2014年）整理、计算得出。

根据统计数据整理计算可以得出上海 GDP 的变化趋势图。运用 SPSS11.5 软件通过对 GDP 变化趋势的拟合，最终发现，GDP 三次方拟合度最高,其显著性检验在 0.05 以下。因此,对 1978~2010 年 GDP 时间数据的拟合方程如下(不符合显著性检验的拟合结果略):

$$y = -430.63x^3 + 59.90x^2 - 1.758x + 983.10$$

根据以上拟合方程,计算出未来五年上海的 GDP 增长率,并结合就业弹性公式,计算出未来五年上海的人才需求量(见表8)。根据未来人才需求预测的结果,2020 年,上海人才需求量缺口可能高达 30 多万人。因此,上海有必要采取措施吸引高技能人才流动,缓解经济发展对高技能人才的需求压力。

表8 上海未来人才需求预测结果

单位:%,万人

| 年份 | GDP 增长率 | 人才增长率 | 人才需求量 |
| --- | --- | --- | --- |
| 2015 | 7 | 2.00 | 496.42 |
| 2016 | 7 | 2.00 | 502.36 |
| 2017 | 6.5 | 1.78 | 507.75 |
| 2018 | 6.5 | 1.78 | 513.23 |
| 2019 | 6 | 1.56 | 518.11 |
| 2020 | 6 | 1.56 | 523.07 |

## 四 完善上海人才环境建设的对策建议

当前,上海正在努力建设具有全球影响力的科技创新中心,而在人才建设方面依然存在一些问题和亟待完善之处。因此,本研究在对目前上海人才建设的现状、优势与不足、存在问题与原因进行分析和思考的基础上,认真研习国家和上海市政府出台的相关文件精神,结合上海人才建设的总体目标与基本任务,并充分借鉴国内外在人才建设方面的相关实践经验,相应地提出系统可行的对策建议。

## （一）典型国家及地区人才环境建设和开发经验借鉴

**1. 关于吸引海外人才的国际经验**

在吸引海外人才方面，处于不同发展阶段的国家采取了不同的举措。伦敦建设了高度国际化社区，人才和人口流动成为东伦敦科技城成功发展的主要因素。其他国家的主要经验有以下几点。

一是技术移民。主要发达国家和地区如美国、德国、日本、法国、加拿大、中国香港、新加坡，大多处于国际人才流动的"入超"地位，主要采取技术移民的方式吸引海外人才。

二是高薪高职。部分发展中国家处于国际人才"出超"地位，主要采取高薪高职的方式吸引海外人才回流。

三是印度海外公民证和印度裔卡。印度政府根据对人才的需要和海外强烈的放松双重国籍政策的呼吁，推出了印度海外公民证计划和印度裔卡计划。"印度海外公民证"主要针对原籍或双亲、祖父母为印度公民的印度裔海外人士。"印度裔卡"主要针对在海外成长的印度裔后代（第四代及以上）。这种做法极大地促进了海外印度人才的回流与环流。

**2. 关于促进人才自由流动的国际经验**

创新创业活跃的发达国家，大多建立了科研人员兼职脱岗流动机制。如美国硅谷的高校，允许教师和研究人员每周有一天到公司兼职从事开发和经营活动，允许教师和研究人员有1～2年的时间脱离岗位到硅谷创办科技公司，休学创业的学生可以在2年内继续学业。同时，纽约市对接硅谷而成为"东部硅谷"，以建设数字技术和网络技术为核心的技术创新综合体，其主要特点是依托顶尖大学，集聚高科技龙头企业和中小企业，形成基于创新链的企业共生发展格局，加大了创新链中的人才自由流动。

**3. 关于科研人员分享成果转化收益的国际经验**

发达国家如美国、德国、法国、英国都以法律的形式确保职务发明人的收益，建立了股权、期权激励制度，并通过减免资本利得税、延期纳税等税收优惠形式，加大科技人才的激励力度。美国硅谷地区的高校，科技成果由发明者本人负责向企业转移的，教师可以获得高达85%的收益。

4. 科技产业集群产学研一体化模式

慕尼黑是德国第三大城市，在高科技领域长期占有领先优势。其主要特点是多元化产业组织的集聚发展，拥有卓越的科研机构、350家生命科学公司、若干世界著名医院和专业的集群管理与服务机构。内部关联紧密的网络体系和专业化的区域管理与创新服务体系，使科技人力资源具有足够的创新活力。纽约创新链中，人力资本是企业最核心的投入要素，为科技创新提供专业服务，企业高度依赖科技研发投入。因此，专业服务业与制造业深度融合，提升了专业服务业的作用，在集聚创新要素、推动区域创新协同发展中发挥了重要作用。

### （二）完善上海人才环境建设的对策

本研究在上海建设全球科创中心的新形势下，以上海人才环境建设的总体目标和基本任务为导向，从人才的服务、培养、引进、使用、激励、流动等多个方面形成系统、切实可行的对策建议。

1. 优化人才服务环境

没有好的人才服务环境，不可能孕育成长大量科技创新人才。要秉持开放理念，弘扬创新文化，培育"大众创业、万众创新"的沃土，集聚国内外创新企业、创新要素和人才，共同推进科技创新中心建设。要优化人才服务的环境，解决宏观科技创新人才政策落实不到位、配套衔接缺失的问题。为此，第一，更新观念，全面树立政府和社会为人才提供优质服务的意识。第二，建立分工明确、运转协调、合作高效的人才服务机制。第三，完善人才政策的监督、落实与反馈机制，使各项政策真正落实到位，并在实践中不断完善。

2. 建立人才培养机制

要提高政策的有效性与长效性，建立人才培养机制，从根本上改变科技创新人才培养机制落后的状况。为此，第一，建设创新型大学的运作模式，在自主招生、经费使用等方面开展落实办学自主权的制度创新。第二，建立人才资本投资机制，真正实现人才培养从重学历向重能力与市场需求转变。第三，建立健全终身教育的人才培养机制。第四，加大对科技创新人才的培养力度，在人、财、物等方面给予充分的保障。

3. 营造人才引进氛围

上海建设具有全球影响力的科技创新中心，总的来说，关键在于人才，活力在于市场。要实施更加积极的创新人才引进政策，必须集聚一批具有国际视野和能力的领军人才。针对当前人才与智力引进政策不灵活、缺少创新的问题，要提高政策的创新性与灵活性，营造人才引进的良好氛围。为此，第一，实施更积极、更开放、更有效的海外人才引进政策，可以参考国外比较成熟的经验和做法。第二，充分发挥户籍和国籍政策在国内外人才引进及集聚中的激励和导向作用。第三，要实现人才引进从补助性政策向建设性政策的根本性转变。

4. 提升人才使用效率

要提高政策的科学性与系统性，提升优秀人才的使用效率，解决科技创新人才在使用与选拔中存在的问题。要改变传统"伯乐相马"的人才使用观，真正建立起"赛马机制"的现代人才使用观，在实践中发现人才，提高人才的使用效率。为此，第一，建立科学的人才评价机制，从人才选拔向为人才成长创造环境转变。第二，建立公平竞争的用人机制，人才使用政策要体现科学化、规范化和公平性、动态性原则，符合用进废退与人事相宜等规律。第三，改革目前的科技成果转化制度，要总结科技成果转化制度的改革经验，积极进行推广。

5. 完善人才激励体系

要提高政策的引导性与创造性，必须完善科技创新人才的激励体系，解决人才激励政策导向偏差及缺乏深层次突破的问题。为此，第一，改进科技创新奖励制度，完善奖励评审办法，从根本上扭转奖励的实际行为效果与科技政策导向偏离、激励作用不断下降的局面，形成以政府奖励为引导、社会力量设奖为主体的科技奖励制度。第二，建立充分体现人才创新价值的分配机制和体制。第三，推动建立多样化、国际化、市场化、菜单式的激励机制。

6. 拓宽人才流动渠道

要提高政策的适用性与可操作性，拓宽科技创新人才的流动渠道，解决人才流动限制过多、渠道不畅及人才流向不合理等问题。为此，第一，建立人才流动的市场机制，让市场成为配置人才的主体。第二，完善科研人员双向流动制度，允许科研人员在职或离岗创业。第三，根据上海经济社会发展战略需要，真正建立政策引导人才向市场配置失灵而社会需要的地方转移的机制。

## 参考文献

OECD. *Measuring Innovation：A New Perspective*，Paris：OECD，2010.

OECD. *The Global Innovation Index* 2014：*The Human Factor in Innovation*，Paris：OECD，2014.

Chaminade C.，Vang – Lauridsen J. Globalization of Knowledge Production and Regional Innovation Policy：Supporting Specialized Hubs in Developing Countries，*General Information*，2006.

Peretto P. F.，Valente S. Resource Wealth，Innovation and Growth in the Global Economy，*General Information*，2010.

Sharma J. B. A.，The Indian Perspective of Strategic HR Roles and Organizational Learning Capability，*The International Journal of Human Resource Management*，2007，16（9）.

蔡齐祥、陈岩峰、陈夏：《广东省科技服务业发展及重大科技问题的若干思考》，《科技管理研究》2012年第18期。

汪怿：《上海建设全球科技创新中心的人才问题——基于上海科技人员的抽样调查》，《上海经济研究》2015年第4期。

国家统计局主编《2014年中国科技统计年鉴》，中国统计出版社，2014。

杜德斌、段德忠：《全球科技创新中心的空间分布、发展类型及演化趋势》，《上海城市规划》2015年第1期。

陈劲、阳银娟：《协同创新的理论基础与内涵》，《科学学研究》2012年第2期。

杨亮、丁金宏、郭永昌：《中国社会保障与经济发展耦合协调度的时空特征分析》，《人口与经济》2014年第4期。

中国社会科学院的中国城市与竞争力指数数据库和北京大学中国家庭追踪调查数据库。

# B.3
# 上海建设具有全球影响力科技创新中心的法制环境研究

彭 辉*

**摘 要：** 在完善现有科技法体系领域，上海应进一步健全科技立法体系，依据上海市地方科技发展需要进行立法，及时开展科技立法的废改立工作，关注科技立法的重点领域和薄弱环节，提高科技创新政策的可实施性，健全法律责任，增强制度刚性。

**关键词：** 上海市　科技创新中心　法制环境　内容分析法

## 引 言

上海是我国科技创新的先行者，一方面正加快建设具有全球影响力的科技创新中心，另一方面正处于由投资驱动向创新驱动的转型关键期，肩负"率先转变经济发展方式"的历史重大使命，同时也面临着制约科技创新的体制机制障碍。法律作为规则之治的重要载体，对加快科技发展、提升创新效率具有不可或缺的重要意义。科技活动的决策、计划、部署、实施、验收等一系列管理环节要实现长期可持续发展，离不开法律的保驾护航。从这个角度而言，梳理科技创新法律的制定演变进程，分析政策间的协同效应，聚焦政策制定主体和政策对象着眼点，细化政策主题的年度分布具有非常重要

---

\* 彭辉，上海社会科学院法学研究所副研究员，管理学博士，主要研究方向为知识产权与知识管理。

的理论价值和实践意义。对此,有必要系统收集整理国家和上海市已出台的重要创新法律政策,量化分析研究。本文收集检索了 1980~2015 年中央政府和上海市地方政府出台的科技创新政策,以内容分析法为研究视角,量化评估政策主体、政策主题和政策作用等相关内容,剖析制约上海市科技创新的法律障碍和现实问题,以期为上海建设具有全球影响力的科技创新中心提供数据支撑。

# 一 研究框架

## (一)分析思路

我们在前期研究的基础上,选取科技创新的相关政策,构建"层级—内容—工具"的政策分析框架(见图1)。在此基础上,研读政策的关键性信息,绘制政策文本编码表,从而对政策历史演进、政策层级、政策主体及政策工具等展开系统而深入的研究。

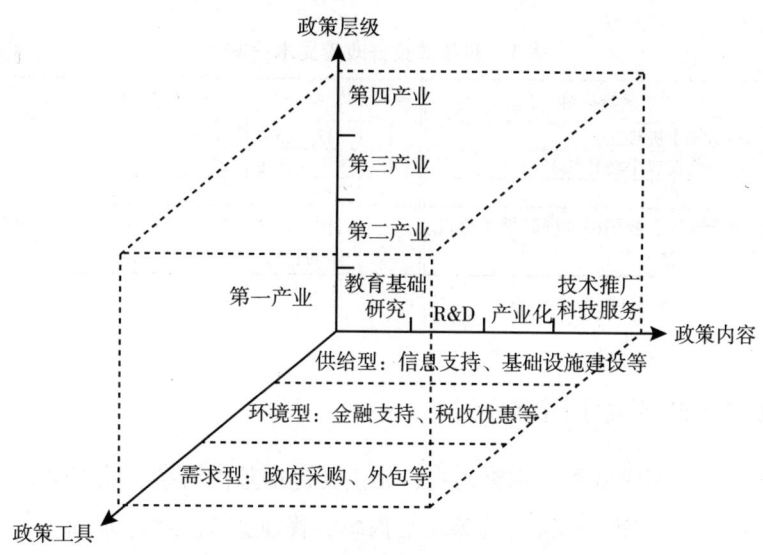

**图1 科技创新法律保障政策的分析框架**

资料来源:笔者整理。

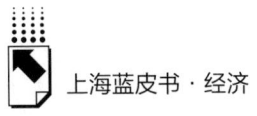

## （二）数据采集

我们主要通过以下两种方式收集政策文本：①中央人民政府门户网站（"中国政府网"）。此网站的"政策法规解读"板块对政策文本进行了细致而全面的解读，为课题分析和阐释政策文本要义提供了非常好的平台。②北大法律信息网—法律法规数据库（"北大法宝"）。此数据库是我国成立最早、信息最全面的法律信息检索平台，迄今为止已经收集整理了20余万件法律文本，这为课题调研的全面性提供坚实保障。

通过上述两个平台，课题组检索了1980～2015年属于科技政策群的294份文件，为了保证检索工作的完整性和针对性，本文按照以下原则对政策文本进行整理：①与上海市的科技创新工作密切相关；②政策形式为法律、行政法规、部门规章、规范性文件、司法解释、地方性法规和地方政府规章，不包括上海市区县层级的科技创新政策文件。通过上述方法对政策文本进行厘清，最终选择上海市科技创新政策研究样本共计217份，并对这217条政策文本进行编号，如表1所示。

表1　科技政策群政策文本一览

| 编号 | 政策名称 | 编号 | 政策名称 |
| --- | --- | --- | --- |
| 1 | 《科学技术进步法》 | 2 | 《科学技术普及法》 |
| 3 | 《促进科技成果转化法》 | 4 | 《中小企业促进法》 |
| …… |  | …… |  |
| 216 | 《关于资助在我国举办国际学术会议的试行办法》 | 217 | 《国家机械委关于引进国外技术、管理人才工作的暂行办法》 |

资料来源：笔者整理。

## （三）政策文本内容分析

课题组编制了政策文本编码表，其主要包括基本信息、政策层级、政策主体、政策关键词、政策工具等相关内容，详见表2。在此基础上，将217条政策文本信息抽取出来填入表2中，从而将质性的政策文本信息转化为半结构化数据。

表2 政策文本编码

| 编号 | 基本信息 | | | | | | | | | | 政策层级 | 政策主体 | |
|---|---|---|---|---|---|---|---|---|---|---|---|---|---|
| | 政策名称 | 发布时间 | 行业类别 | 级别 | | | | | | | 根/干/枝 | 参与部门 | 主导部门 |
| | | | | 法律法规 | 行政法规 | 部门规章 | 规范性文件 | 司法解释 | 地方性法规 | 地方政府规章 | | | |
| 1 | | | | | | | | | | | | | |
| 2 | | | | | | | | | | | | | |
| ... | | | | | | | | | | | | | |
| 217 | | | | | | | | | | | | | |

| 编号 | 政策关键词 | 政策工具 | | | | | | | | | | | |
|---|---|---|---|---|---|---|---|---|---|---|---|---|---|
| | | 供给层面工具 | | | 需求层面工具 | | | 环境层面工具 | | | | | |
| | | 资金投入 | 人才培养 | 基础设施建设 | 政府采购 | 消费者政策 | 海外机构管理 | 金融支持 | 税收优惠 | 科技中介 | 知识产权 | 法规管制 | 信息引导 | 科普教育 |
| 1 | | | | | | | | | | | | | | |
| 2 | | | | | | | | | | | | | | |
| ... | | | | | | | | | | | | | | |
| 217 | | | | | | | | | | | | | | |

资料来源：笔者整理。

## 二 研究过程

### （一）时间维度分析

根据科技政策发文量的年度数据分布折线图（见图2），从时间序列的角度，我们可将科技创新政策文件的发布时间概括为三个时期。

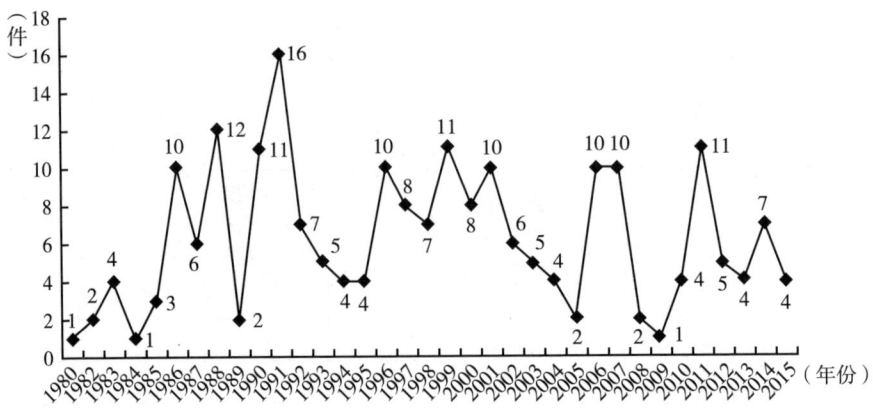

图 2　科技政策文件数量的年度分布

资料来源：笔者整理。

1. 1980～1990年为初始发展期

这一时期中国政府已经充分认识到科技为经济社会发展所带来的积极影响，将科技政策的重要目标调整为推动社会科学发展与进步，提升社会公众幸福指数。这一时期发布的科技政策文件数为52件，占总量的23.9%，整体上文件发布数量呈现较大程度的增长趋势，国家创新政策在这一时期也得到了全面发展。

2. 1991～1995年为震荡下挫期

20世纪90年代初，由于粗放式经济增长方式无法可持续推动我国经济社会发展，以及国际社会对我国经济增长方式的关切，中国政府对人口、资源、环境等领域的科技发展日益重视，看重追求经济发展和GDP增长的科技政策数量呈现震荡下挫态势，这一时期发布的科技政策文件数为36件，占总量的16.6%，社会发展中科技工作进入一个新的阶段。

3. 1996～2015年为波动发展期

这一时期发布的文件数为129件，占总量的59.4%，政策发布总量较大，并呈现较为明显的波动发展趋势。需要指出的是，中央政府关于国民经济和社会发展规划的制定周期是五年，然后各地及各委办局根据国家规划制定出本部门/地域的实施办法或操作细则。从这个角度而言，五年计划制定初期出台的科技政策，往往比之后几年出台的政策要多且密集。2008 年的经济危机对全球经济发展产生了重大冲击，基于此，上海希望通过科技政策来刺激经济增长方式转型，因而 2009 年出台的科技创新政策激增。

另外，一方面，20 世纪 80 年代中后期以及 90 年代颁布的科技政策过多，经统计，1980~1999 年科技政策总计 124 件，占比为 57.1%，比重过半。可见，有的政策距今已有 30 多年了，时移世易，明显不适应当前的经济社会发展形势。同时，我国至今尚未建立起专门的科技创新政策法，这就难以使相关工作真正做到有法可依，造成了上海科技创新政策出台的可持续性不够，时断时续，跌宕起伏。

另一方面，法律、行政法规、部门规章、地方性法规、地方政府规章、规范性文件等数量众多的科技创新政策的出台使得各政策文本之间不免产生"规则打架""效力对冲"等消极现象。具体表现在：①同一层级上的部门利益较为明显，尤其是各委办局出台的科技政策往往受本部门利益影响和驱动；②上下层级上的冲突并不鲜见，尤其是国际条约规则和国内立法之间、中央立法和地方立法之间的冲突；③新旧立法之间的冲突。上述不足影响了上海科技立法的系统性、协同性、完整性，进而在某种程度上削弱了政府公信力。

### （二）行业类别分析

经统计，科技政策文件行业类别分布如下：科技综合规定类别 35 件、科技成果鉴定奖励类别 32 件、技术进出口与国际合作类别 23 件、科技创新与科技进步类别 22 件、科学研究与科技项目类别 22 件、科技人员类别 17 件、科技成果转化类别 11 件、科技情报档案保密类别 9 件、科研经费类别 9 件、科技市场类别 8 件、技术合同与仲裁类别 7 件、科技体制改革类别 7 件、科研院所与物资设备类别 5 件、科技开发类别 3 件、技术市场管理类别 3 件、对外科技交流类别 2 件、科技统计与财税类别 2 件（见图 3）。

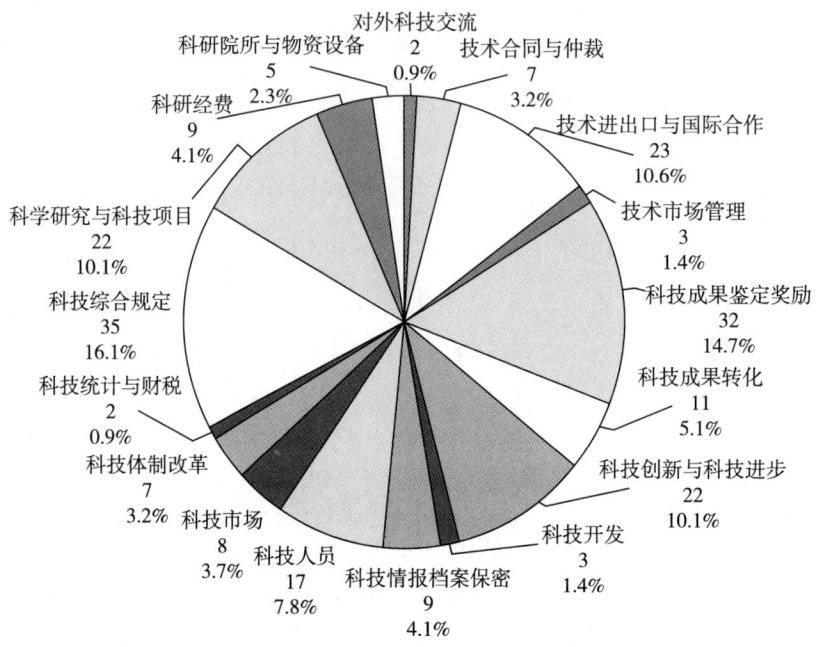

**图 3　科技政策文件行业类别分布**

资料来源：笔者整理。

但上海市科技立法也存在诸多薄弱环节。①科技政策和科技资源分配方面的立法较为薄弱，有关技术创新、技术评估、创新资源分配等方面的立法有待进一步加强。②亟待完善绿色可持续发展的创新立法。建立和实施可持续发展的制度，其主要涉及各类物质资源和环境保护等基本制度。对于上海市科技活动来说，实施和维护可持续发展主要是如何促进绿色科技的发展，解决大城市病的问题。而目前上海在实施和维持可持续发展领域的科技立法较为薄弱。③研发能力建设和人力资源发展方面的立法不充分。现有的上海市科技立法没有将提升科技人员素质这一宗旨充分体现，没有把人的发展作为重要目标，没有充分发挥科技人才资源的作用。关于国际科技合作交流、科技人员的流动以及科技人员的培养与引进等方面的立法，缺乏有效引导、规范的实质性内容。

## （三）级别维度分析

经统计，科技政策文件级别分布如下：部门规章99件、规范性文件65件、地方政府规章25件、行政法规15件、法律7件、地方性法规5件、司法解释1件（见图4）。由此可知，科技创新政策的内涵和外延较为宽广，所涉及的法律部门也较为多样，如《科学技术进步法》《科学技术普及法》《促进科技成果转化法》《中小企业促进法》属于经济法部门，《专利法》《专利法实施细则》《商标法》属于民法部门，内容较为庞杂，体系性建设较差。

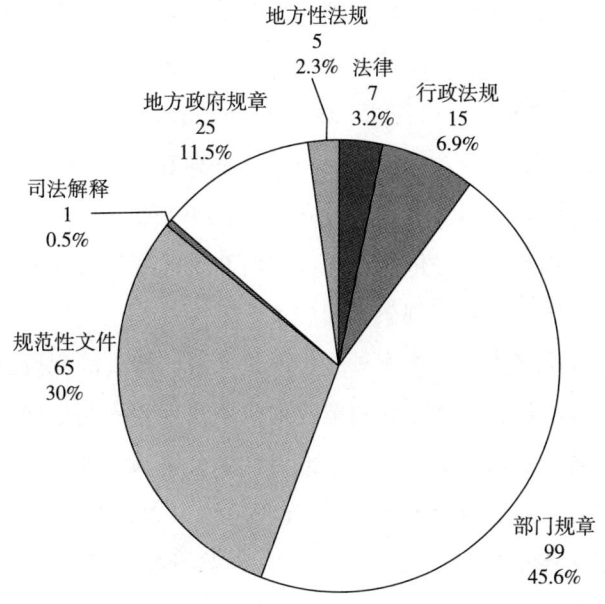

图4　科技政策文件级别维度分布

资料来源：笔者整理。

我国最高权力机关全国人民代表大会和全国人民代表大会常务委员会行使国家立法权，立法通过后，法律由国家主席签署主席令予以公布。因而，法律的级别是最高的。科技法律由于多为宏观的指导性规定，因而其内容相对较少，仅为7件，占比3.2%。我们认为，其背后原因主要是现有的人才建设、财税金融、资金监管政策法规为了增加适用的灵活性和可操作性，不太愿意将科技政策、操作方针提升到法律层面。

行政法规由国务院制定，通过后由国务院总理签署国务院令公布。这些法规也具有全国通用性，是对法律的补充，在成熟的情况下会被补充进法律，其地位仅次于法律。科技立法的行政法规数量较法律有所增加，为15件，占比6.9%，这是科技政策立法的主要来源。

部门规章是国务院各部门、各委员会等根据法律和行政法规的规定和国务院的决定，在本部门的权限范围内制定和发布的调整本部门范围内行政管理关系的，并不得与宪法、法律和行政法规相抵触的规范性文件。主要形式是命令、指示、规章等。除了科技部、发改委、人社部等主管部门出台了大量科技立法外，证监会、建设部、共青团中央等非科技主管部门也出台了一些科技立法，合计99件，占比45.6%，这是科技政策立法的重要来源。科技规范大多数是以部门规章的形式出现的，不具备狭义法律的形态，因此其刚性和约束力较弱，严肃性、权威性和稳定性不足。部门规章的数量众多，折射出我国科技创新主要是依靠行政部门所制定的部门规章推动，这在很大程度上将国家法律、行政法规架空和虚置了。

规范性文件是指除政府规章外，行政机关及法律、法规授权的具有管理公共事务职能的组织，在法定职权范围内依照法定程序制定并公开发布的针对不特定的多数人和特定事项，涉及或者影响公民、法人或者其他组织权利义务，在本行政区域或管理范围内具有普遍约束力，在一定时间内相对稳定、能够反复适用的行政措施、决定、命令等行政规范文件的总称。经统计，此类文件合计65件，占比30%，这是科技政策立法的重要来源。可见上海市科技立法体系中，法律、法规、规章的数量相对较少，科技规范大多数以规范性文件的形式出现，不具备法的形态，立法层次较低，造成科技法规的直接适用性弱，规范的社会关系面比较窄，大量科技社会关系如科技项目规划等只能依靠政府的政策规范、文件调整。因此，在执法、司法实践中，调整科技社会法律关系的规范位阶普遍较低。

地方性法规和地方政府规章是指根据本市具体情况和实际需要，在不同宪法、法律、行政法规和本省（自治区、直辖市）的地方性法规相抵触的前提下，制定科技立法的地方性法规和地方政府规章。从实践来看，科技政策的地方性立法具有重要作用。除实施性立法外，上海市人大及其常委会可以为解决本地区事务而开展创制性立法和自主性立法，一些尚不具备条件制定全国性法律的，也可以先通过制定地方性法规来开展探索、积累经验。上海市地方性法规和地方政府规章共30件，占比13.8%，这是科技政策立法的主要来源。

司法解释，是司法机关对法律、法规的具体应用问题所做的说明。对某一案件在适用法律上所做的解释，只对本案件有效，没有普遍约束力。最高法院所做的解释，对下级法院通常具有约束力。由于司法解释的范围狭窄，此类科技立法数量有限，仅为1件，占比0.5%。

### （四）政策层级分析

总体上看，1980～2015年，出台科技相关立法政策共计217条，其中根政策31条（14.3%）、干政策26条（12.0%）、枝政策160条（73.7%）。各层级政策数量时间序列的演进如图5所示。尽管近年来，科技政策出台不少，根、干、枝的比例较为恰当，但对科技方面枝政策的研究可以发现，其依旧缺乏针对性，相关条款过于原则性，可操作性不强。例如，《关于印发〈我国信息产业拥有自主知识产权的关键技术和重要产品目录〉的通知》指出"对列入目录的技术和产品的研制及产业化予以重点支持"，但是"支持哪些方面""怎么支持"都没有做出规定，难以落实。

同时，"根→干→枝"的科技政策体系在逐步细化过程中出现不同程度的偏离，科技政策在实施过程中一定程度上存在"上面雷声大、雨点小""下面只见乌云、不见雨"的"政策空传"现象。

通过调研，我们发现，上海市科技创新在政策实施方面存在以下几个方面的不足。

（1）科技政策制定对问题解决所需要达到的社会效果和期望值缺乏一个非常清晰的规划，缺乏一个明确、可量化的目标，使得对于文件责任主体的考核无法顺利进行，这也必然导致科技政策的实施力度受到限制。

（2）科技政策缺乏一个强有力的政策行动，即没有一个完整而系统的专项整治、建立相关制度和探索制度实施的新路径。科技创新政策需要多部门的相互协调、相互配合，但通过调研我们发现，尽管市区有分管领导牵头，有众多单位参加的联席会议制度，但联席会议的召开并没有形成制度化的安排，而是根据实际工作需要适时召开，对于这些联席会议单位是否开展了相应的政策行动则没有进行相应的规定，这就使得政策的实施强度大打折扣。

（3）科技创新政策的执行缺乏一个强有力的保障机制，即缺乏非常明晰的部门责任制、行政首长负责制、联动机制、社会监督机制，尤其是政策落实的区县政府在落实科技创新政策如何具体评估、如何监督考评、如何强化责任等方面缺乏强有力的保障机制，这就使得部署有流于形式之嫌。

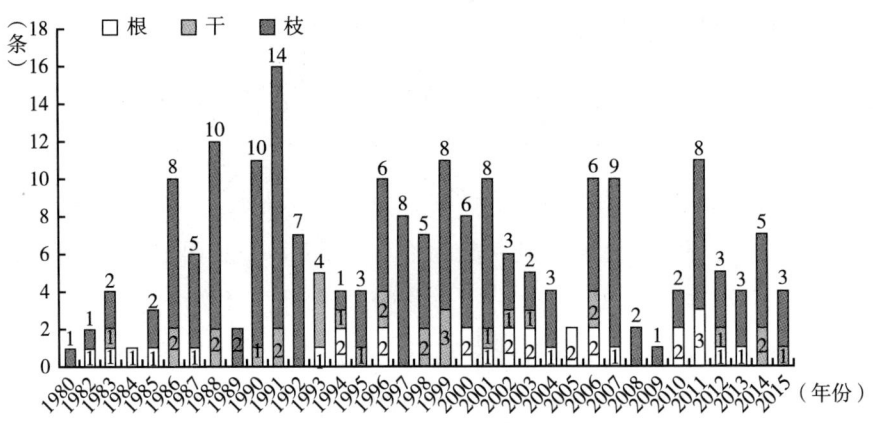

图5　科技政策文件政策层级分布

资料来源：笔者整理。

### （五）政策主体分析

1. 科技立法独立主导部门分布统计

经统计，上海市科技立法制定主体共计68个部门，其中34个部门独立颁布政策，其余34个部门采用联合颁布方式，如图6所示。

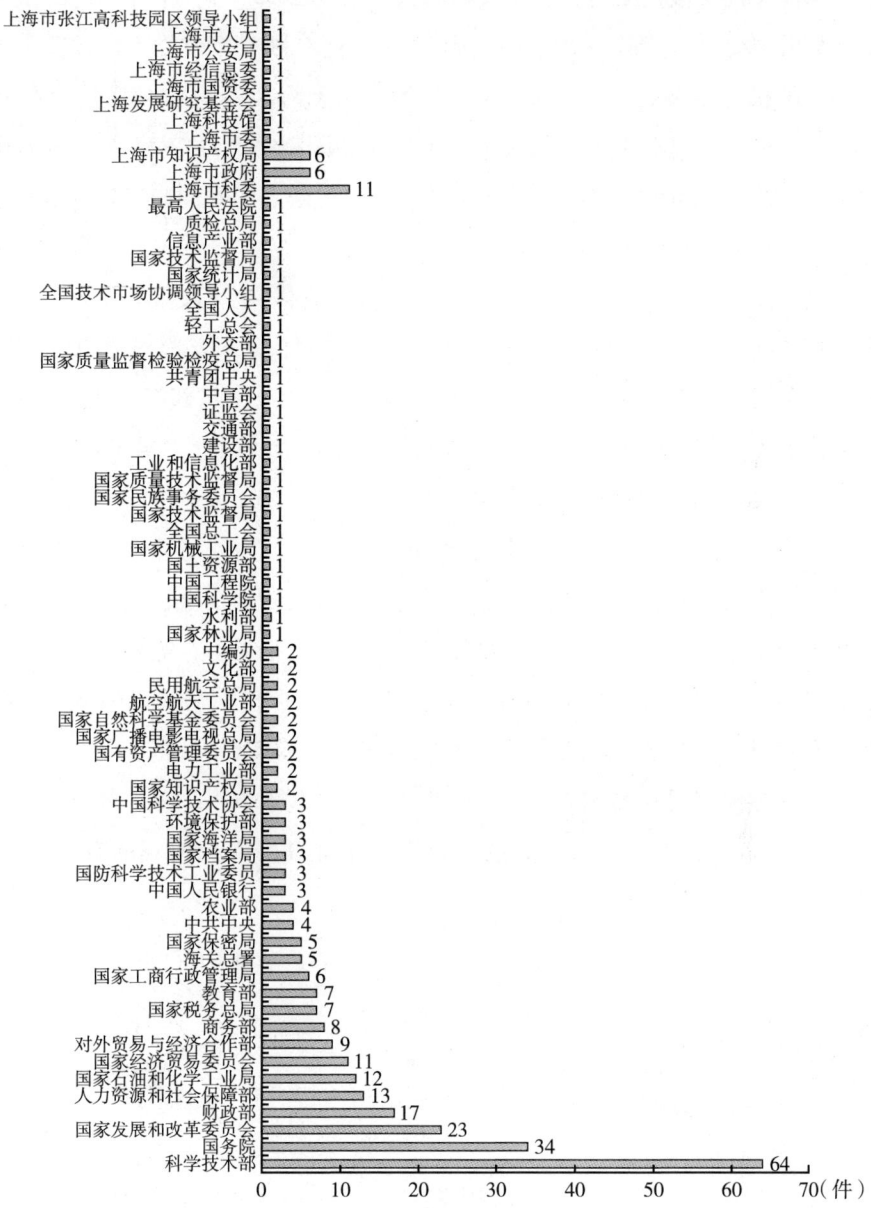

图6 科技政策文件政策主体分布

资料来源：笔者整理。

从总体发文数量来看，科学技术部发文数量最多，达64件，占政策文本总数的29.5%，其次是国务院，为34件，还有国家发改委、财政部、人社部、国家石油和化学工业局、国家经贸委、上海市科委的发文数都在10件以上。另外，也有不少部门仅发文1件，如国家林业局等34个机构。由此可见，涉及本市的科技创新政策，政出多门，缺乏明确的归口管理机构。

2. 科技立法主导部门与参与部门分布统计

结合图7可知，有主导部门、有参与部门的科技创新政策共计8个：分别是有主导部门、2个参与部门，1个；有主导部门、3个参与部门，1个；有主导部门、1个参与部门，5个；有主导部门、4个参与部门，1个。有主导部门、无参与部门的共计136个：分别是有6个及以上主导部门，6个；有5个主导部门，2个；有4个主导部门，4个；有3个主导部门，3个；有2个主导部门，16个；有1个主导部门，105个。由此可见，科技创新政策的设立部门之间较不协调，由于科技创新涉及人才、资金、制度、资源等各相关因素，仅由一个部门或少数部门主导难免捉襟见肘，需要得到其他机构的支持和协助，否则政策的可操作性难免大打折扣。在调研中课题组发现，有主导部门和参与部门的科技政策数量较少。具体而言，具体表现如下：①有主导部门和参与部门的一共才8个，占比5.6%；②有多个主导部门的共计31个，占比21.5%；③只有1个主导部门唱独角戏的有105个，

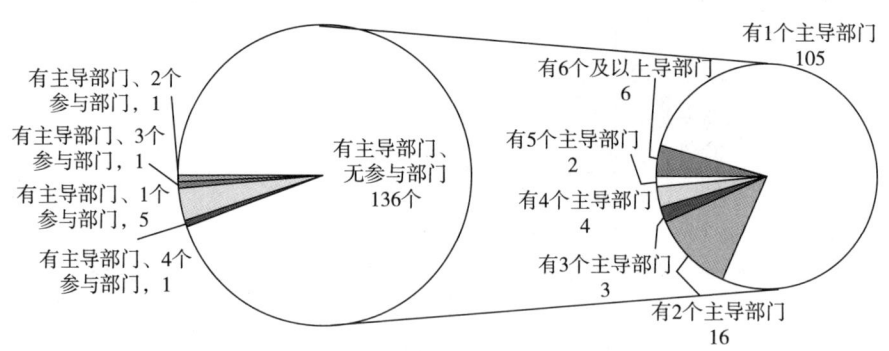

图7 科技政策文件政策主导部门与参与部门分布

资料来源：笔者整理。

占比72.9%。可见，目前科技创新政策的主导者和推进实施者主要还是某个机构。我们认为，科技创新政策单单依靠某个机构来主导难以应付日趋复杂的经济社会事务，这也在很大程度上限制了科技创新政策的效应发挥，对此，应加强各部门联合使用某一政策手段达成某项政策目标的意愿和能力。

### （六）关键词分析

关键词往往是科技立法政策的核心切入点，对文献关键词进行分析可以全面把握科技政策的内容结构，同时还可以推断出科技立法具体领域的研究热点和方向，给予研究者在学术选题方面一定的参考，更好地着眼于前沿研究主题。本文对检索到的有效信息进行了数据清洗，共得到216个关键词，共出现2781次，平均每篇12.8个关键词。科技立法领域高频关键词如表3所示。

表3　科技立法领域高频关键词

单位：次

| 排序 | 高频关键词 | 频次 | 排序 | 高频关键词 | 频次 | 排序 | 高频关键词 | 频次 |
|---|---|---|---|---|---|---|---|---|
| 1 | 技术创新 | 110 | 11 | 创新驱动 | 73 | 21 | 科技园区 | 43 |
| 2 | 技术转化 | 106 | 12 | 科技体制 | 70 | 22 | 技术吸收 | 42 |
| 3 | 技术开发 | 105 | 13 | 产业化 | 66 | 23 | 科研基金 | 41 |
| 4 | 技术引进 | 105 | 14 | 技术装备 | 62 | 24 | 资金管理 | 40 |
| 5 | 科技人才 | 97 | 15 | 科技企业 | 61 | 25 | 科技奖励 | 39 |
| 6 | 科技进步 | 96 | 16 | 中介组织 | 58 | 26 | 风险投资 | 38 |
| 7 | 知识产权 | 84 | 17 | 科技合作 | 56 | 27 | 管理办法 | 38 |
| 8 | 技术合同 | 81 | 18 | 科技规划 | 55 | 28 | 科学素质 | 32 |
| 9 | 基础实施 | 76 | 19 | 产权制度 | 49 | 29 | 物联网 | 25 |
| 10 | 技术市场 | 75 | 20 | 人事管理 | 49 | 30 | 科研项目 | 23 |

资料来源：笔者整理。

通过 Excel 对上述关键词进行处理，形成交叉列联表，如表4所示。

在构建高频关键词矩阵的基础上，将关键词矩阵导入社会网络分析软件 Ucinet 中，生成关键词共现的可视化图形。从图8可见，位于中心位置的是知识产权、科技人才、技术开发、技术转化、技术合同、技术引进、科技进

表4 高频关键词交叉列联表矩阵

单位：次

| 类别 | 科技人才 | 人事管理 | 基础实施 | 资金管理 | 科研项目 | 技术装备 | 技术转化 | 技术合同 | 中介组织 | 技术开发 | 技术市场 | 管理办法 | 技术引进 | 科技合作 | 技术吸收 |
|---|---|---|---|---|---|---|---|---|---|---|---|---|---|---|---|
| 科技人才 | | 12 | 8 | 9 | 19 | 14 | 14 | 25 | 15 | 13 | 11 | 12 | 7 | 12 | 12 | 11 |
| 人事管理 | 22 | | 8 | 9 | 15 | 15 | 14 | 26 | 16 | 18 | 7 | 18 | 8 | 17 | 17 | 15 |
| 基础实施 | 12 | 5 | | 5 | 10 | 6 | 5 | 10 | 5 | 4 | — | 21 | 5 | 20 | 20 | 18 |
| 资金管理 | 12 | — | — | | 8 | 6 | 7 | 12 | 8 | 9 | 6 | 7 | — | 8 | 7 | 5 |
| 科研项目 | 6 | — | — | — | | — | — | 3 | 3 | — | 4 | — | 4 | 4 | — |
| 技术装备 | 10 | 11 | 10 | 6 | 4 | | 4 | 7 | 5 | 6 | 4 | 5 | 8 | 6 | 6 | 4 |
| 技术转化 | 22 | 6 | 5 | 20 | 14 | 15 | | 26 | 17 | 20 | 15 | 20 | 5 | 18 | 18 | 17 |
| 技术合同 | 22 | 4 | — | 16 | 11 | 13 | 24 | | 15 | 13 | 9 | 14 | 3 | 14 | 13 | 12 |
| 中介组织 | 16 | 4 | 4 | 14 | 8 | 7 | 15 | 11 | | 9 | 5 | 5 | — | 6 | 6 | 4 |
| 技术开发 | 20 | 8 | 7 | 18 | 7 | 13 | 23 | 19 | 22 | | 17 | 21 | 4 | 20 | 20 | 20 |
| 技术市场 | 18 | 6 | 5 | 15 | 9 | 10 | 19 | 12 | 13 | 9 | | 11 | 5 | 11 | 11 | 9 |
| 管理办法 | 22 | 9 | 2 | 21 | — | 12 | 25 | 16 | 15 | 10 | 13 | | 6 | 13 | 13 | 11 |
| 技术引进 | 22 | 5 | 6 | 20 | 8 | 15 | 27 | 20 | 18 | 12 | 20 | | 19 | 19 | 17 |
| 科技合作 | 17 | — | — | 15 | 6 | 9 | 17 | 13 | 15 | 11 | 11 | 1 | 11 | | 10 | 8 |
| 技术吸收 | 13 | 3 | — | 11 | 6 | 5 | 10 | 5 | 6 | 4 | 5 | — | 6 | 5 | 4 | |

续表

| 类别 | 科技人才 | 人事管理 | 基础实施 | 资金管理 | 科研项目 | 技术装备 | 技术转化 | 技术合同 | 中介组织 | 技术开发 | 技术市场 | 管理办法 | 技术引进 | 科技合作 | 技术吸收 |
|---|---|---|---|---|---|---|---|---|---|---|---|---|---|---|---|
| 技术创新 | 12 | 7 | — | 11 | 6 | 7 | 12 | 6 | 7 | 5 | 6 | — | 6 | 6 | 4 |
| 科学素质 | 5 | 5 | 4 | 3 | — | — | 4 | 3 | 3 | — | — | 4 | 4 | 3 | — |
| 知识产权 | 19 | 5 | — | 17 | 14 | 11 | 22 | 13 | 12 | 9 | 14 | — | 13 | 13 | 11 |
| 科技体制 | 18 | — | — | 16 | 12 | 12 | 21 | 12 | 12 | 9 | 9 | — | 10 | 19 | — |
| 创新驱动 | 16 | 6 | 5 | 14 | 10 | 9 | 17 | 10 | 12 | 10 | 12 | 3 | 12 | 12 | 12 |
| 科技园区 | 10 | — | — | 7 | 4 | 4 | 7 | 6 | 6 | 4 | 6 | — | 7 | 17 | 5 |
| 科技企业 | 12 | 6 | 5 | 10 | 7 | 7 | 12 | 8 | 7 | 5 | 7 | 5 | 8 | 18 | — |
| 产业化 | 12 | 4 | 5 | 11 | 8 | 7 | 13 | 8 | 9 | 7 | 12 | 5 | 12 | 12 | 11 |
| 科技奖励 | 10 | — | — | 8 | 5 | 4 | 8 | 7 | 8 | 6 | 7 | 2 | 7 | 7 | 5 |
| 科技进步 | 10 | 4 | 4 | 6 | 4 | 4 | 7 | 7 | 6 | 4 | 6 | 3 | 16 | 11 | 6 |
| 科研基金 | 4 | 4 | 4 | 7 | 5 | 5 | 9 | 6 | 5 | 4 | 4 | 3 | 8 | 4 | 4 |
| 物联网 | — | — | — | — | — | 2 | 3 | 3 | — | 3 | — | — | 9 | 7 | 3 |
| 科技规划 | 10 | 7 | 6 | 6 | 4 | 5 | 8 | 7 | 5 | 4 | 6 | 5 | 11 | 9 | 4 |
| 产权制度 | 12 | — | — | 8 | 7 | 6 | 12 | 9 | 11 | 9 | 9 | — | 10 | 10 | 8 |
| 风险投资 | 10 | — | — | 7 | 5 | 4 | 8 | 7 | 6 | 4 | 6 | — | 16 | 7 | 6 |

续表

| 类别 | 技术创新 | 科学素质 | 知识产权 | 科技体制 | 创新驱动 | 科技园区 | 科技企业 | 产业化 | 科技奖励 | 科技进步 | 科研基金 | 物联网 | 科技规划 | 产权制度 | 风险投资 |
|---|---|---|---|---|---|---|---|---|---|---|---|---|---|---|---|
| 科技人才 | 10 | 8 | 6 | 9 | 14 | 11 | 10 | 20 | 10 | 26 | 13 | 11 | 18 | 7 | 8 |
| 人事管理 | 14 | 12 | 12 | 14 | 16 | 11 | 11 | 21 | 9 | 28 | 14 | 13 | 22 | 11 | 8 |
| 基础实施 | 20 | 15 | 14 | 18 | 8 | 7 | 6 | 11 | 5 | 15 | 7 | 6 | 10 | 8 | 5 |
| 资金管理 | 5 | 4 | 6 | 7 | 6 | — | — | 10 | — | 13 | — | — | 4 | 4 | — |
| 科研项目 | — | 7 | 2 | 6 | 4 | 4 | — | — | 4 | 3 | 3 | 10 | — | 4 | — |
| 技术装备 | 4 | 3 | 8 | 4 | 15 | 12 | 11 | 8 | 13 | 11 | 17 | 15 | 20 | — | 9 |
| 技术转化 | 16 | 8 | 13 | 15 | 12 | 8 | 7 | 21 | 7 | 28 | 10 | 9 | 14 | 11 | 6 |
| 技术合同 | 12 | 6 | 9 | 12 | 6 | 5 | 4 | 20 | 4 | 26 | 6 | 5 | 8 | 10 | 4 |
| 中介组织 | — | 11 | 4 | 13 | 7 | 6 | 15 | 5 | 20 | 6 | — | 10 | 4 | — | — |
| 技术开发 | 12 | 10 | 10 | 15 | 8 | 9 | 8 | 18 | 10 | 25 | 12 | 11 | 14 | 14 | 5 |
| 技术市场 | 8 | 6 | 7 | 7 | 9 | 7 | 6 | 16 | 7 | 21 | 9 | 8 | 12 | 7 | 5 |
| 管理办法 | 10 | 8 | 9 | 9 | 15 | 10 | 9 | 21 | 11 | 28 | 16 | 15 | 18 | — | 7 |
| 技术引进 | 18 | 14 | 13 | 16 | 9 | 8 | 7 | 21 | 6 | 28 | 8 | 7 | 12 | 12 | 6 |
| 科技合作 | 5 | 5 | 4 | 8 | 6 | 3 | — | 16 | — | 20 | — | — | 4 | 6 | — |
| 技术吸收 | 3 | — | — | 6 | 5 | 5 | 4 | 12 | 4 | 17 | 5 | 4 | 8 | — | 3 |

续表

| 类别 | 技术创新 | 科学素质 | 知识产权 | 科技体制 | 创新驱动 | 科技园区 | 科技企业 | 产业化 | 科技奖励 | 科技进步 | 科研基金 | 物联网 | 科技规划 | 产权制度 | 风险投资 |
|---|---|---|---|---|---|---|---|---|---|---|---|---|---|---|---|
| 技术创新 | 3 | — | 5 | 3 | 3 | — | — | 11 | — | 14 | — | — | 4 | 4 | — |
| 科学素质 | — | — | 8 | 2 | 10 | 7 | 6 | 4 | 5 | 6 | 8 | 7 | 12 | 0 | 5 |
| 知识产权 | 11 | 9 | 14 | 10 | 9 | 8 | 6 | 17 | 6 | 22 | 8 | 8 | 10 | 11 | 5 |
| 科技体制 | 5 | 5 | 19 | 8 | 10 | 5 | 4 | 15 | 3 | 20 | 3 | — | 6 | 6 | — |
| 创新驱动 | 8 | 6 | 9 | 11 | 6 | 6 | 6 | 12 | 7 | 18 | 9 | 8 | 12 | 9 | 4 |
| 科技园区 | 5 | — | 8 | 4 | 6 | 4 | 4 | 7 | 3 | 11 | 4 | 4 | 8 | 4 | 4 |
| 科技企业 | 5 | 4 | 9 | 5 | 11 | 8 | 7 | 9 | 7 | 12 | 10 | 9 | 14 | 5 | 6 |
| 产业化 | 12 | 9 | 11 | 11 | 9 | 6 | 6 | 10 | 5 | 13 | 7 | 6 | 10 | 6 | 5 |
| 科技奖励 | 4 | — | 9 | 6 | 7 | 3 | 3 | 7 | — | 11 | — | 6 | 4 | 2 | |
| 科技进步 | 4 | 3 | 14 | 7 | 12 | 5 | 5 | 5 | 7 | — | 10 | 6 | 6 | 10 | — | 3 |
| 科研基金 | 3 | — | 5 | 6 | 9 | 6 | 5 | 8 | 5 | 12 | 6 | 5 | 10 | 2 | 3 |
| 物联网 | — | — | 8 | 9 | 13 | — | — | — | — | 4 | — | — | 6 | — | 2 |
| 科技规划 | 5 | 4 | 9 | 13 | 11 | 8 | 7 | 5 | 8 | 10 | 11 | 9 | 12 | 5 | 6 |
| 产权制度 | 5 | 5 | 6 | 11 | 9 | 3 | 3 | 8 | — | 12 | — | — | 6 | 7 | — |
| 风险投资 | 4 | 3 | 6 | 7 | 5 | 2 | 2 | 6 | — | 11 | — | — | 6 | 4 | — |

资料来源：笔者整理。

步等,这是科技立法领域备受关注的研究主题。而处于边缘的关键词,如科技企业、风险投资、资金管理、物联网、产权制度、科学素质、技术装备、科研基金等方面,虽然其受关注度不高,但是可以从某种角度反映出科技立法领域的多元化研究发展趋势。

同时,我们也发现上海市科技创新政策的一些亟待完善之处。

1. 部分法规的执法程序和法律责任规定不够完备

从立法的结构技术这个角度来看,《上海市技术合同登记管理暂行办法》和《上海促进高新技术成果转化的若干规定》等科技法规缺乏对法律责任部分的规定。而目前法律对地方性法规和地方政府规章设立法律责任已做出明确规定,因此这两部法规也应增补设立有关法律责任的条款,以增强地方立法的可操作性。

2. 科技立法的社会化服务体系亟待完善

制定一项地方性科技法规、规章,往往要经过调查、论证、听证等多项

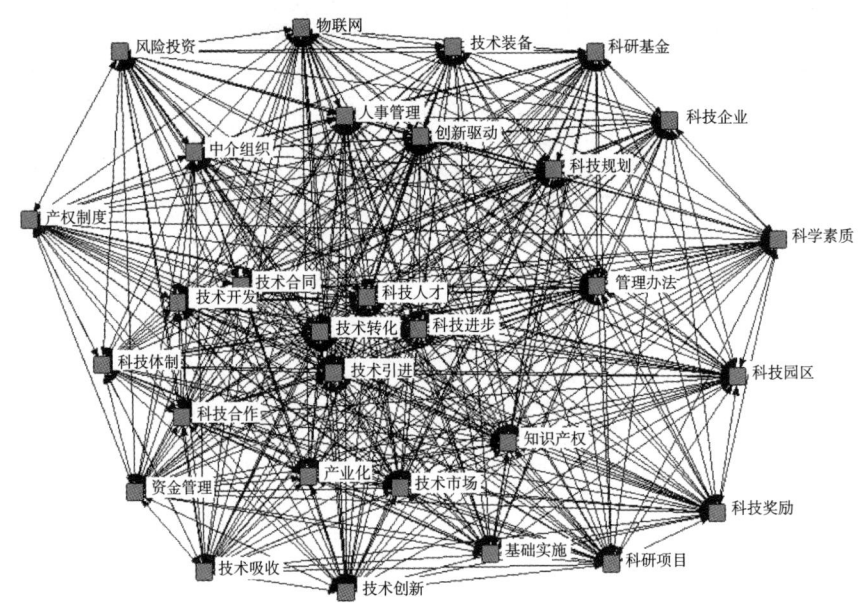

图8　科技立法领域高频关键词整体网络示意

资料来源:笔者整理。

程序，再经地方人民代表大会、常务委员会会议或市人民政府会议审议通过，形成法规文本时更应字斟句酌。但是，地方性科技法规、规章出台后的实施效果，往往很少再有调查、评估，对此有必要适时启动"立法后评估机制"，对科技法规的合法性、合理性、立法效益等内容逐一检验。

3. 科技立法过程中的民主参与程度有待提升

上海市科技立法工作的舆论宣传、公众参与等还很不到位，导致科技立法的社会基础不够牢固，未能适应科技社会化的发展趋势要求。如果不能在大科技社会背景下展开充分研究，就会缺乏研究问题时的广泛性和深刻性。只有社会各界对于科技进步和创新、科技管理和科技法律的认识符合科技社会化的发展趋势要求，科技立法建设才能取得比较好的效果。

## （七）政策工具分析

以政策工具作用面为区分对象，政策工具一般可以细分为供给层面工具、需求层面工具和环境层面工具。

### 1. 供给层面工具

供给层面工具特指政府通过提供人才、信息、技术和资金等支持直接扩大技术的供给，改善技术创新相关要素的供给，引导政策指向，推动技术创新活动的开展。其特点在于政府选定领域或项目，作用迅速、直接、明显，但也可能造成不公平。供给层面工具可以分解为以下三个方面，即资金投入、人才培养、基础设施建设。经统计，科技创新政策涉及资金投入的有60条、人才培养17条、基础设施建设12条，合计89条。可见，政策制定部门在资金投入、人才培养、基础设施建设方面尽管有所兼顾，但不太均衡。资金投入占比要远远高于人才培养和基础设施建设。我们认为，科技政策固然需要关注科研资金投入，但更需要突出科技人才的供给，这正是上海市缩短国内外企业创新差距、解决创新要素短板的应对之策。

### 2. 需求层面工具

需求层面工具指政府通过优先采购自主创新产品、贸易管制等措施减少技术创新过程中的不确定性，稳定新技术和新产品市场，以保证科技成果产业化的顺利进行。结合课题研究，需求层面工具可以分解为以下两个方面，即政府采购（3条）、海外机构管理（2条），合计5条。需求层面工具的缺失，必然在很大程度上限制对中小企业和科研机构的投入强度，降低研发机构的产出效率，增加研发成本支出。目前，我国政府采购占GDP的比重还不高，远远落后于发达国家的15%，对企业技术创新的拉动效应并未显现。

3. 环境层面工具

环境层面工具指政府通过实施财务金融、税收制度、法规管制等方面的政策影响科技发展的环境因素，为技术创新等科技活动提供有利的政策环境，从而间接影响并促进科技创新。环境层面政策工具可以分解为"法规管制""科技中介""金融支持""信息引导""知识产权保护""税收优惠""科普教育"等。其特点在于项目对象或领域由企业自己选择，较为公平公正，短期效果弱，长期效果较好。一些市场经济导向的国家更倾向于采用该类政策。因此，很多发达国家对环境层面政策工具日益关注，投入力度也逐年提升，如西班牙、匈牙利对环境层面政策工具投入占总研发投入的比重已经超过50%。经统计，上海科技创新环境层面工具的分布如下：信息引导71条、法规管制56条、金融支持23条、知识产权保护17条、科技中介16条、税收优惠14条、科普教育3条，合计200条。

整体而言，上海科技创新政策偏向于供给层面工具和环境层面工具的应用，尤其是环境层面工具，需求层面工具却未引起足够的重视。出现这样的情况主要有以下三方面原因：①路径依赖。由于上海技术发展的初期基础并不牢固，科创环境并非十分优越，为了快速提升科技发展水平，政府加大了供给层面工具和环境层面工具的应用，并且取得了非常显著的成效，在这一成功模式的影响下，后续政策制定的路径依赖非常明显。②反应过缓。在国内外经济下行压力增大的环境下，本市科技创新产品由于自身产品科技"含金量"不高而面临"滞销"窘境，相关政府部门未能根据环境变化及时调整科技政策。③能力受限。科技政策制定人员的专业水平提升速度跟不上国内外科技创新环境的变化发展趋势。总之，上述研究工具的失衡，非常不利于形成一个"结构紧凑、平衡有序"的科技创新新秩序。

## 三 政策建议

1. 完善科技立法体系

①依照国家上位科技法明确进行上海市科技立法。上海市应在全国人大已有的科技法律框架下，按照《立法法》规定的地方立法权限，根据上海市的具体情况进行立法。同时，在立法过程中要注意地方科技法规、规章应与现行的国家科技法律、行政法规配套、衔接。②建立跨部门协同立法机制。有效遏制立法中部门利益主导的趋势，降低立法成本，避免空白立法、重复立法现象。③加强科技附属性立法。应当处理好上海市科技法规、规章与其他相关立法的关系。一方面，上海市传统立法领域需要用科技法来解决现代科技带来的问题；另一方面，科技立法制度的配套与完善需要其他方面立法的综合调整。因此，上海市立法部门需要对传统法律如民法、商法、经济法、刑法等领域中有关科学技术方面的地方立法规范展开广泛研究，对其中存在的不符合上海市科学技术发展的内容提出修改、补充和完善的立法意见。

2. 依据上海市地方科技发展需要进行立法

①要与立法规划相衔接。要从上海市的经济社会基础、自然环境现状、创新驱动转型发展的现实需求出发，与《上海中长期科学和技术发展规划纲要（2006－2020年）》以及地方科技立法规划相衔接，使立法更具有针对性和可操作性。②加强公共服务平台建设。对全市的科技发展进行整体性规划，保障"科技上海""世界城市""全球科技创新中心"战略的顺利实施；完善科学技术决策的规划和程序，建立健全规范和决策制度，加强科技政策的评估工作，针对科技计划的不同目标和任务，实施不同的评估标准。③推进绿色发展和可持续发展。这是落实科学发展观、建设节约型社会的必然选择。科学技术与保持社会的可持续发展是相互关联的，其最终目标是要保证人类社会具有长期持续的发展能力。应将绿色科技的理念贯穿于地方科技立法实践中，以法制为支撑，用法律对科技成果的非道德使用可能造成的

社会危害加以防治，在环境保护和科技发展中寻求共赢，走可持续发展之路，推进科教兴国战略和可持续发展战略。

3. 及时开展科技立法的废改立工作

①根据上海市科技发展与立法实际经验适时修订立法。上海市应从符合市场经济发展规律和科技发展规律出发，清理和整合现行的法律资源，对以下两种法规规章进行修订：第一种是现行的地方科技法规规章，如果法律法规中有的条文已不适应现在社会、经济、科技发展的需要或与现在的实际情况相背离，需要对法规规章进行修订；第二种是地方科技法规规章的立法先于中央立法，在中央立法颁布以后，地方法规规章中出现与中央立法相矛盾的规定，这种情况也必须对地方科技法规规章进行修订。②将成熟的科技政策转化为科技立法。不但要在某些领域进行创新性的立法，也应在适当时机把成熟的经验即实施效果良好的政策性文件用法的形式确定和固化下来，清理、修改、废止和制定一系列专门性的科学技术单行法、各项政府规章，完善专门领域科技法规规章和政策，形成完备的科技立法体系。③参考其他省份科技立法实践经验。地方科技立法开展的时间比较晚，各个省份的地方立法工作都是在探索的过程中不断修订和成熟起来的。上海市在立法过程中应该参考其他省份尤其是与上海市经济发展、科技环境、资源分配等方面有相似省份的实践，寻找上海与这些省份在科技立法工作中存在的共同点以及差异，总结并借鉴其他省份的成功经验。

4. 大力提高科技创新政策的可实施性

①保证各项科技活动的顺利实施。需要对科技创新政策目标规划的实施步骤细化，制定严格的时间表加以实施。②增加各行政部门的沟通协调。根据上述分析，科技政策的贯彻落实是一项庞杂的系统工程，涉及多个部门，部门之间在政策制定实施过程中又有利益纠葛其中，因此需要加强各部门间的协商和衔接，充分发挥各项政策的激励和诱导功能，形成政策合力，推动科技创新可持续发展。③加强科技执法和监督。上海市在进行科技立法过程中，应当充分考虑如何加强科技执法和监督，推进现行司法体制改革，为上海市科技法规的有效实施创造良好的法制条件。同时，在科技活动领域的司

法执法和监督中,需要推进现行司法体制和行政执法体制改革,维护司法公正,集中行政处罚权,形成科技法规实施中公正与文明的执法环境。④加强科技法的普及和教育。上海市应当在形成比较完善的科技法规和规章基础上,建立健全科技法制宣传、教育、培训等工作制度和政府条例,保证普法与科普工作的有机结合,实现科技服务和法制宣传教育的相互促进,为上海市科技事业可持续快速发展提供良好的法制环境。

**参考文献**

苏敬勤、李晓昂、许昕傲:《基于内容分析法的国家和地方科技创新政策构成对比分析》,《科学学与科学技术管理》2012年第6期。

卢章平、王晓晶:《基于内容分析法的科技成果转化政策研究》,《科技进步与对策》2013年第11期。

汪涛、谢宁宁:《基于内容分析法的科技创新政策协同研究》,《技术经济》2013年第9期。

顾建亚:《试析地方科技立法的困境和出路——基于中小企业技术创新的视角》,《浙江科技学院学报》2015年第1期。

段素玲、薛智胜:《地方科技立法实施评价制度与指标体系的构建——以〈天津市科技进步促进条例〉为视角》,《天津法学》2013年第4期。

雷宇、赵晓丽:《我国地方科技立法创新研究》,《产业与科技论坛》2013年第21期。

刘曦子:《北京市科技立法体系简论:现状、不足与完善》,《科技与法律》2013年第1期。

# B.4
# 上海建设科技创新中心的社会氛围营造研究

李双金*

**摘　要：** 营造良好的社会氛围是上海建设科创中心的重要内容。社会氛围的营造要适应科技创新发展的新趋势，有利于科创中心建设的社会氛围应具有开放性、包容性、便利性、灵动性等特点。营造适应科创中心建设的社会氛围，上海还面临着社会整体在思想认识上、创新主体在主观意愿与认识上、政府在思维模式与行为方式上、社会大众在心理认知上等的诸多瓶颈。对此，上海应坚持以市场为导向，加强政府引导，大力促进创新主体的多元化，改进政府工作方式，促进合力形成，树立崇尚科学精神、崇尚企业家精神的社会风尚，塑造宽容失败的社会心态，增强创新的自信心，创新工作机制，打造常态化的氛围营造活动品牌，于无声处促进科技创新中心的建设。

**关键词：** 上海　科技创新中心　社会氛围

建设具有全球影响力的科技创新中心，是上海继"四个中心"定位之后的又一次重大战略选择。建设具有全球影响力的科技创新中心，不

---

\* 李双金，经济学博士，上海社会科学院经济研究所副研究员，主要研究方向为企业发展、创新经济学等。

仅要有强大的经济实力和科技实力作为支撑，还必须有相应的城市文化和社会氛围，或者说必须有与经济实力、科技实力等硬实力相匹配的软实力。而社会氛围则是科创中心建设中最为根本和基础的软实力。社会氛围以城市的文化精神、经济和科技力量为基础，是城市文化思想、经济和科技实力的外在表达，是城市整体精气神内涵融合、演绎的外在呈现。随着世界文化发展格局、环境、背景的变化以及人们思维模式、行为习惯和生活方式的改变，社会氛围已成为考量一座城市综合指标的关键因素。

经过一年多的理论论证与实践探索，上海颁布实施了《关于加快建设具有全球影响力的科技创新中心的意见》，明确指出建设具有全球影响力的科创中心，上海需要解决体制机制问题、破解影响科技创新及其成果产业化的制度性障碍，需要依靠创新人才和重大工程与项目的支撑。而这些问题的破解基础和关键在于形成良好的创新生态环境，即以有利于创新创业的高度开放、包容和谐、多元化、既有内在活力又具外在秩序的城市社会氛围为基础和根本条件的创新生态环境。

社会氛围是上海科创中心建设软环境的基础组成部分。上海要建设具有全球影响力的科技创新中心，需要软环境与硬环境的有机融合，需要从根本上进一步解放思想、统一认识，深化改革、扩大开放。营造良好的社会氛围是上海科技创新中心建设的重要内容，并且从某种意义上说是更为艰巨、需要更多积累以及更长时间努力的重要任务。

## 一 营造社会氛围需适应科技发展新趋势

随着全球经济开放度的不断扩大，互联网经济的发展如火如荼。以移动互联网、物联网、云计算和下一代通信网络为代表的新一轮科技革命，正悄然改变着全球科技和产业发展的趋势。从总体上看，在技术的研发与创新方向上，未来科技的发展具有如下趋势。

一是智能化。以智能化为特点的科技革命将主要体现于电子信息技术在其他产业或技术领域的深度应用与融合,例如智能交通、智能物流、智能电网、智能家居等。不仅如此,这种智能化的实现将不以时间和地点为条件,能够实现人与人、人与物、物与物之间在任意时点上的联通。智能化的科技革命不仅将促进传统产业的转型升级,还将从根本上改变人们的生产与生活模式。

二是绿色化。在可持续发展理念指引下,未来的科技发展将不再单纯地围绕经济增长做文章,在注重科技创新经济绩效的同时,将更加关注生态效应和社会效应。全球科技绿色化的趋势将在制造业、建筑业以及消费等领域得到充分体现。

三是多元融合化。与蒸汽机时代、电气化时代的科技革命不同,未来科技发展中起主导作用的将不再是某一项或某一类技术,而是信息、生物、材料、能源等相关技术相互融合和渗透组成的技术群落。学科之间的边界将越来越模糊,未来的重大创新也将更多地出现在学科的交叉边缘领域。

未来全球科技创新智能化、绿色化、多元融合化发展的趋势和方向,对于科技创新资源的集聚、配置与利用将产生重大影响。而在科技创新资源的集聚、配置与利用上形成全球影响力,是上海建设具有全球影响力的科技创新中心的重要内容。除了资源集聚、配置和利用上的影响力外,这种全球影响力还将进一步体现为在前沿科技、核心关键技术的研发上形成全球影响力,以及在科技带动产业变革、驱动经济发展上形成全球影响力。从科技创新活动的时间序列上看,科技资源的集聚与配置是创新活动的起点,是影响研发过程以及科技创新产业带动力的基础。因此,科技创新资源的集聚、配置和利用上的影响力是基础和关键。相应地,社会氛围的营造应当首先适应科技创新资源的发展,尤其是科技创新资源集聚、配置和利用的新趋势和新特征。

具体而言,营造有利于科技创新中心建设的社会氛围,需要适应未来全球科技创新资源发展的如下趋势和特征。

1. 科技创新资源的集聚更加社会化

近年来,科技创新的复杂性和模块化特征愈加凸显,传统创新模式正在发生革命性变化。科技众筹、开源创新、研发众包等新型创新模式不断涌现，创新不再是少数知识精英的特权和专利，正越来越多地成为普通民众的共同事业。基于互联网的社会化、开放式协作创新已成为科技创新的重要模式，这种模式使得普通民众有机会参与"高、深、尖"的创新活动，也使得创新资源的集聚有了新的通道和可能性。

"众筹"是互联网时代资源集聚的一种有效手段。肇始于金融领域，众筹模式及其理念已在多个领域取得广泛运用，包括技术的研发领域。呈现在技术研发领域，科技创新资源的这种集聚、配置和利用被称之为"众包"。简单来说，技术众包是指通过互联网平台，技术的需求方将过去主要由其内部员工等主体完成的技术开发任务，以各种协议形式外包给社会大众。承接这种技术任务的可以是具有相关资质和能力的个人，也可以是机构或机构联合体等。

众包平台的兴起集中体现了技术研发众包模式的广泛性。以落户于张江高科技园区的飞天众智平台为例，经过前期的试运行，该平台汇集了大量的社会科技资源，一方面为大量中小科技企业提供技术信息和资源，另一方面则通过"技术众包"的形式为有技术创新需求的企业搭建平台。技术众包模式不仅极大地降低了企业的研发成本，激发了企业寻求技术创新的积极性，还提高了技术创新成果的转化率。截至 2015 年 9 月，该平台已发布研发需求信息 6000 多条，促使 40 多家科研院所和 300 多家企业实现了技术对接，并签订了总计 2000 多万元的研发服务协议。[1] 另外，网络众包数学研究项目"博学者计划"（Polymath Project）集公众之智慧，使得一系列困扰数学家多年的难题得到了快速突破；网络众包天文学研究项目"星系动物园"（Galaxy Zoo），吸引了超过 8 万人以志愿者身份参与项目的研究，并以较高的效率完成了分类 1000 万个星系的阶段性目标。[2]

---

[1] 《上海启动飞天众智中国制造科技服务平台》，http://finance.sina.com.cn/roll/20151104/095323673276.shtml，2015 年 11 月 4 日。

[2] 陈强、刘笑：《面对科创资源发展新趋势，我们怎么办》，解放网，http://www.jfdaily.com/zt/finance/2015/kechuang/122/201505/t20150520_1525179.html，2015 年 5 月 20 日。

## 2. 科技创新资源的配置更加开放化

科技发展的智能化趋势，意味着任何人、任何物都可以在任意时间和地点上实现联通，意味着未来的科技创新活动将在一个巨大的开放系统中实现。一方面，开放是全球影响力的必然要求；另一方面，封闭的系统也无法生成科技创新所需的巨大能量，这种巨大能量的产生来自于系统吸引到的高能量的创新资源，源自于系统内外高能量创新资源之间的碰撞与交流。

在强化科技创新资源的联系，促进其碰撞与交流方面，创新的市场主体适应其自身的特点，摸索出许多有效的途径，也使得科技创新资源的配置日趋开放化。例如：全球著名企业宝洁公司在研发过程中推行"联发"，即联系与开发（Connect-Development）模式，旨在加强跨技术、跨学科、跨地域创新主体与创新资源之间的联系，形成全球创新网络；通信领域的领先企业华为公司则与一些跨国巨头共建研发中心，与上下游企业共建合作科研平台，甚至是与竞争对手共建实验室，试图建立起开放式全球创新体系，最大限度地提升创新资源的配置效率。

为进一步提升资源配置的开放化程度，拥有有限创新资源的各类创新主体正在不断地突破其组织边界，采取各种形式整合和获取创新资源，提升创新资源的能量层级。创新活动不再受技术领域、学科专业以及地域的限制，以人员、信息、知识等资源充分流动为特征的开放式合作创新正逐渐成为主流，是否可以超越国界、行业和领域的限制，获取和整合创新资源，将成为未来衡量创新主体创新能力的重要指标。

## 3. 科技创新资源的利用日趋平台化和网络化

随着信息技术不断向纵深发展，依托互联网技术构筑平台经济模式而迅速崛起的企业越来越多。例如：阿里巴巴旗下的淘宝平台在众多大大小小的卖家与消费者之间搭建起巨大的集中交易平台，突破了传统的市场交易模式；沪江网校搭建了教育服务平台，突破了教育培训行业的传统模式，开拓了行业发展的新方向。结合商业模式创新，这些企业将其在某一特定领域集聚的资源和信息优势，通过互联网平台最大限度地放大和辐射，在帮助平台用户实现价值的同时，推动自身发展。随着互联网与物联网的进一步融合，平台经济的优势将更加凸显,可能在更大范围内实现科技创新资源的整合和利用。

4. 科技创新资源的利用效率将更加系于人性化环境

人才是最大的生产力,是最具有能动性的创新资源。上海建设科创中心的关键在于吸引到数量众多的各类人才,并能最大限度地留住人才。也就是说,能够为其能量提升提供适宜的空间。相比于一般性人才,高端人才的流动性更大,流动能力也更强,对环境的敏感度也更高。有效提升科技创新资源的能量层级在很大程度上取决于人才环境的质量,或者更确切地说取决于环境的人性化水平。对高端人才而言,未来,事业环境、生活环境、生态环境、人文环境在吸引人才方面的排序和权重将可能发生一些变化,生态环境和人文环境将可能被赋予更高的权重。一些生态宜居、文化底蕴深厚的城市可能会成为高端人才追逐的目标,而如上海这样的超大型城市则可能因其在生活、生态等方面的不利,吸引力有所降低,必须通过其他方面的平衡来保持其吸引力。

上海在《关于加快建设具有全球影响力的科技创新中心的意见》中明确指出,当前上海建设具有全球影响力的科技创新中心面临创新成果转化难、知识产权保护难、草根创业难、创新企业融资难四大难题。事实上,深入分析这四大难题的根本症结所在会发现,社会氛围营造的缺失、社会氛围的现状不适应科技创新资源和创新模式发展的趋势,是出现以上难题的共同原因。社会氛围的营造要适应未来科技创新模式发展、科技创新资源发展的新动向、新趋势。只有深刻地认识和把握未来科技创新资源发展的这些新动向、新趋势,有针对性地营造与之相符的社会氛围,才能使以良好的社会氛围为基础的创新生态环境真正成为破解创新创业困境的重要抓手,成为建设全球知名科创中心的重要切入点。

## 二 有利于科创中心建设的社会氛围的主要特征

《关于加快建设具有全球影响力的科技创新中心的意见》指出,建设科技创新中心，要坚持以合力营造良好的创新生态环境为基础，而鼓励创新、宽容失败的创新文化和社会氛围则是创新生态环境的基础。结合前文对未来科技创新趋势和科技创新资源发展趋势的理解，笔者认为，有利于创新创业要素生长及科技创新中心建设的社会氛围应具有如下主要特征。

1. 开放性

开放是上海改革开放最突出的经验，也是上海进一步深化改革开放的必然要求。在建设科创中心的语境下，开放具有更加丰富的内涵。例如：一方面，通过政府有意识的退出，为企业尤其是中小企业和各类社会组织、社会群体提供更广阔的生存空间和创新机会，为大众创业和万众创新搭建更宽松的平台。另一方面，通过政府有意识的进入和开拓，拓展对内对外合作空间，联通各类创新资源。应该说，无论是退出还是进入，都是今后进一步扩大开放的题中应有之义。科技创新资源配置和利用上的开放性、科技创新模式的社会化，也要求有与之相适应的开放的社会文化和社会氛围。

2. 包容性

在开放的社会氛围中，包容、和谐与多元化将是其必然呈现的结果。包容性意味着城市的空间能够容纳和接受各种类型的创新资源、各种风格的创新人才和各种形式的创新模式；意味着创新资源无论其体量大小、创新人才无论是来自国外还是来自国内、创新模式无论是传统的基于发明创造的形式还是基于网络的草根形式，都能够找到其适宜、舒适的生存和发展空间，不会遭到人为的排斥。

城市的社会氛围具有包容性，整个社会就将呈现多元化的生动景象：多种类型的创新资源不断碰撞、多种风格的创新人才持续会聚、多种形式的创新模式相互交融。这也是促使"大众创业、万众创新"生动局面形成的关键所在。

城市社会氛围的包容性还体现在对创新的结果——无论成败的接纳与认可上，即所谓不以成败论英雄。创新本身是不确定性极强的活动，对于创新创业人才的评价不能仅仅看其某一项创新活动的成与败。创新创业者的实践无论成与败都具有不可忽视的重要社会价值和意义，是整个社会创新试错机制良性运转的基础。对于创新失败的理解和接纳是社会氛围包容、和谐的重要因素。

3. 便利性

开放、包容、多元化将凝聚和吸引更多的创新资源和创新人才。而要将人才、资源的潜在创造力转化为现实的创新活动和生产力，还需要有通畅的转化途径，需要整个社会为这种转化活动提供有效、便利的支持。社会氛围的便利性体现在整个社会有为创新创业活动提供服务的共识，珍视各类创新资源，不让资源的创新创造力过多地消耗在烦琐的事务性事情中，不让创新激情与能量因较多的创新障碍而磨灭。

便利性一方面意味着较低的创新创业门槛，另一方面意味着获得创新创业支持的程序和途径方便、通畅。上海的商务成本高是一个客观事实，无形中提高了创新创业的门槛，对创新创业活动具有一定的抑制作用。这种抑制作用的可能表现有：一是面对过高的土地和人工成本，企业尤其是中小企业更倾向于选择能够赚快钱的行业，或者转移至成本较低的地区发展；二是由于产业化的门槛较高，一些最早落户上海的创新孵化项目，在度过早期的孵化生存期后仍然不得不选择到外地进行产业化，出现了"开花多，结果少"的现象。面对较高商务成本的既定事实，营造良好的创新创业社会氛围使创新创业更加便利，就需要在创新创业的服务上下功夫，不断优化为创新创业服务的体系，以优良的创新创业服务来对冲较高的商务成本，从而相对降低创新创业的综合成本，使得较高的成本能够真正对应于较好的服务，保持其对创新资源和人才的吸引力。

4. 灵动性

在开放的社会环境中，市场资源的流动是必然的现象。市场资源和要素通常倾向于自发地流动到更适宜的环境中。而创新资源和创新人才作为具有更高能量水平的要素，具有更强的流动性。因此，要吸引这些更高能级的要素，必须不断地适应其发展特征和要求，灵活动态、有意识地营造社会氛围。灵活动态主要体现在以下两个方面：一是动态性。社会体系的发展不是封闭静止的，动态性意味着整个社会具有流动性。动态、与时俱进的社会氛围才具有更加强健的生命体系。二是灵活性。灵活性意味着能够应时而变、应需而变，能够为各种类型的创新资源和创新人才及时提供服务与支持，甚至是定制化服务，拓展其生存和发展空间。

## 三 上海在科创中心社会氛围营造上面临的瓶颈

社会氛围是良好生态环境的基础，是破解创新创业四大难题的重要线索。创新资源集聚、配置和利用的趋势也决定了社会氛围将在未来起到越来越重要的作用。因此，系统梳理上海当前在科技创新中心建设的社会氛围营造方面面临的困难和瓶颈，深入剖析其原因，具有重要意义。

1. 社会整体在思想观念上的瓶颈

建设具有全球影响力的科技创新中心，是我国经济发展新常态下中央赋予上海的新的发展使命。面临新的战略任务，上海需要根据自身特征，深入探索适合自己的路径。进一步解放思想也因此成为重要前提。这也是上海市委、市政府一直以来不断强调解放思想的重要原因。营造良好的社会氛围必须在全社会全面深入进行思想上的大解放，破除一切制约创新的思想障碍和制度藩篱，树立与时俱进的创新理念。

当前，在社会整体的思想观念上，还存在以下不利于全面推进科技创新中心建设的思想认识。

一是在战略的整体推进思路上，仍然停留于过去的旧模式，关心的是如何向中央要项目、要政策，而不是持续不断地挖掘自身的内在动力。建设科技创新中心是一项比建设国际金融、航运、贸易中心更具挑战的重大战略，需要更强的科技实力和产业实力，仅仅依靠政策的推动和项目的拉动，难以从根本上实现内在创新动力的有效驱使，难以形成真正的创新活力。

二是在具体的操作方式上，热衷于推动建设一批重大科技项目，工作内容停留在选项目、挂牌子和验收成果等事项上，对项目启动、实施和转化所需要的服务却难以有效供给。

三是在战略的实施上，习惯于以政府为中心，由政府主导科技的创新活动倾向于搞体制内的动员活动，将更多的创新资源配置给体制内的大学、科研院所和国有企业，难以充分发挥体制外力量的内在激励作用。

四是把建设科技创新中心看作上海自己一家的事情，与长三角经济腹地乃至长江流域经济带之间进行互动与合作的主动性不强。事实上，在科技创新的开放、协作特征越来越突出的时代，离开长三角区域乃至全国其他地区的支持与合作，创新的能量就会大大降低，科技创新中心的建设也将成为无源之水。

2. 创新主体在主观意愿与认识上的瓶颈

一方面，整体社会环境难以有效地激发全社会各类群体的创新动力与热情，是社会氛围需要进一步优化的具体表现。另一方面，以企业为基础的创新主体缺乏创新动力和激情，也与企业自身对于创新创业活动的认识不足以及创新能力欠缺有着密切关系。因此，企业对待创新创业活动的主观意愿与认识是社会氛围营造需要重点关注的问题。

不同类型的企业群体面临的创新瓶颈不同，对待创新的态度也不同。从上海企业创新发展的整体情况上看，国有企业存在创新动力不足、民营企业存在不敢或不会创新的现实瓶颈，外资企业则面临创新带动力不足、创新外溢效应有限等瓶颈。

国企因其绩效考核、职务任命与任职期限等制度上的限制，缺乏持续的内在创新动力，导致占上海经济半壁江山的国有经济并未真正体现创新主力军的作用。对外企而言，其创新的很大一部分动力在于获取更大的市场份额，因而许多创新属于基于产品营销的外围创新。这种创新尽管存在一定的技术溢出效应，但难以触及核心的关键技术环节，对市场的创新带动力不足。民营企业从理论上讲是最具活力、最有生命力的创新主体。具体到上海，民营企业数量不少，但主要集中在商贸、房地产等第三产业，不具有科技创新方面的优势，也缺乏大的行业性龙头企业，因而也难以成为引领创新活动的主体。再者，创新的风险和高成本高门槛也使得一部分有创新意愿的民营企业望而却步，或者因为缺乏对创新活动和规律的深刻认识，缺乏创新方面的配套服务，难以开展实质性的创新活动。

"国企大而不强、外企强而不为、民企长而不大",企业难以成为真正的创新主体,这某种程度上与上海整体环境缺乏创新氛围、不利于创新主体成长密切相关。造成创新主体的成长受限、创新动力和创新能力缺乏的影响因素复杂。但是如果聚焦于创新主体自身对于创新的主观认识将会发现,一些认识上的误区极大地扭曲了其创新行为,使得企业主体的创新能力难以真正实现。这种认识上的误区主要体现在以下两个方面。

一是对科技创新的认识仅限于单纯的技术研发,对技术后续的转化利用和产业化不重视,仅以发表的重要论文数或获得专利的数量来衡量科技创新绩效和能力。事实上,论文数量和专利数量并不能作为衡量创新能力的有效指标。二是对科技创新的认识局限于工业生产上的投入与产出,认为多投入就能多产出,就能形成更高的创新能力。对此,应该看到,科技创新活动与工业生产活动存在本质上的不同。科技创新更多地需要依赖人的创新能动性和软环境建设。软环境越好,人的创新能动性发挥得越充分,从投入到产出以及能力形成之间的转化系数就越高。

3. 政府在思维模式与行为方式上的瓶颈

一直以来,上海市政府在推动经济社会建设中起着举足轻重甚至主导性的作用。强势政府的行为模式和思维方式至今仍有较大影响。具体到对科技创新活动的影响上,以下几个方面的问题需要特别注意。

一是对创新的主体存在认识上的偏差。在上海,由于国有企业和外资企业相对强势的地位,政府往往愿意投注更多的目光在这些市场主体上,对民营企业的关注往往不够。例如培育战略性新兴产业方面,原则上表示要充分发挥各类主体的能动性,但是事实上仍然主要关注大型国企、外企以及体制内的大学和研究院所等,给予草根型中小微企业的参与空间明显不足。

具有全球影响力的科技创新中心需要一批具有全球影响力的企业。硅谷之所以成为全球最具影响力的科技创新中心,在于它能够培育出像英特尔、惠普、苹果、思科、谷歌、推特、特斯拉这样具有全球影响力的明星企业。但是在上海,创新型企业的成长性明显不足。例如:在"2013年中国电子信息企业 20 强"榜单中，上海仅有上海贝尔股份有限公司一家企业上榜，而在 2014 年的榜单中，上海已无一家企业上榜；在"2014 年中国互联网企业 20 强"中，上海有盛大网络、巨人网络、携程等几家企业进入榜单，但排名均在 10 名之外，而排名前 10 位的企业，北京有 7 家（百度、京东、搜狐、奇虎、360、小米科技和网易）、深圳有 1 家（腾讯）、杭州有 1 家（阿里巴巴）、南京有 1 家（苏宁）。① 创新型企业的培育机制受阻，从根本上看，与上海缺乏良好的创新创业社会氛围、政府对创新主体存在认识上的偏差相关。

二是对市场配置资源的能力不放心，也不愿放手。互联网经济时代涌现了一大批通过市场化机制和模式配置资源的新型平台和机构。这些新型机构不仅形式上不同于传统的企业形态，运作模式也可能完全不符合传统标准，以致一些政府管理部门一方面看不懂，另一方面又看不惯，甚至不放心，担心其发展成长会对现有的市场环境或秩序造成不利影响。对此，一些部门或是以现有的条条框框限制其生存和发展，或是以规范管理为由实施清理和整顿，致使一些具有创新动力和潜力的新兴企业和机构被扼杀在摇篮里。此外，以政府为主导的大量创新资源的配置方式不适应现实的发展。例如，政府制定创新方向、设立创新基金，通过立项规划、评审结项等手段配置创新经费，不仅配置效率低，也难以惠及大量新兴企业。创新资源的市场化配置机制也因此发展滞后。

三是在具体实践中难以突破部门权力和地方利益的束缚。在部门利益束缚下，一些部门习惯了审批许可，习惯了手中的资源分配权力，习惯了搞行政式管制，不愿从自身入手转变行为模式，使得进一步的改革困难重重，从根本上抑制了整个社会的创新活力，不利于营造良好的社会氛围。

科技创新需要制度先行。制度的突破意味着要打破部门利益的束缚，为科技创新创造更广阔的空间、更宽松的环境。除了部门利益的束缚，一些政

---

① 杜德彬：《迈向全球科技创新中心 | 上海建科创中心需处理好五个关系》，http://www.thepaper.cn/newsDetail_forward_1370709_1，2015 年 9 月 1 日。

府部门还受制于狭隘的地方利益,以 GDP 增长为导向,希望项目实体和功能甚至创新的溢出效应都能够留在本地,因而不具备主动向周边地区扩散、辐射的开放意识和服务意识,最终也不利于自身的发展。

4. 社会大众在心理认知上的瓶颈

社会氛围的营造不是某一群体或个体的事情,而是全体社会公民共同的事业。不同社会群体或阶层的思想意识、行为模式和潜在心理等都将对社会氛围的形成产生重要影响。总体上看,社会主流或者说大众化的心理意识和认知模式在很大程度上决定着社会氛围对创新资源和人才的影响,决定着创新资源和人才的主观感受。因此,社会大众在心理认知上的瓶颈将对上海营造良好的创新氛围产生不利影响。

社会大众在心理认知上的瓶颈主要体现在以下几个方面。

一是宽容失败的社会舆论环境还未真正形成。成王败寇的传统思想还在社会上有较大的影响。面对失败,主流的社会舆论不能给予宽容和理解,社会大众不公正的评价和议论,都将对创新者施加无形的压力,分散和消耗创新者的创新能量,不利于创新活动的进一步开展。

二是尊重科学精神、崇尚创新,尊重企业家精神、崇尚创业的社会风尚还不浓厚。据报道,2014 年上海综合创业指数为 2.8844,在全国排名仅为第 24 位,与第 1 名的江苏(6.0493)存在较大差距,这表明,上海的创新创业氛围还有较大的提升空间。[①]

三是创新的民族和文化自信心不足。一直以来,上海乃至全国在技术的发展路线上更多选择的是技术引进、以市场换技术的路径,这种路径在经济发展的启动期和追赶期有着一定的合理性。但是其缺陷在于,容易落入路径依赖的陷阱,逐渐丧失自主创新的自信心和主动性。成为具有全球影响力的科技创新中心,需要保持技术上的前瞻性和带动性。原创技术、核心技术的缺乏从根本上看,与缺乏创新的民族和文化自信心相关。

---

① 《2014 年公众创业指数发布 沪综合创业指数仅列 24》,http://news.cqnews.net/html/2015-10/18/content_35541265.htm,新华网,2015 年 10 月 18 日。

## 四 适应创新新常态，营造良好社会氛围的对策建议

有利于科技创新中心建设的社会氛围应具有开放性、包容性和多元化的特征，能够适应不同创新主体的创新要求，为其提供灵活动态、便利的创新通道和创新服务，从而有利于形成自由开放的科学研究环境、公开公平的技术开发环境以及有序竞争与合作的技术转化环境。

包括社会氛围营造在内的软环境建设需要较长的周期。给予创新者更多的时间和空间，是创新软环境建设的重要内容。给予创新者更多的时间，意味着要减少急功近利思想对创新的伤害，更好地平衡创新的短期收益和长期收益；给予创新者更多的空间，意味着对创新失败要有更大的包容度，允许试错与失败，认识到试错与失败的潜在价值，最大限度地消除成王败寇等不利于创新创业的传统观念的影响。

适应未来创新创业发展的新常态，要进一步形成"大众创业、万众创新"的新局面，需要从根本上进一步扩大开放，保障社会的公平竞争和自由竞争。对此，大力营造与科创中心建设相适应的社会氛围，上海可从以下几个方面入手。

1. 坚持以市场为主，加强政府引导

坚持以市场为主，意味着要进一步确立和强化市场在资源配置中的基础性作用，强化市场机制在创新资源流动和使用中发挥的作用。从培育市场主体的角度看，以市场为主就是要发挥广大中小微企业的创新创业积极性，重视中小企业家群体在上海未来市场环境塑造和资源配置中的关键作用。

在坚持以市场为主的基础上加强政府引导，意味着要合理有效地发挥政府的创新引导作用。对上海而言，需要重点关注两方面的工作：一是落实国家相关重大工程与项目的战略布局，使不同层次的战略、项目之间能够形成联动机制，最大限度地发挥政府的创新引导功能。发挥政府的创新引导功能是指政策在大方向上给予建议和引导，但是不具体规划和指定产业发展的具

体形式和路径,让众多的市场主体依据市场化原则确立自己的发展路径和模式。二是深刻把握全球经济、技术发展新动态,结合上海特点,有重点地引导一批重点产业的创新方向,吸引各类企业、机构投资参与到符合未来技术革新方向的项目中。例如,符合信息技术应用革命方向的"平台经济"、适应未来居民需求并体现上海比较优势的"健康产业"、顺应城市治理及环保水平升级需要的"绿色产业"以及适应未来产业智能化方向的"智能制造业"等。

2. 大力促进创新主体的多元化

创新主体是开展各类创新活动的主体,也是营造良好社会氛围的主要力量。不同的创新个体和社会群体具有不同的认知模式和文化背景。创新主体的多元化,某种程度上就意味着社会氛围的多元化以及社会包容度的提升。因此,促进创新主体的多元化是打造良好社会氛围、提升社会包容度的重要内容。

对此,一是要依托不同类型的企业群体,充分发挥国有企业、外资企业与民营企业各自的创新优势,努力将目前创新主体发育与资源配置功能上的劣势转化为创新主体多元化的优势。2015年8月,国务院颁布了《关于深化国有企业改革的指导意见》。未来一段时间,在建设科技创新中心的进程中,上海将进一步深化国有企业改革,使之形成与科技创新中心建设相匹配相适应的功能,通过发展混合所有制经济,真正成为创新驱动的动力源。

对于上海而言,国有企业对创新的引领应主要体现在产业链的带动作用上,通过产业链带动和帮助更多的民营企业、民营资本参与创新活动。对于外资企业,则应通过进一步完善知识产权保护体系,鼓励更多的跨国公司研发总部落户上海,扩大其本地化研发与应用规模,强化其与本土企业的联系与互动,通过政策引导扩大其技术溢出效应。对于民营企业,要促使其真正成长为上海科技创新的主力军,需要重点关注的是公平发展的机会,可通过政府采购、市场开放、平台建设、技术共享等措施和服务为其创新发展创造机会,而不是单纯地给予政府补贴或政策支持。

二是要大力促进以个体为基础,以互联网为纽带的创客群体的发展。

2015年初开始，上海市委、市政府考察了"新车间"、南翔智地创客空间等多个众创中心，高度关注和支持创客空间的发展。2015年8月，《关于本市发展众创空间推进大众创新创业的指导意见》颁布实施，具体提出了26条措施，旨在为创客提供更加便捷的创新创业服务。今后，如何切实可行地推动相关措施落地，进一步有力地促进蕴含着极大创新能量的创客群体的发展，推动创新主体的多元化，是未来上海营造有利于科创中心建设的社会氛围的重要内容。

3. 改进政府工作方式，促进创新合力的形成

无论从硬环境还是软环境的角度看，形成合力都是建设科技创新中心的必要前提。形成合力意味着能够最大限度地调动各类创新资源的潜力，形成协同发展的机制。但是合力的形成需要打通资源之间相互交流和碰撞的渠道，需要为资源的相互融合发展提供便利的人性化服务。

从提升政府组织社会资源的效率和能力上看，受益于自由贸易试验区制度创新的实践，未来上海拟全面放开对"互联网＋"等新兴行业的市场准入管制；全面清理取消非行政许可审批事项；聚焦于事中和事后监管，全面清除阻碍创新的"事前障碍"。全面落实这些措施将有效推动政府改进工作模式，促使创新资源发挥其创新潜力，并能充分互动形成合力，减少无谓的资源内耗。

在具体的实践过程中，政府必须从根本上克服狭隘的部门利益和地方利益的束缚，以更大的格局、更广阔的视野看待创新活动；打破狭隘的部门利益和地方利益束缚，转变思维模式，以全新的互联网思维创新管理和服务模式，坚持有所为有所不为，切实提升服务意识和质量。此外，创新合力的形成有赖于各方力量的凝聚，这就要求政府能真正平等地对待各种创新力量，简政放权清权，有效动员和组织各类社会资源。

4. 树立崇尚科学精神、崇尚企业家精神的社会风尚

建设具有全球影响力的科技创新中心必须遵循创新活动本身的内在规律，尊重企业的创新主体地位，在全社会大力倡导崇尚科学精神、崇尚企业家精神的社会风尚。

一是要尊重科学家，进一步弘扬科学精神。提升公民的科技素养，将在一定程度上促进全社会形成尊重科学家、崇尚创新的社会风尚。2015年10月召开的上海市科普工作会议显示，目前，上海公民科学素质水平达标率为28.8%，与2012年测评结果相比，提高了2.2个百分点，但是仍然存在较大的提升空间，存在科普内容开发重知识轻思想和方法、不同人群科学素质发展不平衡、社会力量从事科普意愿较缺乏等现象。① 如何适应时代需求，通过多种途径，以更加贴近群众生活的形式，更广泛更有效地普及科学知识、弘扬科学精神，是未来上海营造良好的创新社会氛围需要关注的重要内容。

二是要尊重企业家，大力弘扬企业家精神。企业家群体尤其是本土企业家的缺乏、企业家精神不足，一直是上海发展创新经济的短板。"为什么上海出不了马云"的问题也一直考问着上海改革开放的决策层与实践者。创新创业氛围营造的重要力量来自于以创新创业为事业的企业家群体。不同的国家或地区，受自然环境、社会环境、文化传统和体制机制等因素的影响，企业家精神确实存在强弱之别。从根本上看，企业家精神是普遍存在的，但是需要有适宜的环境唤醒它。

弘扬企业家精神必须在全社会形成尊重企业家个体和群体的社会风气，给予企业家群体应有的社会荣誉和地位。目前，上海一些区县例如浦东新区组织的"十大企业家"评选等活动，一定程度上起到了弘扬企业家精神的作用。除了这类事后的荣誉授予外，上海还应在事前给予企业家创新创业更多的机会和空间，让企业家群体真正感受到创新的尊严和成就感，进而增强创新发展的动力。

三是进一步强化创新的教育。在全社会普及创新的新思维，帮助社会大众敏锐地把握和认识未来创新的趋势和方向，促使整个社会形成尊重创新、崇尚创新的新风尚。创新的教育是一项长期的系统工程，既包括创新思维的

---

① 《上海：2017年上海公民科学素质达标率将达30%》，http://news.ifeng.com/a/20151014/44885779_0.shtml，2015年10月14日。

培育，也包括创新技能技巧的培养，还包括创新管理能力的学习等。对普通大众而言，了解未来创新模式的新特点、新趋势，理解创新思维，是提升其科学素养的一部分，也是其参与开放式协作式创新活动的重要前提。如果社会中每个个体都有机会、也有能力参与到创新活动中，科学精神、企业家精神的种子将会更深地植入社会文化基因中，成为创新社会氛围的有机组成部分。

纵观全球，越是有影响力的一流大学，越是重视创新创业的教育。美国是全球实行创新创业教育最早也是最成功的国家，斯坦福大学和麻省理工学院是美国创业创新教育的成功者和领跑者。我国的创业创新教育起步较晚，还没有形成系统的做法，更没有成功的经验。对此，上海有责任也有基础在创新创业的教育上走在全国前列，在全社会普及创新的新思维、新方法。

5. 塑造宽容失败的社会心态，增强创新的自信心

宽容失败的社会心态与创新自信心之间存在密切关系。具有创新的自信心，就会更能宽容失败，就不会过多地在意某次创新的成与败；反过来，更能宽容创新的失败，能够认识到创新失败的潜在价值，也表明整个社会在创新上的自信心更强。创新自信心必然产生于创新的实践过程中。因此，重要的是要迈出创新的第一步，而不是过多地纠结于创新的成与败。对此，上海应有更加长远的眼光，以强大的经济实力为后盾，鼓励创新者不问结果、锲而不舍、潜心研究。

一是要允许失败，宽容失败，认识到创新失败的潜在社会价值。创新是不确定性极强的活动，对待创新最好的心态应是"只问耕耘，不问收获"，不能急功近利、急于求成。给予创新者足够的时间和空间，允许创新者慢慢积累、慢慢试错、慢慢成长，这种定力和自信心是科创中心建设急需的社会氛围。

二是要建立起从创新追随者到创新领跑者的文化自信，大力支持原创性、前瞻性研究，不能一味地追逐热点，造成创新力量的分散与消耗。上海具有充当创新领跑者的基础条件，但还需要具有深厚的文化自信，迈出核心关键技术领域自主创新的实质性一步。为此，上海必须进一步加大对基础研

究在软、硬条件两方面的支持,进一步做到引领创新发展的方向,进而增强整个社会的创新自信心,为科技创新中心建设奠定坚实的基础。

**6. 创新工作机制,打造常态化的氛围营造活动品牌**

社会氛围的营造是一项"润物细无声"的长期性工作。良好的社会氛围非一日之功可造,需要不断凝聚社会共识,调整社会心态,树立文化和民族的自信心。改进政府思维模式和行为方式,不断创新工作机制,打造常态化的氛围营造活动品牌,是适应当前创新新常态的一种有效形式。

为使创新氛围的营造更加接地气,更加适应社会大众的特征,必须坚持两大原则:一是从小处着眼,以小见大。让普通大众都能够成为氛围营造的主体,从群众身边的小事入手,不断凝聚社会共识,实现"小活动营造大氛围"的目的。二是要能够融入百姓日常生活。努力使创新创业社会氛围的营造与人们日常的生活和工作实践相结合,最终达到"百姓日用而不觉"的境界,在不知不觉中自然地营造出良好的社会氛围。

从小处入手、与百姓日常生活相结合这两个原则都与社会氛围"润物细无声"的特征相适应。在此基础上,上海可加强以下几个方面的工作。

一是以重大文化品牌涵养社会氛围。文化大都市是上海建设国际化大都市的应有之义。要建立与上海经济发展水平相适应的文化格局,发挥各类文化基础设施在城市文化氛围建设中的重要作用,以文化活动品牌孕育社会氛围,以文化艺术品牌烘托社会氛围。

二是加大宣传力度,在城市精神孕育中打造社会氛围。上海是一座中西文化交融、交会的现代化大都市。"海纳百川、追求卓越、开明睿智、大气谦和"的城市精神,与创新创业精神在本质上具有一致性。在孕育上海城市精神的过程中,打造有利于科技创新中心建设的社会氛围,需要综合运用新闻、理论、文艺和社会宣传等多种手段,加大社会氛围营造的宣传力度。在具体宣传途径上,可充分发挥新闻宣传专于氛围营造、理论宣传善于总结提升、文艺宣传精于形象表述、社会宣传长于面上覆盖的特色和优势,借助互联网新媒体的传播优势,提高宣传的有效性、针对性和感召力。

三是挖掘优秀传统文化的历史记忆,寻找城市社会氛围的独特根基和特质。城市发展不能缺少文化和社会氛围，但社会氛围不可能自发生成，需要基于历史记忆用心挖掘和营造。社会文化的沉淀越厚重，社会氛围就会越醇厚越浓烈。

总之，上海应进一步挖掘优秀传统文化的历史记忆，寻找和确立城市社会氛围的独特根基和特质。在不断挖掘城市文化内涵、寻找城市文化记忆的过程中，更加突出鲜明的时代特色和海派特色，实现有机的文化创造，进一步丰富开放、包容、多元、便利、灵动的社会氛围内涵，于无声处促进科技创新中心的建设。

**参考文献**

屠启宇、张剑涛：《全球视野下的科技创新中心城市建设》，上海社会科学院出版社，2015。

杜德斌：《全球科技创新中心：动力与模式》，上海人民出版社，2015。

王战、翁史烈、杨胜利、王振：《转型升级的新战略与新对策——上海加快建设具有全球影响力的科技创新中心研究》，上海社会科学院出版社，2015。

刘小玲：《从韩国创造型经济谈上海科技创新中心建设》，《华东科技》2014年第10期。

杜德斌：《上海建设全球科技创新中心的战略路径》，《科学发展》2015年第1期。

# 创新空间篇

The Parts of Innovation Space

## B.5
## 上海自贸试验区扩区和溢出效应分析

沈桂龙*

摘　要： 自由贸易试验区作为一项国家战略，是国家深化改革开放的试验载体，是底层创新探索的重要方式。它要为全面深化改革和扩大开放探索新途径、积累新经验，发挥示范带动、服务全国的积极作用，促进各地区共同发展。然而，自由贸易试验区由于试验空间的狭小性、层级的有限性以及任务的复杂性，其溢出效应受到一定程度的限制。因此，放大上海自贸试验区溢出效应需要全面对接"一带一路"和长江经济带国家战略，形成"双自联动"共振强化的效应，加强与浦东综合配套改革的有机衔接，优化自贸试验

---

\* 沈桂龙，经济学博士，上海社会科学院经济研究所研究员，主要研究方向为国际投资与贸易。

区的体制与机制。

**关键词：** 上海 自由贸易试验区 溢出效应

自由贸易试验区作为一项国家战略，重要使命之一是形成可复制、可推广的经验，产生地区和全国性的溢出效应。2015年全国设立了多个自由贸易试验区，上海自贸试验区空间范围也相应扩大，这对深化改革与扩大溢出效应产生了较大影响。上海自贸试验区应抓住机遇，成为"排头兵的排头兵，先行者的先行者"，实现国家战略的共振联动，进一步放大溢出效应，服务长三角，服务全国。

## 一 自贸试验区建设的溢出效应

### 1. 全面深化改革与扩大溢出效应

党的十八届三中全会对全面深化改革进行了战略部署，要求完善和发展中国特色社会主义制度，推进国家治理体系和治理能力现代化。着眼于"五位一体"建设，全会提出加快发展社会主义市场经济、民主政治、先进文化、和谐社会、生态文明。从改革的内容看，涵盖范围十分广泛，任务十分艰巨繁重。全面深化改革已处于深水期，要对三十多年改革进程中的难啃骨头进行攻坚，这就使得改革难以一蹴而就。全面深化改革既不是千头万绪的全面开花，也不是各领域的到处铺开，而是一定程度上局部范围的精准改革与定向改革，这些精准改革和定向改革在整体上又是紧密关联的。因此，它需要顶层设计，自上而下地予以整体推进，但同时又要底层试验，自下而上地给予支持和动力，从而实现顶层设计与摸着石头过河的有机结合。这种上下配合、协同推进的改革，关键性因素就是溢出效应所产生黏合与连接作用，将底层试验不断扩散，再通过全国性推广，扩大改革深化的成效。

从经济增长的动力看，中国人口红利正在消失，大规模要素投入所获得的快速增长已难以在现阶段出现，中国需要进一步释放改革红利。通过改革寻求经济增长的动力，是目前可以充分利用的选项。但在经济新常态条件下，经济增长已进入中高速平台（见图1）。在这样的大背景下，如何再次通过类似20世纪摸着石头过河的局部改革带动全部，形成同样的东部带动西部效应，就需要局部改革的突破来实现经济增长动力的重新增强，使溢出效应与"干中学"发挥区域性共振，并放大成更大范围的动力支撑。

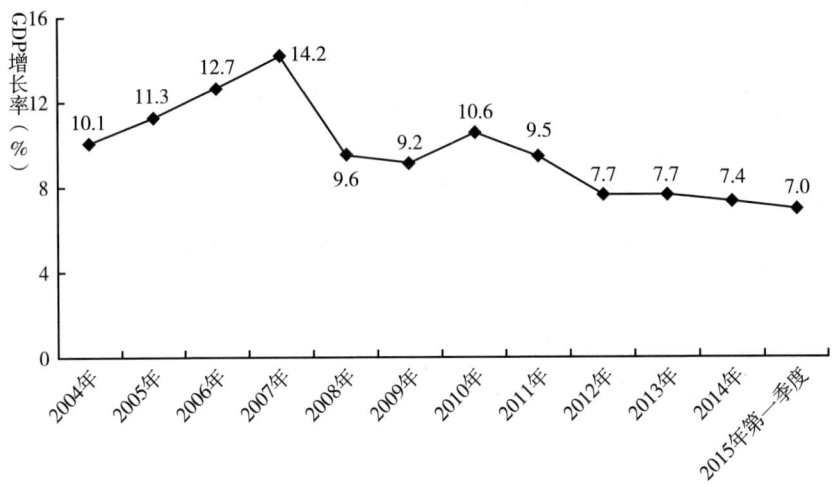

**图1　从高速增长到中高速增长的"新常态"变化过程**

资料来源：国家统计局网站。

从改革的利益平衡角度看，由于现阶段改革涉及利益调整，改革不再是帕累托改进，整体福利提高的同时，也会带来少数人的社会福利受损。特别是既得利益集团出现的福利水平下降，甚至是低于平均水平的边际效用，都会导致出现较大的改革阻力。因此，全面深化改革需要把握好改革的时序性，稳步推进改革进程。这种时序性改革在不同时间和空间展开，慢慢形成全国性全方位改革，就需要溢出效应的渐进性扩散，对改革阻力化整为零，缓慢消解改革过程中的阻力。

## 2. 自贸试验区建设与溢出效应

自贸试验区是国家深化改革开放的试验载体，是底层创新探索的重要方式。尽管自贸试验区的建立更侧重与高端国际规则接轨，是新的历史阶段融入国际化进程的又一重大举措，但从实践探索和制度创新的角度看，这和20世纪80年代的深圳特区设立并无根本不同。两者都承担了改革的先锋作用，通过先行先试，不断优化和创新体制机制，率先探索出符合中国特色社会主义的制度体系。自贸试验区实际上是新时代全面深化改革的重要载体，是改革开放的最前沿地带，示范带动则是其最主要的任务之一。第一家28平方公里的自由贸易试验区放在改革开放前沿的上海，更有着"有点突破、区域先行、辐射全国"的含义。一方面，其东向太平洋、对发达国家开放，意味着要对接国际高端投资贸易规则，需要进行制度创新；另一方面，它有着长三角腹地的支撑，西向长江中上游，具有扩散经验、辐射带动的作用。而在南北轴线上，上海作为改革开放的排头兵、创新发展的先行者，也具有南北溢出效应的作用。

事实上，国务院颁布的《关于印发中国（上海）自由贸易试验区总体方案的通知》（以下简称《总体方案》），作为顶层设计的政策工具，在文件下发说明中明确要求，要为全面深化改革和扩大开放探索新途径、积累新经验，发挥示范带动、服务全国的积极作用，促进各地区共同发展。在方案的总体目标中进一步强调，经过两三年的改革试验，为我国扩大开放和深化改革探索新思路和新途径，更好地为全国服务。[①] 从自贸试验区的突破到带动区域、服务全国，就必须不断放大溢出效应，将成熟的做法和经验复制到全国，形成全国范围内的成熟做法和制度化基础。溢出效应的大小将直接体现自贸试验区的国家战略意义，决定了自贸试验区推动改革和辐射带动能出现多大的作用边际。

## 3. 可复制、可推广经验与溢出效应

国务院《总体方案》要求自贸试验区在以下方面进行改革：加快转变

---

① 中华人民共和国中央人民政府网站，http://www.gov.cn/zwgk/2013-09/27/content_2496147.htm。

政府职能,积极推进服务业扩大开放和外商投资管理体制改革,大力发展总部经济和新型贸易业态,加快探索资本项目可兑换和金融服务业全面开放,探索建立货物状态分类监管模式,努力形成促进投资和创新的政策支持体系,着力培育国际化和法治化的营商环境,力争建设成为具有国际水准的投资贸易便利、货币兑换自由、监管高效便捷、法制环境规范的自由贸易试验区。[1]《总体方案》提出,要使自贸试验区成为推进改革和提高开放型经济水平的"试验田",形成可复制、可推广的经验,然后复制推广到全国其他地区。可复制、可推广经验的扩散实际上就是自贸试验区的溢出效应,是自贸试验区的创新制度和成熟做法形成一般性全国经验。而进行评估总结,就成为自贸试验区推进过程中的一项重要任务,是溢出效应得以实现和放大的基础性工作。

从首批28平方公里左右的自贸试验区推进工作看,一年半左右后的评估和总结所形成的可复制、可推广经验,区分不同情况,采取不同方式,在不同区域空间加以推广,形成了不同的溢出效应。第一种是溢出效应的横向推广,这种模式是不同地方政府在不同区域主动加以借鉴和复制,是一种阻力和成本较小的方式,也是自贸试验区改革实践能够取得足够认同的相应做法和经验。第二种是政策空间的区域扩围,这种模式主要是根据自贸试验区一些改革开放政策的溢出,在局部空间取得成功后,在原有区域空间基础上进行扩围,通过空间渗透来放大原有的肯定性做法和经验。第三种是自上而下的推广执行(见表1),一些取得明显改革效应、全国可以普遍执行的经验,可以通过国家的顶层设计,通过统一政策或者法制化建设,在全国推广;但对于部分地区来说,可能由于技术基础、制度环境等因素影响,而难以主动和低成本地推广执行,可在海关特殊监管区推广,或者可以通过中央授权,在部分先行先试区或者新设立的自贸园区等加以推广执行。

---

[1] 肖林:《国家试验:中国(上海)自由贸易试验区制度设计》,格致出版社、上海人民出版社,2015,第458~459页。

表1　国务院有关部门负责复制推广的改革事项

| 序号 | 改革事项 | 推广范围 | 时限 |
|---|---|---|---|
| 1 | 外商投资广告企业项目备案制 | 全国 | 2015年6月30日前 |
| 2 | 涉税事项网上审批备案 | | |
| 3 | 税务登记号码网上自动赋码 | | |
| 4 | 网上自主办税 | | |
| 5 | 纳税信用管理的网上信用评级 | | |
| 6 | 组织机构代码实时赋码 | | |
| 7 | 企业标准备案管理制度创新 | | |
| 8 | 取消生产许可证委托加工备案 | | |
| 9 | 全球维修产业检验检疫监管 | | |
| 10 | 中转货物产地来源证管理 | | |
| 11 | 检验检疫通关无纸化 | | |
| 12 | 第三方检验结果采信 | | |
| 13 | 出入境生物材料制品风险管理 | | |
| 14 | 个人其他经常项下人民币结算业务 | | |
| 15 | 外商投资企业外汇资本金意愿结汇 | | |
| 16 | 银行办理大宗商品衍生品柜台交易涉及的结售汇业务 | | |
| 17 | 直接投资项下外汇登记及变更登记下放银行办理 | | |
| 18 | 允许融资租赁公司兼营与主营业务有关的商业保理业务 | | |
| 19 | 允许设立外商投资资信调查公司 | | |
| 20 | 允许设立股份制外资投资性公司 | | |
| 21 | 融资租赁公司设立子公司不设最低注册资本限制 | | |
| 22 | 允许内外资企业从事游戏游艺设备生产和销售,经文化部门内容审核后面向国内市场销售 | | |
| 23 | 从投资者条件、企业设立程序、业务规则、监督管理、违规处罚等方面明确扩大开放行业具体监管要求,完善专业监管制度 | 在全国借鉴推广 | 结合扩大开放情况 |
| 24 | 期货保税交割海关监管制度 | 海关特殊监管区域 | 2015年6月30日前 |
| 25 | 境内外维修海关监管制度 | | |
| 26 | 融资租赁海关监管制度 | | |
| 27 | 进口货物预检验 | | |
| 28 | 分线监督管理制度 | | |
| 29 | 动植物及其产品检疫审批负面清单管理 | | |

资料来源：中华人民共和国中央人民政府网站, http://www.gov.cn/zhengce/content/2015-01/29/content_ 9437.htm。

## 二 自贸试验区扩区对溢出效应的影响

1. 扩区前溢出效应的不足

在自贸试验区扩区前,上海是唯一拥有小部分空间的自贸试验区的,范围涵盖4个海关特殊监管区域——外高桥保税区、外高桥保税物流园区、洋山保税港区以及浦东机场综合保税区,面积总计28.78平方公里,属于浦东新区的管理范围之内。但从实际运行的情况看,由于空间的狭小性、层级的有限性以及任务的复杂性,溢出效应难以达到应有预期。三年窗口期形成的经验难以全部辐射到全国范围,溢出效应受到较大限制。

首先,自贸试验区试验空间的狭小性,使得溢出效应在空间扩散的持久性与强劲性方面受到限制。一方面,自贸试验区只有28.78平方公里,区域空间已被不少制造企业所占用,大部分服务业开放与制度创新难以获得足够的试验空间,很多服务业试验主体难以在自贸试验区立足。另一方面,自贸试验区已有的试验主要针对服务业,制造业没有获得足够的试验机会和制度创新,外高桥保税区的办事大厅实际上只是针对服务业开放的单一窗口。此外,试验空间的有限性导致很多创新和突破形成小众空间效应,在对外扩散中遇到诸多问题,不适应更复杂的大空间情况。因此,试验空间的狭小性既不能保证可复制、可推广经验的广泛性,也难以形成更强劲的辐射和带动能力。

其次,自贸试验区层级的有限性,使得溢出效应受制于协调成本的提高。扩区前的自贸试验区,一线的主要推进工作由自贸试验区管委会负责,管委会主任由市级层面的副市长兼任。市级层面设立了自贸试验区工作推进领导小组和金融工作推进领导小组。在制度创新过程中,已经碰到需要与中央各部委的协调问题,市级层面的条线也需要投入大量的协调时间。这样的架构对于溢出效应来说,同样难以保证自贸试验区可复制、可推广经验能够更顺利地拷贝到其他地区,也还会涉及上海市层面和全国层面的经验复制问题。特别是在中央没有建立全国性自贸试验区工作推进领导小组情况下,溢出效应的放大受制于现有体制机制。

最后，自贸试验区任务的复杂性，使得溢出效应难以将更多创新内容复制、推广到全国大多数地区。自贸试验区任务复杂，涵盖面很广，涉及投资领域扩大开放、贸易方式转型、金融领域改革深化、政府职能转变以及法律制度完善保障等方面内容，这些任务的试点区域，在扩区前主要是几个海关特殊监管区。这就使得这些任务具有一定的复杂性，同时又带有较大的特殊性。在许多实践探索和制度创新过程中，很多创新做法和经验是自贸试验区的特定做法，更是海关特殊监管区的突破做法，并不能很容易地扩散到区外，从而削弱了溢出效应的放大。

2. 上海自贸试验区扩区给改革深化带来的新问题

由于自贸试验区受到各种条件的约束，溢出效应达不到理想目标，自贸试验区扩区成为积极作为的一种更好选择。2014年12月28日，全国人民代表大会常务委员会授权国务院，在天津自由贸易试验区、广东自由贸易试验区、福建自由贸易试验区以及上海自由贸易试验区扩展区域暂时调整有关法律规定的行政审批。这就从全国范围内扩大了自贸试验区的空间范围，更重要的是，"1+3"基础上的自贸试验区复制、推广上海自贸试验区已经取得的经验和做法，并形成了区域空间的呼应和更加强大的辐射带动，大大提高了自贸试验区的溢出效应。值得重视的是，国家层面成立了自贸试验区推进工作领导小组，也就更有利于自贸试验区溢出效应的扩散。

但就上海来说，从28.78平方公里拓展到120.72平方公里，增加了陆家嘴金融片区、金桥开发片区、张江高科技片区，形成了海关特殊监管区与非海关特殊监管区共存的空间范围。这就使得自贸试验区内部存在特殊政策的差异。首先面临内部制度创新的溢出问题，牵涉货物运转、税收征收等一系列问题。如原有自贸试验区的区内自行运输，作为一项已有创新，碰到了不同性质的区域空间问题。同样，区内商品流转也会遇到海关特殊监管区和非海关特殊监管区的关税征收问题。在体制整合的过程中也会碰到新的问题，过去的浦东新区只有部分区域是作为自贸试验区的，其主要区域是作为市管区域在推进的,尽管在推进过程中会遇到预算和税收问题,职责和权利的冲突并不十分强烈。随着浦东新区更多核心区域被划为自贸试验区,有些地方管理问题更能体现扩区后的现状。

从体制上看,目前采取了"双主任制",副市长兼任自贸试验区管委会党组书记、主任,浦东新区区委书记兼任自贸试验区管委会主任。同时,管理架构上,浦东新区人民政府和自贸试验区管委会合署办公,并下设8个局(见图2)。很显然,这种随着区域扩大,体制变得庞杂的管理机构也将带来较多的协调成本。

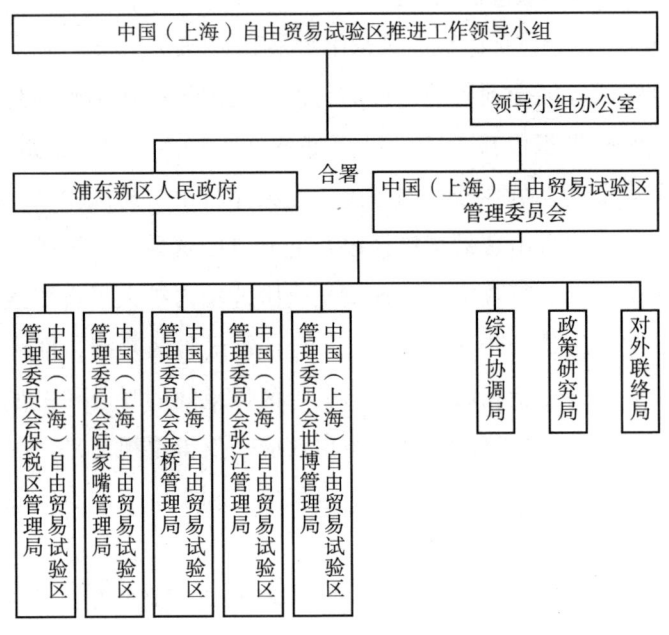

**图2 中国(上海)自由贸易试验区管理架构**

资料来源:中国(上海)自由贸易试验区门户网站,http://www.china-shftz.gov.cn/Homepage.aspx。

### 3. 上海自贸试验区与其他类似区域溢出效应的比较

尽管上海自贸试验区扩区后带来新的问题,但也有着积极的影响。随着陆家嘴、张江等片区的划入,新自贸试验区的试验内容更能适应一般的行政区划和广大的市场,也会更好地容纳更多的市场主体。从金融创新的角度看,如果只在原有 28 平方公里左右的范围内进行试验,那么,资本市场的国际化就很难取得更大进展。只有将陆家嘴地区涵盖进来,才能对金融领域进行深度改革,使得利率、汇率、人民币国际化等改革具有实质性意义。这对于向全国推广改革创新经验、更好地体现溢出效应有着非常巨大的意义。同样,对于投资和贸易等领域的改革,空间范围的扩大也将带来更加贴近一般市场的改革效果。

但上海自贸试验区扩区后的溢出效应,有别于全国范围扩区后的其他自贸试验区。2015 年国务院关于《进一步深化中国(上海)自由贸易试验区改革开放方案》,强调做好可复制、可推广经验的总结推广,更好地发挥示范引领、服务全国的积极作用。天津、广东、福建自贸试验区方案提出,要及时总结评估试点实施效果,形成可复制、可推广的改革经验,发挥示范带动、服务全国的积极作用。在推广机制上,要及时总结改革创新经验和成果,对自贸试验区试点政策执行情况进行综合和专项评估,必要时委托第三方机构进行独立评估,并将评估结果报告国务院。对试点效果好且可复制、可推广的成果,经国务院同意后推广到全国其他地区。[①] 从程度上看,上海自贸试验区要做好可复制、可推广经验工作,更好地发挥可复制经验的溢出效应。其他地区由于是新成立自贸试验区,则主要是总结推广、汇报评估结果。从溢出效应的空间范围看,上海自贸试验区主要担负全国融入经济全球化载体责任,进而推动"一带一路"建设和长江经济带的发展;福建自贸试验区主要贯彻"一带一路"建设等国家战略,重点探索福建和台湾经济合作新模式;广东自贸试验区应建设聚焦粤港澳深度合作的示范区,发挥 21 世纪海上丝绸之路重要枢纽作用;天津自贸试验区则主要通过京津冀协同发展,实现跨区域溢出效应的放大(见表 2)。[②]

---

① 新华网,http://news.xinhuanet.com/2015-04/20/c_127710184.htm。
② 肖林:《国家试验:中国(上海)自由贸易试验区制度设计》,格致出版社、上海人民出版社,2015,第 470~498 页。

表2 上海自贸试验区与其他自贸试验区的溢出效应比较

| 地区 | 溢出效应的空间任务 | 溢出效应的强度 |
| --- | --- | --- |
| 上海 | 全国融入经济全球化载体,辐射"一带一路"、长江经济带 | 做好可复制、可推广工作,更好地发挥溢出效应 |
| 福建 | 辐射"一带一路",探索闽台经济合作新模式 | 进行评估,做好经验总结和推广工作 |
| 广东 | 建成粤港澳深度合作示范区,发挥21世纪海上丝绸之路重要枢纽作用 | 进行评估,做好经验总结和推广工作 |
| 天津 | 推动京津冀协同发展 | 进行评估,做好经验总结和推广工作 |

资料来源:新华网,http://news.xinhuanet.com/2015-04/20/c_127710184.htm。

## 三 放大上海自贸试验区溢出效应的对策建议

1. 全面对接"一带一路"和长江经济带国家战略

在"一带一路"和长江经济带两大国家战略中,上海都有着特殊地位和不可或缺的作用。上海是东部沿海开放的南北关键枢纽,也是西向对内开放的重要交通节点,从地理位置上看处于"一带一路"和长江经济带的T形节点位置(见图3)。随着科技的发展,传统的水上通道优势有所丧失,但上海作为具有海陆空立体优势的交通节点,区位优势反而更加凸显。上海自贸试验区作为国家战略,需要和"一带一路"、长江经济带国家战略全面对接,要通过自贸试验区与国际高端规则接轨,在扩大开放中倒逼改革,将制度创新溢出到全国,特别是沿着T形通道的溢出。在溢出效应扩散和放大过程中,上海与长三角腹地以及中西部地区,要形成经济和制度的更紧密联系,一方面成为对外开放的载体和通道,有利于内地商品和资本的"走出去";另一方面,又要在资本和技术的流入中,成为内地的集散中心和扩散源,积极向"一带一路"和长江经济带辐射。

2. 实现与"四个中心"及科技创新中心建设的联动

全面加强与"四个中心"、科技创新中心建设的联动。自贸试验区扩区后,涵盖了陆家嘴金融贸易区、金桥经济技术开发区、张江高新技术园

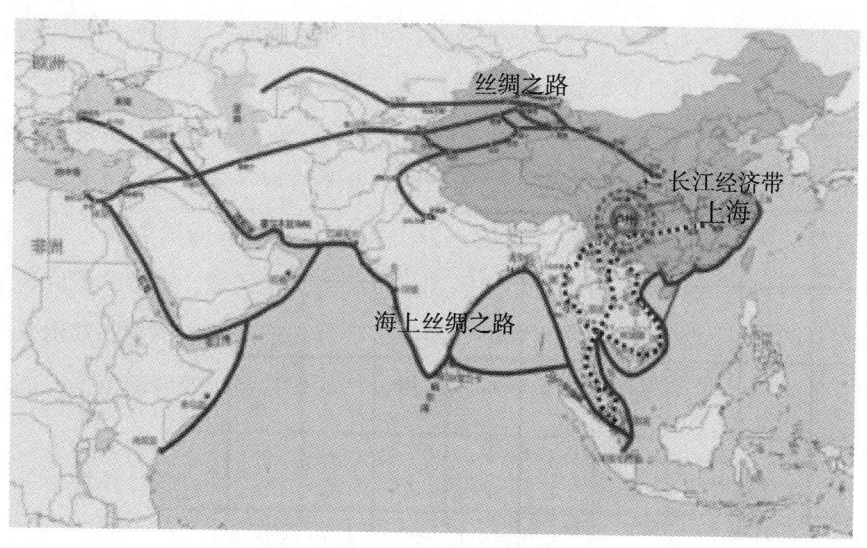

**图 3 上海在"一带一路"与长江经济带中的 T 形节点位置示意**

区和综合保税区,这些都是浦东开发开放最早的国家级开发园区,产业基础厚实、核心功能突出。① 浦东新区将加大制度创新力度,做好自贸试验区在金融、贸易、航运等领域的开放创新,更好地发挥优势互补和辐射带动作用,提升产业能级,强化主导功能、完善城市功能,为上海"四个中心"建设增加新的动力。充分发挥自贸试验区和张江国家自主创新示范区的"双自联动"效应,深化科技金融、知识产权、人才流动、国际合作等领域的体制机制改革与创新,建立健全以企业为主体的创新投入机制,推进创新要素的自由流动,在发展前沿产业技术研发组织等方面进一步加大探索力度,推动形成创新要素、创新人才、创新成果全面开放合作的新局面。

3. 形成"双自联动"共振强化的效应

张江国家自主创新示范区部分区域成为上海自贸试验区的组成部分,国家两大战略在浦东新区重合,成为上海改革开放的最前沿地带。张江自主创

---

① 张淑贤:《25 项深化改革措施体现自贸区建设要求》,《浦东时报》2015 年 4 月 28 日。

新示范区一部分为自贸试验区叠加区域，包括陆家嘴园、金桥园、张江核心园，另一部分为非自贸试验区的其他区域，即分布在各区县的另外19个园区。"双自联动"首先要做好物理空间上的联动，在叠加区域内实现两者的融合，用自贸试验区政策直接带动示范区的改革发展，示范区反过来推动自贸试验区扩大开放，这种溢出效应迅速而高效，是内部的辐射和推广。此外，要将自贸试验区的辐射联动拓展到示范区的其他区域，自贸试验区政策特别是两区叠加区域进行的改革创新措施，应首先推广和应用到张江示范区的其他区域，实现相互间的无缝有效对接，从而扩大溢出效应的范围，加快改革开放的步伐。

"双自联动"最重要的是要实现制度体系的对接，要适应对外开放升级和改革深化的要求，将自贸试验区的制度创新覆盖到张江自主创新示范区，同时将张江自主创新示范区的经验和需要辐射到自贸试验区区域，最终为企业创新主体提供更好的发展环境，有利于利用全球资源，促使要素更自由地流动和集聚。例如：自贸试验区海关监管和检验检疫创新措施，能够为张江园区医药研发公司在服务领域提供更为便利的环境，如实验动物的更快速报批和进入；科技公司人才的引进等，"双自联动"可以通过政策的复合与创新探索出更好的做法，通过两者的共振形成"双自效应"，并进一步放大对外辐射的溢出效应。

4. 加强与浦东综合配套改革的有机衔接

浦东综合配套改革试验区是国家批复的首家综合配套改革试验区，是20世纪90年代浦东开发开放后，为克服单项改革而试行的全方位综合改革。综合配套改革为上海的改革深化进行了许多尝试，体制机制上进行了许多革新。但总的来看，综合配套改革尽管取得很多进展，但还存在一些不尽如人意的地方。上海自贸试验区扩区，将浦东很多重要区块涵盖进来，而且制度创新也不是单项改革，而是全方位的综合改革，这就使得它和综合配套改革的内涵相契合。

自贸试验区要全面衔接和提振综合配套改革，实现两者的合拍与共振。要将自贸试验区的改革创新首先辐射和推广到浦东新区，为综合配套改革提供动力和支撑。综合配套改革遇到的疑难和问题，则对自贸试验区改革提出要求。目前改革开放处于新的阶段，对外开放扩大和对内改革深化，相互的关联性更高，需要两者高度配合。自贸试验区扩区将两大改革旗帜集聚于同一区域，应发挥好两大国家战略的叠加效应，形成深化改革和开放升级的同步共振，并合聚成浦东乃至上海发展的强大动力，并形成对外更厚实、更强大、更持久的溢出效应。

5. 优化自贸试验区建设的体制机制

党的十八届三中全会进一步明确了政府和市场的关系，市场在资源配置中起决定性作用，同时更好地发挥政府作用。这就需要在体制机制上进行优化调整，政府不该管的地方不能越位，该管的地方不能缺位，要协调好行政管理的体制，形成科学运行的良好机制。从扩区前自贸试验区的改革创新看，体制机制障碍是导致改革创新碎片化的重要原因之一。部门行政管理的程序性衔接，如果不能很好地贯通，改革创新会形成很多"孤岛"。政府职能转变作为《总体方案》的重大任务之一，实际上贯串于其他四项改革任务中。所以，从这个意义上说，能否产生有效的溢出源头，能不能将制度创新更好更快地扩散到全国范围，体制机制将起到决定性作用。

优化自贸试验区建设的体制机制，首先，要在顶层设计上发挥市级层面自贸试验区推进工作领导小组的职责，发挥其总体牵头和协调的职能，很好地推进涉及跨部门的改革创新。避免改革实践中出现因小部分人福利而损害整体福利的现象，特别是在当前非帕累托改革进程中。其次，要发挥自贸试验区管委会的作用，在目前"双主任制"背景下，要在明确分工的基础上强化对外和对内工作的密切配合。不能因为架构的复杂而影响改革效率，要形成管委会与有关部门的联动机制，加快改革推进过程中的问题解决和制度建设。最后，要发挥浦东新区的执行能力并加大推进力度。从自贸试验区现有工作任务和范围看，浦东新区成为最主要的推进落实部门。因此，在"双自联动"和与综合配套改革衔接方面，浦东新区要整合好各部门的职能，实现改革职能的对接，推进程序的贯通，防止出现改革力量的分散，削弱改革合力。

## 参考文献

肖林:《国家试验:中国(上海)自由贸易试验区制度设计》,格致出版社、上海人民出版社,2015。

蒋硕亮:《中国(上海)自贸试验区制度创新与政府职能转变》,经济科学出版社,2015。

沈开艳、黄钟等:《中国(上海)自由贸易试验区建设:理论创新与实践探索》,上海社会科学院出版社,2014。

《中国(上海)自由贸易试验区指引》编委会编《中国(上海)自由贸易试验区指引》,上海交通大学出版社,2014。

上海市社会科学界联合会编《中国(上海)自由贸易试验区150问》(第二版),格致出版社,2014。

袁志刚:《中国(上海)自由贸易试验区新战略研究》,格致出版社,2013。

# B.6 上海、广东、福建和天津自贸试验区比较分析

徐 琳*

**摘 要:** 2015年上海自贸试验区对外开放经验正式转化为全国实践,新设的广东、天津、福建三个自贸试验区正式挂牌建设,这标志着中国自贸试验区战略的全面展开与推进。总体来看,四大自贸试验区面积大小相近,但优劣势对比明显,具体目标的侧重点有所差异,在注重发挥地区优势的基础上,突出了地区特色与不同的功能定位。目前,从2015年各自贸试验区公布的数据及资料来看,四大自贸试验区各项工作有序推进,总体运行情况良好,并各具优势。

**关键词:** 自贸试验区 对外开放 比较研究

## 一 自贸试验区建设新阶段

### 1. 自贸试验区战略背景、实践与调整

2008年国际金融危机以来,全球贸易及投资规则体系面临新一轮的挑战与调整。首先,为适应全球生产布局重构的新要求,全球贸易投资规则谈判的重点正在从传统的贸易领域转向投资领域。其次,作为正在快速增长的

---

* 徐琳,上海社会科学院经济研究所副研究员,经济学博士,主要研究方向为经济思想史、金融学。

世界第二大经济体,中国理应积极主动地融入全球重构大趋势中,并在此进程中掌握应有的话语权。最后,中国目前正处于经济结构调整与增长速度下降时期,产业转型压力较大,要扭转此局面,就需要从下一步的深入改革开放中找到准确的路径与突破口。自贸试验区的国家战略正是在此背景下形成的。从此意义而言,自贸试验区的设立本质上是以更大的开放促进更深入的改革。

相较于中国历次重要的改革开放措施,中国自贸试验区建设的理论准备是相对不足的。以上海自贸试验区为例,自2013年3月李克强总理考察上海外高桥保税区至2013年9月29日上海自贸试验区正式挂牌设立,再到2014年4月上海自贸区的扩区及广东、福建、天津三个自贸区的全面设立,历时仅一年左右。众所周知,中国自贸试验区承担着其他自贸区所没有的"先试先行"功能,而如何复制、推广自贸试验区的成功经验在现实中仍缺少相关改革开放及发展理论的支撑。

就国际经验来看,中国自贸试验区建设也面临难有借鉴的困境。目前全球有1200多个自贸区,其中包括世界贸易组织WTO定义的自由贸易区(Free Trade Area,FTA)和世界海关组织界定的自由贸易园区(Free Trade Zone,FTZ)[①]。以中国(上海、广东、福建、天津)自由贸易试验区为代表的自由贸易园区(FTZ)是根据一国(或地区)法律法规在当地建立的经济特区。尽管多数国家设立自由贸易园区本质上是为了提高本国的贸易开放度,吸引投资,但比较而言,中国的自贸试验区则承担着中国改革开放先试先行的重要作用,其政府职能转变方式、贸易投资规则、金融开放措施等要能在全国范围内复制并推广。由此,针对自贸试验区的此类定位,在其他国家自由贸易园区的发展中并无先例可循。

2. 自贸试验区实现扩区

2014年12月底,上海自贸试验区扩区草案终获通过,涵盖区域面积由

---

[①] 在世界经贸规则中,有两种不同的"自贸区"概念:一种是世界贸易组织WTO定义的自由贸易区(Free Trade Area,FTA),另一种是世界海关组织界定的自由贸易园区(Free Trade Zone,FTZ)。虽然两者经常都被简称为"自贸区",但内涵并不一致。

之前的 28.78 平方公里扩展至陆家嘴金融贸易区、金桥开发区、张江高新技术园区等 120 平方公里的土地上（见表1）。2015 年 4 月 10 日，国务院批准《进一步深化中国（上海）自由贸易试验区改革开放方案》（以下简称《上海方案》）。随后，上海市召开了扩区动员大会，此举标志着上海自贸试验区的建设进入一个新阶段。上海自贸试验区的改革效应、溢出效应、辐射效应正在全市和全国范围内凸显。

表1 中国（上海）自贸试验区扩区

| 扩展区域 | 面积（平方公里） | 原产业特征 | 扩区后的发展定位 |
| --- | --- | --- | --- |
| 陆家嘴金融贸易区 | 34.26（东至济阳路、浦东南路、龙阳路、锦绣路、罗山路，南至中环线，西至黄浦江，北至黄浦江） | 集聚银行、证券、保险等金融机构，跨国公司地区总部，期货、钻石、农产品等要素市场，是金融投资机构密集、要素市场完备、资本集散功能强劲的增长极 | 是上海国际金融中心的核心区域、上海国际航运中心的高端服务区、上海国际贸易中心的现代商贸集聚区，将探索建立与国际通行规则相衔接的金融制度体系，与总部经济等现代服务业发展相适应的制度安排，持续推进投资便利化、贸易自由化、金融国际化和监管制度创新，加快形成更加国际化、市场化、法治化的营商环境。陆家嘴金融片区还包含了世博前滩地区，是上海新一轮发展的重点区域，正在打造总部经济、航运金融、文化体育旅游业、高端服务业集聚区 |
| 金桥开发区 | 20.48（东至外环绿带，南至锦绣东路，西至杨高路，北至巨峰路） | 集聚汽车、电子信息、精密机械、精细化工等产业 | 是上海重要的先进制造业功能区、生产性服务业集聚区、生态工业示范区、战略性新兴产业区，以培育能提高国际竞争力的战略性新兴产业为重点，不断提升经济发展活力和创新能力 |
| 张江高新技术园区 | 37.2（东至外环线、申江路，南至外环线，西至罗山路，北至龙东大道） | 拥有集成电路、生物医药、软件与文化创意等国家级产业基地，并构筑了上述领域的完整产业链 | 是上海贯彻落实创新型国家战略的核心基地，重点是发展"四新"经济，推动张江国家自主创新示范区与上海自贸试验区的联动建设，提升张江园区创新力，创建科技创新公共服务平台，培养科技、金融等高端人才 |

资料来源：笔者根据相关资料整理而成。

3. 自贸试验区战略全面展开

2015 年中国（上海）自由贸易试验区对外开放经验正式转化为全国实践，新设的广东、天津、福建三个自由贸易试验区正式挂牌建设，这既是对上海前期试点成效的肯定，也标志着中国自贸试验区战略的全面展开与推进。

上海自贸试验区扩区后在更广泛的领域进行了制度创新。2015年公布的上海自贸试验区进一步深化改革开放方案，主要从五个方面进行了制度创新。其中政府职能转变是深化改革的主要目标，而投资管理制度创新、贸易监管制度创新、金融制度创新、法制和政策保障四个方面则是具体内容。备受外界关注的金融制度创新则包括：①稳步推进人民币资本项目下可兑换的试点与创新；②进一步扩大人民币跨境使用范围；③为上海自贸区五大板块提供分类金融支持；④继续扩大金融服务业对外开放。

广东自贸试验区的三大区域分别是广州南沙新区（片区）、珠海横琴新区（片区）以及深圳前海蛇口片区（见表2），强调了粤港澳的合作概念，明确提出依托港澳、服务内地，推进粤港澳服务贸易自由化的进程。值得关注的是，在深化粤港澳全面合作事务方面，广东自贸试验区建设的重要事项中纳入了粤港、粤澳合作联席会议制度，在CEPA（内地分别与香港、澳门签署的关于建立更紧密经贸关系的安排）总体框架下探索对港澳更深入的开放，包括了大部分现代服务业领域，在服务业市场准入和制造业开放方面实现部分优势互补。[①]

福建自贸试验区包括厦门、福州、平潭三大片区（见表2），分散在不同的市，地区跨度比较大。福建自贸试验区的设立，为闽台产业融合和两岸经贸合作拓展了更大的政策空间。众所周知，福建作为大陆主要对台交流省份，在两岸区域经济格局中扮演着独特的角色。因此，福建自贸试验区最大的战略意义在于对台的贸易与投资，一方面吸引台资企业的进驻，另一方面探索对台更加便利的经贸往来方式，以此促进海峡两岸经济与人员更好地融合。

天津自贸试验区包括天津机场片区、滨海新区中心商务片区和天津港片

---

① 周汉民：《我国四大自贸区的共性分析、战略定位和政策建议》，《国际商务研究》2015第4期。

表2　四个自贸试验区总体方案比较

| 自贸试验区 | 面积（平方公里） | 组成区域 | 经济腹地 | 功能定位及目标 |
|---|---|---|---|---|
| 上海 | 120.72 | 洋山保税港区、外高桥保税区、外高桥保税物流园区、陆家嘴金融贸易区、浦东机场综合保税区、金桥开发区、张江高新技术园区 | 长三角经济群 | 立足于推动长江经济带发展和"一带一路"建设，推进服务业市场开放和发展，完善金融监管和金融风险防范机制建设，切实把防控风险作为重要底线 |
| 广东 | 116.2 | 广州南沙新区片区（含广州南沙保税港区）、深圳前海蛇口片区（含深圳前海湾保税港区）、珠海横琴新区片区 | 珠三角经济群 | 立足于推动内地与港澳的深度合作，推动服务贸易自由化的进程，建设粤港澳深度合作示范区 |
| 福建 | 118.04 | 平潭片区、厦门片区（含象屿保税区、象屿保税物流园区、厦门海沧保税港区）、福州片区（含福州保税区、福州出口加工区、福州保税港区） | 海西经济区 | 依托对台发展的区位优势，立足于深化两岸经济与文化的交流及合作，探索闽台经济合作新模式 |
| 天津 | 119.9 | 天津港片区（含东疆保税港区）、天津机场片区（含天津港保税区空港部分和滨海新区综合保税区）、滨海新区中心商务片区（含天津港保税区海港部分和保税物流园区） | 京津冀区域 | 依托京津冀的协同发展，注重提高京津冀地区的经济整合能力，推动京津冀协同发展的进程 |

资料来源：2013年《中国（上海）自由贸易试验区总体方案》、2015年《进一步深化中国（上海）自由贸易试验区改革开放方案》、2015年《中国（广东）自由贸易试验区总体方案》、2015年《中国（福建）自由贸易试验区总体方案》、2015年《中国（天津）自由贸易试验区总体方案》。

区（见表2）。天津自贸区首先是复制上海自贸试验区的成功经验，其次是结合本地特点及优势充实新的内容，最终为国家层面的发展先行先试、创新突破。天津自贸试验区充分发挥作为亚欧大陆桥的港口区位优势，设立"丝绸之路保税区"，对相关货物试点实施通关便利化，增强对欧亚大陆桥沿线国家和地区的转口服务功能。[①] 天津作为中国北方经济中心与国际航运中心，具有拓展连接东北亚经济圈的联动作用及功能；天津自贸区着重于制

---

① 盛斌：《天津自贸区：制度创新的综合试验田》，《国际贸易》2015年第1期。

造业和商业物流的同时并重开放；天津不仅承担先行先试的责任，还承担着贯彻落实京津冀协同发展国家战略的重任。此外，天津在金融领域创新的侧重点也有所不同。

## 二 上海、广东、福建和天津四个自贸试验区比较分析

### （一）四个自贸试验区总体方案比较

从四个自贸试验区的总体方案来看，面积大小相近，但优劣势对比明显，具体目标的侧重点有所差异。总体方案在注重发挥地区优势的基础上，突出了地区特色与功能定位（见表2、表3）。目前，四个自贸试验区的建设主要聚焦在功能定位及目标上。上海自贸试验区立足于推动长江经济带发展和"一带一路"建设，推进服务业市场开放和发展，完善金融监管和金融风险防范机制建设，切实加强金融风险的防控。广东自贸试验区依托珠三角经济群，强调粤港澳的合作概念，发挥毗邻港澳优势，努力推进粤港澳服务贸易自由化的进程，建设粤港澳深度合作的示范区。福建自贸试验区则依托对台发展的区位优势，立足于深化两岸经济与文化的交流及合作，探索闽台经济合作新模式。天津自贸试验区依托京津冀的协同发展，注重提高京津冀地区的经济整合能力，以此推动京津冀协同发展的进程。

表3 四个自贸试验区优劣势比较

| 自贸试验区 | 优势 | 劣势 |
| --- | --- | --- |
| 上海 | 最早建立，对于自贸试验区的意义、理念、改革路径已有较清晰的认识；<br>相关的改革基础架构已搭建，政府与企业就自贸区的建设互动日益充分；<br>金融市场较发达，为金融改革提供了良好的土壤，提出了"货币兑换自由"的概念 | 土地资源紧张，商务成本高企 |

续表

| 自贸试验区 | 优势 | 劣势 |
|---|---|---|
| 广东 | 人力资源较丰富,腹地延伸至贵州等地;<br>有特区经济优势,民营企业活跃,具有较强的创新活力,粤港澳合作 | 与深圳、珠海等片区的整合能力较弱 |
| 福建 | 便于承接台湾制造业及高新产业的对外转移;<br>辐射效应、外溢效应在全省较显著 | 人力资源有限,成本相对较高;<br>水、电等资源承载能力有限 |
| 天津 | 人力资源较丰富,成本较低;<br>煤电资源丰富;<br>有效吸引北京的产业外溢;<br>对接日韩东北亚经济圈 | 环境承载能力有限;<br>工业转型升级困难,市场机制、市场动力相对不足;<br>缺少产业平台、产业群体 |

资料来源:笔者根据相关资料整理而成。

## (二)四个自贸试验区运行状况比较

### 1. 总体平稳有序运行,四大自贸区各具优势

从2015年各自贸区公布的数据来看,四个自贸区各项工作有序推进,总体运行情况良好。上海自贸试验区设立时间最早,对于自贸区的意义、理念、改革路径与运作方式已有较清晰的认识,因此优势较为明显。在引进外资方面,2015年1~5月上海自贸试验区新设企业3937家,其中外资企业643家;吸引投资总额632.73亿元,同比增长1.2倍,其中合同外资增长4.3倍,占全市比重达77.2%;进出口总额占全市比重达26.1%,各项指标均远远高于其他三个自贸区。① 而在其他三个自贸区中,天津自贸区吸引外资成果也较显著,2015年1~5月合同外资高达117.12亿元,租赁业成为外商在天津自贸区内的投资热点,其中,新设外商投资融资租赁企业45家,合同外资86.84亿元,占整个自贸区的比重分别为56.25%和74.15%(见表4)。

---

① 《上海上半年GDP增速7% 企业经济效益正在持续提高》,《东方早报》2015年7月17日。

表4　2015年1~5月三个自贸试验区引进外资情况

| 自贸试验区 | 新设外资企业数（家） | 占同期全省（地区）新设外商投资企业数比例(%) | 合同外资额（亿元） | 占同期全省（地区）吸收合同外资比例(%) | 具体情况 |
|---|---|---|---|---|---|
| 广东 | 170 | 28.76 | 77.73 | 45.26 | 外资主要投向商贸、金融服务等行业。其中，港澳资企业135家，合同外资58.72亿元，占整个自贸区的比重分别为79.41%、75.54% |
| 福建 | 146 | 71.57 | 31.53 | 53.55 | 其中新设台资企业87家，合同外资6.49亿元，占整个自贸区的比重分别为59.56%和20.58% |
| 天津 | 80 | 58.82 | 117.12 | 69.42 | 租赁业成为外商投资热点。其中，新设外商投资融资租赁企业45家，合同外资86.84亿元，占整个自贸区的比重分别为56.25%和74.15% |

资料来源：中国（广东）自贸试验区网，http://www.china-gdftz.gov.cn，2015年7月8日。

**2. 政府职能转变加强**

目前，地方政府职能的转变已提升至国家战略的高度，政府职能转变是中国自贸区建设的重中之重，此举对中国经济的长期增长及体制改革意义深远。因此，自贸试验区的设立不仅是对外开放的手段，也是对内改革的重要途径。此外，园区内政府职能转变和行政管理体制的改革措施必须是可复制和可推广的，由此才可以建立高效、透明的服务型政府管理体制，使市场在资源配置中起决定性作用。

上海自贸试验区自2013年成立以来，成功推出了一些切实转变政府职能的新举措，并形成了可复制、可推广的经验。

①"事中事后"管理模式。从"重审批、轻监管"转为"宽准入、严监管"。在投资准入管理方面，从原来的审批制转变为国际通行的备案制，降低了投资准入的门槛。政府的作为主要转换为办事环节与方式的合理化、简捷化方面。经过近两年的努力，自贸区已初步建立以社会信用体系建设、政府部门信息共享与服务平台、反垄断审查制度、国家安全审查制度、企业

年度信息公布制度、行业协会及专业机构综合监管等为主要内容的监管机制。

② "一口受理"服务模式。此服务模式的实质在于政府优化办事流程，上海自贸试验区实行此服务模式的主要事项包括企业设立（变更）以及企业境外投资备案、外商投资项目核准（备案），由窗口统一接收申请材料，然后统一向申请人发送有关文件等。

③ "境内关外"监管模式。上海自贸试验区根据"一线放开、二线管住"的原则，形成相对透明、公开的海关检验等监管制度。其中，一线监管主要集中在对人的监管，海关部门不再采用批次监管的模式，而采用电子化监管的集中、分类模式。此管理模式让上海自贸试验区成为国内首个符合国际惯例的海关特殊监管区。[1]

④ "负面清单"管理模式。"负面清单"管理模式的实施是上海自贸区建设的最大亮点之一，是自贸区在外资领域先行先试的重要制度革新。上海自贸区的负面清单经过两次修订，基本实现了加大开放力度、提高政策透明度、放松事前监管、实现国际对接的四大目标。但同时，根据普华永道、发改委、美中贸易全国委员会、中国美国商会、中国欧盟商会等机构的评估报告，现有负面清单依然存在不足之处，其中最为突出的就是负面清单尚无法成为外商投资自贸试验区的唯一依据。[2]

广东作为第二批自贸试验区，在政府职能转变方面，借鉴和复制了上海的部分经验。如实行事中事后管理模式，包括信息共享和综合执法制度、社会信用体系的建立与完善、企业年度报告公示和经营异常名录制度、各部门的专业监督机制以及社会力量参与市场监督制度；实行负面清单管理模式，即负面清单之外的外商投资项目，一律将核准制改为备案制；实现一口受理服务模式，优化政府办事流程等。

---

[1] 唐健飞：《中国（上海）自贸区政府管理模式的创新及法治对策》，《国际贸易》2014年第4期。

[2] 周汉民：《我国四大自贸区的共性分析、战略定位和政策建议》，《国际商务研究》2015年第4期。

在创新行政管理体制方面，广东自贸区将60项省级管理权限下放至南沙、前海、横琴三个片区。南沙片区进一步清理行政审批事项，将审批事项减少了37.6%，审批时间压缩57%；通过前海片区智慧前海云平台，可以集中办理深圳14个部门150项审批事项；横琴片区也在着手编制行政权力清单，梳理相关部门的行政审批、行政服务和行政执法事项。①

福建自贸试验区结合闽地特色创新负面清单内容，增加管理透明度，让市场充分预期。目前，正在研究探索风险"底线清单"管理与信息共享平台建设，自贸区已初步整理出监管风险点为55个，防控措施为88条；省公用信息共享平台上运行的省直部门为27个，并对59万户企业收集了基本信息；省工商系统市场主体信用信息平台已链接到19家省直单位；平潭片区则整合质检、工商、卫生、食品药品、物价、知识产权6个领域的监管职能，组建了市场监管局。② 此外，福建还赋予自贸区最大的行政审批权限，让自贸区高位运行。总体而言，福建自贸区的底线清单管理方式需要进一步完善信息共享平台建设和提高事中事后监管能力，由此，形成从源头到终端的全过程市场监管流程。

天津自贸试验区吸收借鉴了上海的成功经验，出台了一系列政策措施，依照法治化、国际化的要求，重点推进口岸监管、贸易自由、服务业开放、产业转型、金融创新等方面的改革试点，综合试验体现天津贡献。值得一提的是，天津自贸试验区中心商务区不仅拥有良好的投资环境，同时还实现了企业设立、行政审批一次到场、证照批件立等可取的快捷方式。截至2015年上半年，已受理审批事项136件，办结93件。③ 而2015年1~6月天津自贸试验区的主要经济指标也反映出自贸区运行良好，其中三个片区新登记市场主体7053户，同比增长108.67%；企业注册资本（金）1739.79亿元，同比增长247.53%（见表5）。

---

① 周烨：《广东自贸区首晒"成绩单"》，《中华工商时报》2015年7月23日。
② 发康淼、宓盈婷：《福建自贸区，挂牌百日见成效》，《中国国门时报》2015年8月12日。
③ 《上半年GDP同比增76% 每天20家企业落户天津自贸试验区中心商务区》，中国（天津）自贸试验区网，http://www.china-tjftz.gov.cn，2015年8月11日。

表5  2015年1~6月中国（天津）自由贸易试验区主要经济指标及其增长速度

| 指标 | 绝对值 | 同比增长（%） |
|---|---|---|
| 新增注册企业数 | 7053户 | 108.67 |
| 企业注册资本 | 1739.79亿元 | 247.53 |
| 固定资产投资总额 | 552.35亿元 | 16.55 |
| 商品销售总额 | 2684.36亿元 | 18.35 |
| 社会消费品零售总额 | 171.94亿元 | 19.63 |
| 实际利用外资金额 | 27.82亿美元 | 13.60 |
| 实际利用内资金额 | 212.98亿元 | 17.75 |
| 一般公共预算收入 | 99.64亿元 | 27.60 |

资料来源：《天津自贸试验区1~6月份经济运行数据》，中国（天津）自贸试验区网，http://www.china-tjftz.gov.cn，2015年7月22日。

### 3. 贸易便利化水平进一步提升

上海自贸试验区在促进贸易便利化方面取得了重要进展。首先是深化海关特殊监管区域的制度创新。自贸试验区作为海关特殊监管区，对其特殊监管的功能整合与优化是自贸区建设题中应有之义。在具体操作中，应加强口岸监管部门联动，鼓励企业的自主创新。2015年6月，上海海关推出8项深化自贸区海关改革创新制度，其中5项涉及通关便利化改革，2项涉及功能拓展，另有1项涉及简政放权。① 其次是深化国际贸易"单一窗口"制度创新。贸易便利化改革的关键在于打破垂直化部门管理间缺乏有效沟通的局面，建立部门间协同、高效的管理模式。上海自贸区在实施企业准入"单一窗口"制度基础上，积极推动长三角区域国际贸易"单一窗口"建设，以此探索长三角经济区通关一体化模式。最后是研究货物状态分类监管的制度创新。通过对监测数据的深度挖掘和综合分析，建立起信用等级从劣到优、监管力度从松到严、放行速度从慢到快的全方位、多层次、分梯度的监管模式，在自贸试验区内的海关特殊监管区域，统筹研究推进货物状态分类监管试点。② 以此加快通关速度，提高货物进境入区的效率，降低企业运营

---

① 中国（上海）自贸试验区网，http://www.china-shftz.gov.cn，2015年6月25日。
② 肖林：《建设开放度最高的自由贸易试验区，当好新一轮改革开放领跑者——关于国务院〈进一步深化中国（上海）自由贸易试验区改革开放方案〉的解读》，《科学发展》2015年第5期。

成本，进一步提升贸易便利化水平。

广东自贸试验区在贸易便利化、投资管理等领域已经采取了一些措施。比如，依托珠三角经济区的合作优势，自贸区主要在三个领域内进行了创新突破：一是自贸区自身体制机制，二是对港澳开放方面，三是消除隐形壁垒和政策障碍。具体表现为"单一窗口"制度、个人其他常项下人民币结算业务、检验检疫通关无纸化等。又如，深圳前海片区实行香港资格认证和执业许可；广州南沙片区对境外仲裁员制度（主要是香港仲裁员制度）进行引进与调整；珠海横琴片区则宣布与港澳合作开展"一试双证""一试三证"证书认证试点工作。未来，将针对海外华裔人才争取更多便利政策，为CEPA（内地与香港、澳门签署的关于建立更紧密经贸关系的安排）提供落地平台。①

目前，工商注册"一照一码"已在广东自贸区内全面执行，新注册企业合法使用"统一社会信用代码"，企业最快1天内可完成登记注册，最慢也不会超过3天；海关及检验检疫部门则陆续出台了一系列便利化措施，与以前相比，通关时效提高了50%以上，过去在口岸货物运转的时间至少要2~3天，现在均缩短至1天以内，成效非常明显。②另外，"简化统一进出境备案清单"制度率先在深圳出口加工区实施以来，进出境备案清单录入项由40项减少为30项，简化了申报要素，便利了企业操作，这些措施在自贸区内将稳步推进，预计企业各项成本将大幅减少。还有些措施如"先进区、后报关"制度已率先在前海湾保税港区实施。③

为了进一步促使投资贸易便利化，2015年7月，深圳海关推出30项创新监管措施，包括创新海关监管制度、拓展海关特殊监管区域功能、支持新兴业态发展、支持发挥区域产业优势、培育法治化营商环境五个方面，对自贸区的贸易便利化、转型升级、深港澳纵深合作、维护贸易公平有极大的推动作用。

---

① 林江、范芹：《广东自贸区：建设背景与运行基础》，《广东社会科学》2015年第3期。
② 周烨：《广东自贸区首晒"成绩单"》，《中华工商时报》2015年7月23日。
③ 中国（上海）自贸试验区网，http://www.china-shftz.gov.cn，2015年7月30日。

此外，深圳海关首推深港物流跨境快速通关与跨境电子商务平台建设，打造前海湾保税港区货物经皇岗、深圳湾口岸进出香港的跨境物流直通通道，极大提高了深港物流的通关效率。同时，海关通道大量应用电子科技手段，深港物流的通关速度缩短一半。跨境电子商务平台与海关监管系统的互联互通机制加强了自贸区内的信息共享。

福建自贸试验区在对接台湾产业、加快两岸产业融合方面独具优势，因此自贸区扩大对台服务贸易开放，以此促进服务要素的自由流动，进一步推动两岸经济与文化的融合发展。按照"立足综改、借鉴上海、对接台湾、敢行敢试"的改革思路，自贸区出台"一线放宽、二线管住、人货分离、分类管理"的对台优惠政策，实施保税展示交易、"批次进出、集中申报""先进区、后报关"、区内自行运输、简化统一进出境备案清单、集中汇总纳税、简化无纸通关随附单证、内销选择性征税、智能化卡口验放等制度，在相关配套建设上取得了阶段性进展。①

在企业登记注册方面，"一表申报、一口受理、一照一码"的创新举措在福建自贸区率先实施。"一表申报"是指企业设立、变更由原来的工商、税务、质检等多部门的多份材料简化成一张表格，并可以网上申报。如在平潭片区，企业只需要一次到窗口办理即可领取证照。"一照一码"是指将原来的工商营业执照注册号、税务登记号、组织机构代码合并为统一的企业社会信用代码。这些具体措施，在很大程度上提高了通关速度，降低了通关成本，促进了贸易的便利化。此外，自贸区还与电商进行积极合作。2015年自贸区与阿里巴巴集团在平台建设上开展战略合作业务，双方将在对台贸易方面通过电子商务的方式进行联动发展，以此深化并拓宽对台贸易的运作方式与合作领域。②

天津自贸试验区依托制度创新，改革红利叠加释放，促进贸易便利化。近期，天津检验检疫部门出台了第二批创新举措，这些新举措涉及进口机动

---

① 林晓伟、李非：《福建自贸区建设现状及战略思考》，《国际贸易》2015年第1期。
② 发康淼、宓盈婷：《福建自贸区，挂牌百日见成效》，《中国国门时报》2015年8月12日。

车第三方检验结果采信、国际航行船舶食品供应、出入境邮轮检疫等十个方面。在上述内容中，减少了相应的审批环节和限制，极大地节省了经济成本和时间成本。截至2015年8月，海关推出的多项监管创新措施及检验检疫创新举措在天津自贸试验区落地实施，外汇管理部门推出的大额可转让存单试点、自由贸易账户等制度创新也正在有序进行。①

在企业登记注册方面，投资方只需登陆"中国（天津）自由贸易试验区—网上办事大厅"即可获得企业设立、投资项目相关的准入导航及办事指南，可直接根据流程在网上申请，获得批准后按照"一表申报、一口受理"的机制办理，一次完成以前需要在5个部门登记注册的步骤。目前，政府部门承诺，外商投资企业设立备案在1个工作日内完成，并可同步申报项目备案和企业设立，减少了企业的时间成本及经济成本。②

4. 金融领域创新各有侧重

上海自贸试验区利用金融改革的契机，扩大金融市场开放，深化金融对外交流与合作，加快集聚金融机构，进一步推动上海国际金融中心建设。自贸试验区作为海关特殊监管区，金融发展客观上并不是其功能的主要内容。就目前上海自贸区在金融领域采取的具体举措来看，主要表现为金融业务的市场化改革而非金融市场的进一步开放，这包括鼓励中国企业"走出去"、外汇管理制度改革等。上述举措实质上在金融领域为进一步提升自贸区的贸易投资便利化水平奠定了基础。此外，自贸试验区也进一步完善金融监管和金融风险防范机制的建设，切实把防控风险作为重要底线。

近期，金融市场改革和创新取得了一系列突破：资本市场重大制度创新的"沪港通"试点启动；上海黄金交易所国际板推出；中国外汇交易中心推出人民币对欧元、英镑、新西兰元、新加坡元的直接交易；上海清算所推出人民币利率互换集中清算业务；金融机构集聚也不断加快，金砖国家开发银行落户上海，成为首个总部设在上海的国际多边金融组织，多家功能性金

---

① 《天津自贸试验区多重改革红利释放推进贸易便利化》，中国（天津）自贸试验区网，http://www.china-tjftz.gov.cn，2015年8月10日。
② 李志云等：《天津自贸区贸易便利化政策解读》，《中国对外贸易》2015年第7期。

融机构也落户上海。根据"新华－道琼斯国际金融中心发展指数"等相关指标排名，上海国际金融中心的全球排名上升，与香港并列第五。① 上海已经逐渐形成了交易场所多层次、交易品种多样化和交易机制多元化的金融市场体系，金融市场总量不断增加，金融功能也不断深化。但从国际比较来看，上海在金融市场国际化、金融设施、金融法制环境、金融信息服务等方面，仍与纽约、伦敦有一定差距。

广东自贸试验区金融改革创新的总体思路是：通过扩大金融服务业对港澳地区的开放来探索全球开放模式，构建与自贸区服务贸易自由化相适应的现代金融运作模式及规则，建立并完善统一开放、竞争有序的金融市场体系，实现金融服务贸易与货物贸易的协调发展，进一步提升金融业服务实体经济的水平和国际竞争力。② 广东自贸区在金融领域最鲜明的特色是粤港澳的金融合作与对接。如拟筹建前海深港金融创新园区，日前发布的前海跨境金融指数（QCFI），也表明前海合作区跨境金融生态环境建设和发展趋势良好。③

福建自贸试验区金融业发展的一大特色和未来方向是重点推进两岸金融合作。随着两岸经贸往来的加深，业务中用人民币结算的比例不断提高，人民币业务范围将有所拓宽。这些业务不仅包括贸易融资、人民币清算、两岸汇款、新台币现钞兑换等众多方面，同时台湾人民币债券市场也在不断扩容，中国台湾已经成为全球第二大离岸人民币资金池。④ 日前，福建已提出在对台小额贸易市场设立外币兑换机构，支持中国台湾的银行向区内企业或项目发放跨境人民币贷款，允许区内银行业金融机构与中国台湾同业开展跨境人民币借款等业务。⑤

天津自贸试验区金融改革的亮点是产业和金融的融合与创新，重点是发

---

① 中国（上海）自贸试验区网，http://www.china-shftz.gov.cn，2015年8月28日。
② 王景武：《推进广东自贸区金融创新》，《中国金融》2015年第9期。
③ 中国（广东）自贸试验区网，http://www.china-gdftz.gov.cn，2015年12月3、4日。
④ 刘忠珏等：《福建自贸区的建立对两岸经贸关系的影响》，《现代商业》2015年第11期。
⑤ 中国（福建）自贸试验区网，http://www.china-fjftz.gov.cn，2015年12月。

展金融租赁行业,为大型装备产业"走出去"提供支撑。从金融资源禀赋来看,天津的融资租赁、股权基金、国际商业保理等新型金融服务业务具有一定优势,新型金融交易平台中的商品交易所、股权交易所、铁合金交易所、金融资产交易所发展较快。① 其中,天津融资租赁业更是异军突起。相较于上海金融中心的总体金融实验,天津自贸试验区则要发挥在融资租赁业务方面的潜力,为产业发展及实体经济做出贡献。②

融资租赁是天津自贸试验区方案中的重要亮点之一。一方面,上海自贸区中融资租赁业所获得的各种政策优惠力争复制推广到天津自贸区,这些政策主要包括:①下放外资融资租赁公司审批权限;②在自贸区内的融资租赁公司可开立跨境人民币专户;③外商融资租赁企业的外汇资本金实行意愿结汇;④向境外获取跨境人民币贷款。另一方面,天津自贸区与上海自贸区在融资租赁业务上的不同之处主要是:前者以跨境、大型设备融资租赁为主,而后者的客户多为贸易企业,主要为其提供增值服务。因此,天津自贸区将打造一个跨境租赁的"自由港",其创新探索的重点是外汇兑换、交易支付、离岸金融等。目前,片区内的东疆保税港区管委会已与国内多家具有离岸业务资质的商业银行进行合作,同时完成制定包括降低行业准入门槛、实现资本项目意愿结汇等内容的离岸金融试点方案。③

## 三 上海、广东、福建和天津自贸试验区未来发展目标与趋势

1. 上海自贸试验区:创新体现错位竞争,先试先行反映上海特色

作为国内最早成立的自贸试验区,上海遵从国家战略导向,依托先发优势,先试先行反映上海特色。针对全球贸易投资规则重构新趋势,积极响应

---

① 裴长洪:《中国自由贸易试验区金融改革问题探讨》,《国际贸易》2015年第7期。
② 周汉民:《我国四大自贸区的共性分析、战略定位和政策建议》,《国际商务研究》2015年第4期。
③ 盛斌:《天津自贸区:制度创新的综合试验田》,《国际贸易》2015年第1期。

国家战略要求，积极探索当前国际经贸规则，调整与中国自身利益的结合点。配合国家外交战略，进一步推动南南合作。相关政策也要配合国家"金砖银行""一带一路"等战略开展政策创新，为国家开展南南合作、在全球争夺经贸规则话语权提供经验建议。上海自贸试验区的政策创新要与上海推动建设科技创新中心、提升"四个中心"功能彼此呼应。

同时，上海可以依托经济社会发展优势，尝试开展社会议题试点工作。依托国际大都市之优势，对社会发展议题开展先试先行。2015年，上海重视扩区契机，政策创新实现再突破。上海自贸试验区扩区后，原先依托海关特殊监管区下的经验实践将较难推向全区，但也为在更大范围内学习外国先进经验提供契机，尤其是服务业高水平发展后措施政策的突破。

2. 广东自贸试验区：发挥毗邻港澳优势，建设粤港澳深度合作示范区

作为改革开放的先行地，广东在复制及借鉴上海自贸试验区的部分经验基础上，依托片区优势发展高端制造业和现代服务业，发挥粤港澳合作的独特优势，重点解决制约服务贸易自由化发展中的关键问题，探索更加有效、合理并可推广的负面清单管理模式，建设粤港澳深度合作示范区。

目前，广东已掀起三大片区改革开放和开发建设的新高潮，自贸试验区将努力推进国际化、市场化的营商环境建设，深入推进粤港澳服务贸易自由化，强化国际贸易功能的集成，深化金融领域的改革创新，并引领珠三角地区加工贸易转型升级等主要试点工作，尽快形成可复制、可推广的经验。

3. 福建自贸试验区：深化两岸经济合作，探索闽台经济合作新模式

作为闽台经济文化的深度融合区，福建自贸试验区主要在"对台"方面做文章，充分凸显其区域发展特色，逐步发展为两岸经济合作的示范区和改革创新的试验区；积极推进和中国台湾投资贸易便利、人员往来和服务业开放合作的新模式，多方面、多层次拓展闽台深度融合发展空间，有效推进两岸的互联互通，以深化两岸合作为着力点，打造两岸合作新平台。

自古以来，福建是"海上丝绸之路"的重要起点，也是中国面向亚太地区的主要窗口之一。因此，在福建自贸试验区建设的过程中，可以积极主

动融入"海上丝绸之路"战略，拓展与沿线国家和地区的经济合作与社会交流，打造成为面向21世纪"海上丝绸之路"的重要新区域。

**4. 天津自贸试验区：推动京津冀协同发展，综合试验体现天津贡献**

作为京津冀地区协同发展的重要平台，一方面，天津自贸试验区可以立足产业与金融融合发展，在更大范围内探索建立融资租赁企业资金持续供给机制，强调金融创新为先进制造业等实体经济服务的功能；另一方面，进一步在方案设计与具体实施中体现天津的创新特色与试验贡献。

具体而言，天津应立足自主创新，复制及借鉴上海自贸试验区扩大开放的措施，充分利用海港、空港及信息技术优势，打造片区科技创新中心，推动高端制造业的聚集发展，重点可以发展航空航天、装备制造、新一代信息技术等高端制造业和航空物流、研发设计等生产性服务业。

**参考文献**

盛斌：《天津自贸区：制度创新的综合试验田》，《国际贸易》2015年第1期。

纪慰华：《试论以上海自贸试验区为契机推动浦东新区政府职能转变》，《经济体制改革》2015年第1期。

周汉民：《我国四大自贸区的共性分析、战略定位和政策建议》，《国际商务研究》2015年第4期。

肖林：《国家试验：中国（上海）自由贸易试验区制度设计》，格致出版社，2015。

龚柏华：《国际化和法治化视野下的上海自贸区营商环境建设》，《学术月刊》2014年第1期。

孙元欣、牛志勇：《上海自贸试验区负面清单转化为全国负面清单的路径和措施》，《科学发展》2014年第6期。

# B.7 "一带一路"战略下上海与长江经济带城市群互动发展研究

邓立丽[*]

**摘　要：** 在世界多极化、经济全球化、文化多样化、社会信息化的潮流下，"一带一路"发展战略是中国参与国际合作以及全球治理新模式的积极探索，是中国致力于维护全球自由贸易体系和开放经济的主动选择。长江经济带是依托黄金水道而形成的兼顾自然地理、人文脉络、经济区划等诸多因素的一种经济区形式。上海是"一带一路"和长江经济带的交会点，是我国江海航运的联结点。中国（上海）自由贸易试验区、科创中心的建设有助于上海成为中国制度创新推广的龙头、亚太经济圈创新与投资的新引擎。在未来发展中，要准确定位，承担职责，更好地对接两大战略实现新发展。

**关键词：** 一带一路　互动发展　长江经济带

2014年9月国务院发布《关于依托黄金水道推动长江经济带发展的指导意见》，长江经济带建设正式上升为国家战略。依托长江这一黄金水道，实施长江经济带综合发展战略，有助于支撑我国未来经济的健康平稳发展，有助于促进中西部内陆地区开发，实现中国经济协调发展。

---

[*] 邓立丽，地理学硕士，上海社会科学院经济研究所助理研究员，主要研究方向为区域经济学。

## 一 长江经济带发展现状研究

长江经济带覆盖沪苏浙皖赣鄂湘渝川滇贵11个省市,区域总面积约205.4万平方公里。据统计,2013年常住人口5.81亿,占全国总人口的42.74%,生产总值约占全国的45.62%,现已发展成为我国综合实力最强、战略支撑作用最大的区域之一。长江经济带的建设有助于缩小区域差异,实现中国东、中、西部三大板块经济协调发展。

### (一)区位优越、交通便捷,发展潜力巨大

#### 1. 区位优越、交通便捷

长江经济带区位优越,交通便捷,横贯我国内陆腹地,具有承东启西、接南济北的优越区位(见图1),也是我国对外交流的重要载体。

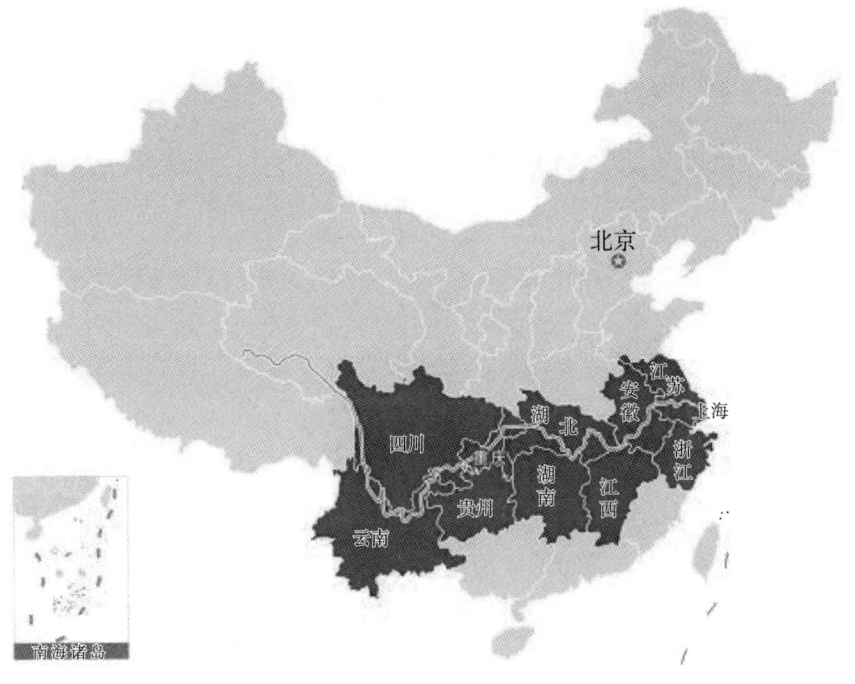

图1 长江经济带区位示意

长江经济带横贯东西,腹地广阔,境内铁路、公路、河网密集具有承东启西、接南济北、通江达海的无可比拟的区位优势。2013年,长江经济带铁路营业里程为29594公里、内河航道里程为89642公里、公路里程为1892453公里,占全国的比重分别为28.69%、71.23%、43.44%(见表1)。

表1 2013年长江经济带水陆交通里程

单位:公里,%

| 地区 | 铁路营业里程 | 内河航道里程 | 公路里程 |
| --- | --- | --- | --- |
| 上海 | 465 | 2268 | 12633 |
| 江苏 | 2600 | 24333 | 156094 |
| 浙江 | 2045 | 9743 | 115426 |
| 安徽 | 3513 | 5642 | 173763 |
| 江西 | 3084 | 5638 | 152067 |
| 湖北 | 3930 | 8271 | 226912 |
| 湖南 | 4027 | 11496 | 235392 |
| 重庆 | 1680 | 4331 | 122846 |
| 四川 | 3539 | 10720 | 301816 |
| 贵州 | 2093 | 3649 | 172564 |
| 云南 | 2619 | 3551 | 222940 |
| 长江经济带 | 29594 | 89642 | 1892453 |
| 长江经济带占全国比重 | 28.69 | 71.23 | 43.44 |
| 全国 | 103145 | 125853 | 4356218 |

### 2. 资源丰富,潜力巨大

长江流域淡水资源丰富,2012年的总供水量约为2002.8亿立方米,流域地表水源、地下水源和其他水源的总供水量分别为1913.1亿立方米、80.8亿立方米、8.9亿立方米。其中,流域面积为1万平方公里以上的支流有49条,主要有岷江、赤水、沱江、嘉陵江、乌江、汉江、雅砻江、湘江、沅江、赣江等。

长江经济带是我国的一条资源带,拥有的矿产资源储量大、种类多。在全国现已探明的130余种矿产中,长江流域就拥有80%的种类,其中钒、钛、汞等占全国的80%以上。长江经济带还是一条闻名遐迩的旅游风景带。

峨眉山、三峡、九寨沟、张家界、庐山、黄山、鄱阳湖、太湖等名山大川，荆州古城、三国古战场、苏州园林等历史古迹，还有井冈山、大别山、"一大"会址等红色旅游资源，更有上海、杭州、苏州、武汉、成都等现代都市旅游资源交相辉映，发展潜力巨大。

### （二）产业基础雄厚，经济稳步发展

2015年，长江经济带11个省市实现GDP 138486.5亿元，约占全国的50%。受经济运行中多重因素影响，经济发展也进入增速换挡期，GDP增速放缓，但仍高于全国平均水平，其中重庆、贵州仍实现两位数增长。

长江经济带是我国主要的产业带，集聚了一大批钢铁、汽车、电子、电力、石化等现代工业，也集聚了一批高科技工业行业和龙头企业，占我国GDP的比重不断上升，2009～2013年分别为43.12%、44.1%、44.93%、45.41%、45.62%，2015年更是上升到50%。2015年1～6月长江经济带11个省市经济数据统计如表2所示。

表2 2015年1～6月长江经济带11个省市经济数据统计

| 地区 | GDP（亿元,%） | | 地方财政收入（亿元,%） | | 固定资产投资（亿元,%） | | 消费品零售额（亿元,%） | | 进出口总额（亿美元,%） | |
| --- | --- | --- | --- | --- | --- | --- | --- | --- | --- | --- |
| | 总值 | 增速 | 总值 | 增速 | 总值 | 增速 | 总值 | 增速 | 总值 | 增速 |
| 上海 | 11887 | 7 | — | — | 2605.5 | 8.4 | 4832.91 | 8.2 | 13259.11 | 3.4 |
| 江苏 | 33926.9 | 8.5 | — | — | 20466.13 | 10.9 | 12551.5 | 9.9 | 2625.32 | -3.9 |
| 浙江 | 19280.7 | 8.3 | — | — | 12134.57 | 12.3 | 9019.03 | 7.7 | 1647.2 | -2.4 |
| 安徽 | 9976.6 | 8.6 | 1563.8 | 10.3 | 11028.5 | 13.5 | 4276 | 12.1 | 212.8 | -10.5 |
| 江西 | 7203.5 | 9 | 1166.7 | 16.3 | 7699.13 | 16.3 | 2667 | 11.2 | 1408.95 | -0.2 |
| 湖南 | 12800.44 | 8.5 | — | — | 4295.12 | 13.8 | 4933.58 | 12.1 | 138.73 | 8.6 |
| 湖北 | 13104.78 | 8.7 | — | — | — | — | 6593.02 | 12.2 | — | — |
| 重庆 | 7237.9 | 11 | 1124.8 | 15.8 | 6298.92 | 17.5 | 3105.44 | 11.8 | 2616.57 | -2.1 |
| 四川 | 13300.06 | 8 | — | — | 12962.89 | 11.3 | 6553.77 | 11.8 | 275.9 | -18.1 |
| 云南 | 5417.5 | 8 | 835.58 | 2 | 5422.52 | 12.5 | 2379.31 | 8.3 | 104.4 | -18 |
| 贵州 | 4351.07 | 10.7 | 768.07 | 5.3 | 3886.21 | 22.8 | 1503.14 | 11.5 | 372.13 | 59.6 |
| 全国 | 296868 | 7 | — | — | 237131.87 | 11.4 | 141577.1 | 10.4 | — | — |

资料来源：中国、各省市统计信息网。

### （三）城市高度密集，区域合作增强

长江经济带还是一条城市带，2013年，长江经济带拥有地级市108个，占全国的比重为37.76%；县级城市（含市辖区、市、县）1058个，占全国的比重为37.08%。城市化率约为53.01%，略低于全国平均水平（53.73%）。其中，沪苏浙鄂渝等地城市化率较高，上海更是高达89.6%。2013年，城区面积689983.7平方公里，建成区面积18452.1平方公里，城市建设用地面积19874.9平方公里，占全国的比重分别为37.62%、38.55%、42.19%（见表3）。

长江经济带城市密集，尤其是东部地区。长江经济带以城市群建设为载体，业已形成长江三角洲城市群、长江中游城市群和成渝城市群。城市群合作不断增强，各区域合作层级不断提升，逐步向深层次的国家战略转变。长三角城市群（苏浙沪）的区域合作历史较长，合作的深度进一步拓展，现已基本进入制度合作的深化期；成渝城市群（四川、重庆）则仍处基于要素合作阶段；长江中游城市群（安徽、江西、湖南、湖北）区域合作尚处于起步阶段。

表3  2013年长江经济带城市建设情况

| 地区 | 城市化率（%） | 城区面积占全国比重（%） | 建成区面积占全国比重（%） | 城市建设用地面积占全国比重（%） | 2013年征用土地面积占全国比重（%） | 城市人口密度（人/平方公里） |
| --- | --- | --- | --- | --- | --- | --- |
| 上海 | 89.60 | 3.46 | 2.09 | 6.19 | 1.94 | 3809 |
| 江苏 | 64.11 | 7.80 | 7.96 | 8.22 | 9.56 | 2016 |
| 浙江 | 64.00 | 5.99 | 5.01 | 5.12 | 7.67 | 1818 |
| 安徽 | 47.86 | 3.19 | 3.71 | 3.74 | 7.50 | 2359 |
| 江西 | 48.87 | 1.15 | 2.41 | 2.31 | 5.33 | 4542 |
| 湖北 | 54.51 | 4.01 | 4.19 | 4.38 | 5.91 | 2505 |
| 湖南 | 47.96 | 2.35 | 3.14 | 3.07 | 3.52 | 3317 |

续表

| 地区 | 城市化率(%) | 城区面积占全国比重(%) | 建成区面积占全国比重(%) | 城市建设用地面积占全国比重(%) | 2013年征用土地面积占全国比重(%) | 城市人口密度(人/平方公里) |
|---|---|---|---|---|---|---|
| 重庆 | 58.34 | 3.34 | 2.33 | 1.95 | 4.45 | 1847 |
| 四川 | 44.90 | 3.51 | 4.30 | 4.25 | 4.14 | 2900 |
| 贵州 | 37.83 | 1.00 | 1.45 | 1.28 | 0.68 | 3406 |
| 云南 | 40.48 | 1.82 | 1.96 | 1.68 | 3.63 | 2415 |
| 长江经济带 | 53.01 | 37.62 | 38.55 | 42.19 | 54.33 | — |

### （四）研发投入大，科技创新引领发展

上海拥有一大批科创资源和人才要素，高等院校、科研机构、创新企业、创新人才集聚，创新平台、创新环境优越。2013年，长江经济带规模以上工业企业R&D人员全时当量为1147100人年，占全国比重为45.99%；R&D经费投入36566691万元，占全国的43.97%；R&D项目数160296项，占全国比重为49.69%；专利申请数302043件，占全国比重为53.85%；发明专利申请数为95895件，占全国比重为46.74%；有效发明专利数148708件，占全国比重为44.34%（见表4）。

表4 2013年长江经济带规模以上工业企业研究与试验发展（R&D）活动及专利占全国比重

单位：%

| 地区 | R&D人员全时当量占全国比重 | R&D经费占全国比重 | R&D项目数占全国比重 | 专利申请数占全国比重 | 发明专利申请数占全国比重 | 有效发明专利数占全国比重 |
|---|---|---|---|---|---|---|
| 上海 | 3.69 | 4.87 | 4.17 | 4.59 | 5.55 | 6.00 |
| 江苏 | 15.80 | 14.90 | 15.04 | 16.67 | 16.13 | 15.72 |
| 浙江 | 10.57 | 8.23 | 13.07 | 13.74 | 7.33 | 6.73 |
| 安徽 | 3.45 | 2.98 | 4.46 | 5.87 | 5.30 | 4.05 |

续表

| 地区 | R&D人员全时当量占全国比重 | R&D经费占全国比重 | R&D项目数占全国比重 | 专利申请数占全国比重 | 发明专利申请数占全国比重 | 有效发明专利数占全国比重 |
|---|---|---|---|---|---|---|
| 江西 | 1.18 | 1.33 | 1.33 | 0.87 | 0.81 | 0.70 |
| 湖北 | 3.44 | 3.75 | 2.95 | 2.91 | 2.98 | 2.61 |
| 湖南 | 2.95 | 3.25 | 2.61 | 3.11 | 3.35 | 3.13 |
| 重庆 | 1.47 | 1.67 | 1.80 | 2.18 | 1.22 | 1.43 |
| 四川 | 2.33 | 2.03 | 3.19 | 2.80 | 2.76 | 2.70 |
| 贵州 | 0.64 | 0.41 | 0.53 | 0.61 | 0.74 | 0.59 |
| 云南 | 0.47 | 0.55 | 0.54 | 0.50 | 0.57 | 0.68 |
| 长江经济带 | 45.99 | 43.97 | 49.69 | 53.85 | 46.74 | 44.34 |

2013年，规模以上工业企业新产品开发项目数188250项，占全国比重为52.54%；新产品开发经费支出45166163万元，占全国比重为48.86%；新产品销售收入64709为5068万元，占全国比重为50.39%，其中出口93325925万元，占全国比重为40.83%（见表5）。

表5　2013年长江经济带规模以上工业企业新产品开发及生产情况

单位：%

| 地区 | 新产品开发项目数占全国比重 | 新产品开发经费支出占全国比重 | 新产品 | |
|---|---|---|---|---|
| | | | 销售收入占全国比重 | 出口占全国比重 |
| 上海 | 4.83 | 5.71 | 5.99 | 3.39 |
| 江苏 | 16.29 | 18.05 | 15.35 | 18.90 |
| 浙江 | 13.34 | 8.89 | 11.58 | 13.05 |
| 安徽 | 4.83 | 3.51 | 3.41 | 1.21 |
| 江西 | 1.22 | 1.06 | 1.31 | 0.69 |
| 湖北 | 2.99 | 3.59 | 3.62 | 0.88 |
| 湖南 | 2.54 | 3.20 | 4.46 | 0.98 |
| 重庆 | 1.90 | 1.56 | 2.10 | 0.59 |
| 四川 | 3.54 | 2.31 | 1.93 | 0.89 |
| 贵州 | 0.53 | 0.44 | 0.29 | 0.16 |
| 云南 | 0.53 | 0.54 | 0.35 | 0.09 |
| 长江经济带 | 52.54 | 48.86 | 50.39 | 40.83 |

2013年，长江经济带专利申请数为1247813件，占全国比重为55.85%，其中发明、实用新型、外观设计专利申请数分别为336096件、459574件、452143件，占全国比重分别为47.67%、51.91%、70.18%；专利授权数为688364件，占全国比重为56.03%，其中发明、实用新型、外观设计专利授权数分别为60416件、360710件、267238件，占全国比重分别为42.08%、52.56%、67.04%（见表6）。

表6 2013年长江经济带三种专利申请数和授权数占全国比重

单位：%

| 地区 | 专利申请数占全国比重 | | | | 专利授权数占全国比重 | | | |
|---|---|---|---|---|---|---|---|---|
| | 总数占比 | 发明占比 | 实用新型占比 | 外观设计占比 | 总数占比 | 发明占比 | 实用新型占比 | 外观设计占比 |
| 上海 | 3.87 | 5.55 | 4.02 | 1.82 | 3.96 | 7.42 | 4.35 | 2.05 |
| 江苏 | 22.58 | 20.04 | 14.56 | 36.37 | 19.51 | 11.70 | 14.32 | 31.26 |
| 浙江 | 13.16 | 6.06 | 14.36 | 19.27 | 16.47 | 7.76 | 15.48 | 21.31 |
| 安徽 | 4.18 | 4.94 | 5.10 | 2.07 | 3.98 | 2.95 | 5.25 | 2.16 |
| 江西 | 0.76 | 0.56 | 0.88 | 0.81 | 0.81 | 0.64 | 0.86 | 0.79 |
| 湖北 | 2.27 | 2.58 | 2.96 | 1.00 | 2.34 | 2.82 | 2.86 | 1.27 |
| 湖南 | 1.85 | 1.69 | 2.07 | 1.72 | 1.99 | 2.52 | 2.22 | 1.40 |
| 重庆 | 2.19 | 1.78 | 2.81 | 1.80 | 2.02 | 1.64 | 2.42 | 1.47 |
| 四川 | 3.69 | 3.34 | 3.78 | 3.95 | 3.76 | 3.18 | 3.60 | 4.23 |
| 贵州 | 0.78 | 0.57 | 0.73 | 1.08 | 0.64 | 0.54 | 0.57 | 0.81 |
| 云南 | 0.52 | 0.56 | 0.64 | 0.29 | 0.55 | 0.91 | 0.63 | 0.29 |
| 长江经济带 | 55.85 | 47.67 | 51.91 | 70.18 | 56.03 | 42.08 | 52.56 | 67.04 |

## 二 长江经济带发展瓶颈

长江经济带在经济建设取得巨大成绩、区域合作不断增强的同时，也存在一系列发展瓶颈，制约着整个经济带能级的提升和经济的发展。

1. 经济差距大

长江经济带的各省市发展水平不一，差距明显，整体呈现东高西低态势。从GDP来看，2013年，东部三省市遥遥领先，上海、江苏、浙江人均

GDP分别为90092元、74607元、68462元，而西部的贵州、云南两省分别仅为22922元、25083元，差距明显。从产业结构来看，除上海、贵州外，均呈现"二三一"的结构，第三产业比重东部最高，中部最低（见表7）。究其原因是东部地区第二产业、第三产业发展水平均较高，而中部地区第二产业发展快、基数大，第三产业相对滞后；西部地区第二产业基础弱、发展慢，第一产业仍占一定比例，相应地，第三产业比重就略高于中部地区。

表7 2013年长江经济带GDP经济指标

单位：%，元

| 地区 | 第一产业比重 | 第二产业比重 | 第三产业比重 | 人均GDP |
| --- | --- | --- | --- | --- |
| 上海 | 0.6 | 37.2 | 62.2 | 90092 |
| 江苏 | 6.2 | 49.2 | 44.6 | 74607 |
| 浙江 | 4.8 | 49.1 | 46.1 | 68462 |
| 安徽 | 12.3 | 54.6 | 33.1 | 31684 |
| 江西 | 11.4 | 53.5 | 35.1 | 31771 |
| 湖北 | 12.6 | 49.3 | 38.1 | 42613 |
| 湖南 | 12.6 | 47.0 | 40.4 | 36763 |
| 重庆 | 8.0 | 50.5 | 41.5 | 42795 |
| 四川 | 13.0 | 51.7 | 35.3 | 32454 |
| 贵州 | 12.9 | 40.5 | 46.6 | 22922 |
| 云南 | 16.2 | 42.0 | 41.8 | 25083 |
| 长江经济带 | 8.90 | 48.35 | 42.75 | — |
| 全国 | 10.0 | 43.9 | 46.1 | 41908 |

不处于同一发展阶段的11个省市组合成的长江经济带，东、中、西三大片区的省市经济发展水平差距明显。这种明显的区域差异，一定程度上虽有区域内实现梯度转移、互补协作的优势，但不同阶段的发展模式、发展任务各不相同，区域合作的难度较大。

2. 产业协作待加强

改革开放以来，随着经济体制改革的不断深入，中央与地方、地方与地方之间的矛盾冲突越发明显，"诸侯经济""地区行政分割"等现象频发。

长江经济带各省市地方政府掌控巨大的资源，有相当大的经济决策能力，加之受政绩评价考核晋升体系影响，"诸侯经济"割据、追求短期利益和局部利益最大化的现象普遍存在。各省市为了自身GDP发展，产业结构雷同，同质恶性竞争激烈，存在着产业规模不经济、产业布局不合理、分工协作淡化等问题，省际经济、社会利益摩擦多，区域传导机制有所失灵。

3. 黄金水道价值待提升

目前，长江干支流的航运能力与潜力尚未完全挖掘，其东西向联系的作用表现一般，长江"黄金水道"的价值远未体现。同时，长江两岸东西向铁路、公路网密度不足，越发使得这种横向联系薄弱。这种基础设施联系的薄弱性也使得长江港口群的联系薄弱，江海联运不足，港口群互动共享不足，严重制约了长江经济带的发展。

4. 补偿机制待完善

长江上游森林茂密，生态功能显著。受经济发展影响，违章建厂、污染乱排现象严重，干流的岸边污染带累计长达600多公里，近一半省界断面水体劣于Ⅲ类水准。资源生态的保护势在必行，但这种保护不能"杀贫济富"，也不能不发展，"生态补偿"势在必行。长江经济带各省市根据自身的经济发展特点已确立一些补偿机制，如确立了补偿资金的来源和资金的使用方向，并出台了相关的考核机制，当地的生态环境保护和生态功能修复取得了一定的效果，但这种补偿机制无论是从力度还是广度上都还远远不够，有待进一步完善和加强。

## 三 上海在"两带一路"中的地位

上海是"一带一路"和长江经济带（以下简称"两带一路"）的交会点，是我国江海联运的交汇点，也是中国过去T形发展战略的交会点。"两带一路"战略的推广和实施需要上海发挥重大作用，而上海建设世界城市、科创中心需要与"两带一路"战略相对接，需要整合国内外、区内外资源，推进区域的合作与发展。

## （一）"一带一路"战略下的新机遇

"一带一路"是"丝绸之路经济带"和"21世纪海上丝绸之路"的简称，是中国融入全球自由贸易体系和开放型世界经济的主动选择，是国际合作以及全球治理新模式的积极探索。"一带一路"战略涉及65个国家，覆盖总人口数超过世界人口的60%，GDP总量约为全球的1/3。随着"一带一路"战略的推进，世界将形成以亚欧为核心的全球第三大贸易轴心，推动全球贸易重构。

"一带一路"是中国在后金融危机时代实行全方位开放的一大创新，标志着中国逐步迈入主动引领全球经济合作和推动全球经贸格局变革的新时期。中国经济规模全球第二，外汇储备全球第一，既可以成为"一带一路"新兴国家的资金来源，也能够满足沿线国家对外部市场的需求。中国位于太平洋和亚欧两大贸易轴心的中间位置，在未来全球贸易格局变革中发挥引领性作用。"一带一路"战略实施通过政策沟通、设施联通、贸易畅通、资金融通等举措，加强与沿线国家互联互通，开展对外投资合作与交流，实现沿线国家优势互补和互利共赢，促进我国"走出去"和"引进来"的双向开放。其建设重点：一是挖掘区域贸易新增长点；二是扩大双向投资合作；三是推进区域基础设施互联互通；四是推进区域经济一体化。

上海是我国对外开放的重镇，在经贸投资、产业、金融、文化、创新、人才等领域有先发的优势与经验，在依托国内外两个市场、两种资源，加快"引进来、走出去"的开放步伐，进一步分享扩大开放新红利的过程中，有巨大的空间和作用。"一带一路"国家战略将会给上海发展带来机遇。一是有助于上海吸引沿线国家跨国企业或服务机构入驻，提升上海的综合实力。实施"一带一路"战略将会有大量直接和衍生服务需求产生，例如基础设施融资服务、贸易服务和法律咨询专业服务等高端服务需求，这为上海发展高端服务业提供机会，将会吸引"一带一路"沿线国家的跨国公司总部、服务机构入驻。二是有助于上海聚集国际机构或组织，提升上海国际影响力。"一带一路"战略实施必将催生许多国际性机构或组织，例如亚投行。

同时,"一带一路"构建新的开放格局也将会吸引国际性机构来中国设立分支机构或代表处。而作为改革开放的先行者和排头兵,上海具有吸引国际性机构特别是经济类国际性机构的区位和环境优势,是国际性机构入驻中国的首选地之一,上海必将成为国际性机构组织聚集区,承载国家使命。三是有助于上海成为国内企业"走出去"的桥头堡。"一带一路"战略不仅是要"引进来",而且更重要的是我国企业要"走出去",开展投资合作。上海具有国内企业"走出去"的各类资源优势,例如金融资源、专业服务资源以及开放优势等,必将吸引"走出去"企业入驻上海,这也将使上海成为"走出去"企业的桥头堡(见图2)。

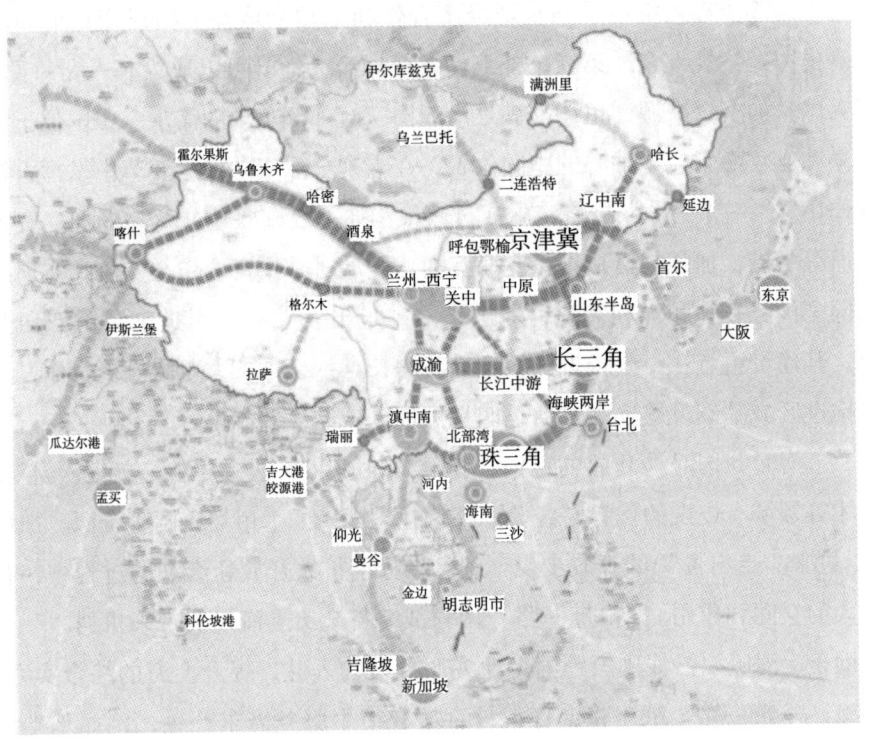

**图2 "一带一路"战略下全国空间格局示意**

资料来源:杨保军等:《"一带一路"战略的空间响应》,《城市规划学刊》2015年第2期。

## （二）上海在"两带一路"战略中的定位和作用

### 1. "两带一路"战略中最大城市群的龙头

长三角城市群现已成为世界第六大城市群，也是"两带一路"中最大的城市群。上海在该城市群中的龙头地位毋庸置疑，上海将立足发达的长三角经济圈，依托长江经济带这一广大腹地，在"两带一路"战略中集聚资源要素，承担龙头职能，集聚提升城市综合竞争力，有效推动"两带一路"战略的建设与发展。

### 2. "两带一路"战略中的交通枢纽中心

上海既有浦东机场、虹桥机场、洋山深水港的引领，又有密集的高铁、普铁和公路网的支撑，现已初步建成交通线路密集、基础设施先进且快速便捷的立体化、多元化交通网络体系。加之通信网络体系的建设，上海交通枢纽中心的领先优势必将进一步加强，成为"两带一路"战略中最大的综合交通枢纽中心。

### 3. "两带一路"战略中的服务业中心

当前，世界经济深度调整，转入低速增长期，除美国等少部分发达国家外，大部分发达国家仍然处于金融危机的困境中。而中国已成为世界第二大经济体，经济增速虽有所回落，但仍处于世界前列，是世界经济增长的重要引擎。上海"2040"城市规划和"2050"战略研究，都提出建设全球城市的发展目标。上海未来将要在2020年基本建成"四个中心"的基础上追求建设全球城市的发展目标，为下一轮发展指明了方向。其中，服务业发展是重中之重。2015年1~3季度，上海GDP达到12089.27亿元，增长11.1%，增速比上半年提高0.9个百分点，高于全国4.2个百分点。其中，金融业增加值2861.31亿元，增长27.2%，发展潜力巨大。

上海要在"两带一路"战略框架下，抓住全球资源特别是高端生产要素和产业活动将会向中国转移的机会，建设"两带一路"服务中心，促进各种要素流（物流、资金流、信息流和人流）的双向或多向频繁互动。特别是在金融领域，要抓住人民币国际化进程加快、金砖银行落户等机遇，营

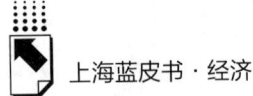

建良好的金融发展环境，集聚各种金融要素，更好地服务于"两带一路"的发展和建设。

4. "两带一路"战略中的科技创新中心

十八届五中全会提出"坚持创新发展，必须把创新摆在国家发展全局的核心位置……拓展发展新空间，形成沿海沿江沿线经济带为主的纵向横向经济轴带"等发展战略思路，强化科技创新对经济发展的引领作用。

上海拥有一大批科创资源和人才要素，高等院校、科研机构、创新企业、创新人才的集聚，创新平台、创新环境的搭建为建设具有全球影响力的科技创新中心奠定了基础。上海的科创中心与北京不同，依托强大的制造业基础，更侧重于应用技术的推广和成果的转化。在"两带一路"战略下，上海可通过本地众多科研院所与世界顶级科研机构的对接与合作，逐步建成一个体系逐步完善、结构相对合理、要素集聚丰富、创新能力增强、创新效率提升的粗具规模和影响力的科技创新中心，提升上海的增长潜力和国际竞争力，也推动"两带一路"的发展。

5. "两带一路"战略中的文化交流中心

上海是吴越文化和海派文化的交融地，"海纳百川"的城市文化内涵与"两带一路"倡导的包容、尊重多样文明的精神相吻合。目前，上海的文化产业蓬勃发展，在文化创意、影视传媒、休闲娱乐、教育培训、会展旅游、数字动漫等方面的基础好、潜力大，以此为平台，借助上海开放、人才、环境等综合优势，将上海建设成为"两带一路"的国际文化交流中心之一。

## 四 上海与长江经济带互动合作发展态势

长江经济带是以长江流域为基础、以长江水道为纽带、以城市经济区为基本单元的宏观协作经济区。大力建设和发展长江经济带，有助于拓展经济发展新空间，平衡区域发展差异，有助于形成东、中、西部良性互动的新格局。

## （一）深化开放，服务"两带一路"建设

世界政治经济格局的新变化和中国国际地位的快速提升，必然要求我国在国际地缘利益、大国领导角色、国际贸易规则、国际安全等重大全球战略问题上拥有更多话语权，承担更多责任，在世界政治舞台上发挥更大作用。上海、长江经济带作为中国的重要经济载体必将担负起这一重任。而"一带一路"战略是顺应我国经济社会发展面临的新形势，开启新一轮对外开放，构建全方位、多层次、广内涵的对外开放新格局的具体体现。

在未来发展中，长江经济带呈现东、西双向开放的态势。

向东以上海为桥头堡，以自贸区溢出效应为源头，面向海上丝绸之路、面向全球开放。国际游戏规则、国际经贸秩序是中国的历史短板，上海实施自由贸易区战略，有助于广泛参与贸易谈判，积极主动争取全球贸易的主导权。

向西以云南为桥头堡，发挥长江流域沿边地区对外开放的辐射力，将云南建成为向西南周边国家开放的试验区和西部地区"走出去"的先行区，加强与东南亚、南亚、中亚等国家的经济合作；统筹沿海、沿边、沿江、沿陆开放，促进对内、对外开放联动发展，加强与丝绸之路的衔接互动，使长江经济带成为横贯东西、连接南北的对外经济走廊。

## （二）点轴联动，城市群协调发展

根据点轴发展理论，依托城市发展和交通网络体系现状，形成"一主七辅"的发展轴线。要进一步强化城市合作，提高城市间联系的紧密度，形成长江流域社会经济密集带（见图3）。

一级发展轴为沿江发展轴，也是长江经济带的主轴线，该发展轴依托长江黄金水道，东起上海，经苏州、南京、武汉、重庆，西至成都，东西联通长三角、长江中游、成渝三大主要城市群。二级发展轴有七条：①沿海发展轴，该发展轴北起连云港，经盐城、南通、上海、宁波、温州、台州等沿海及周边主要城市，与海上丝绸之路对接，是我国对外开放前沿阵地。②宁沪

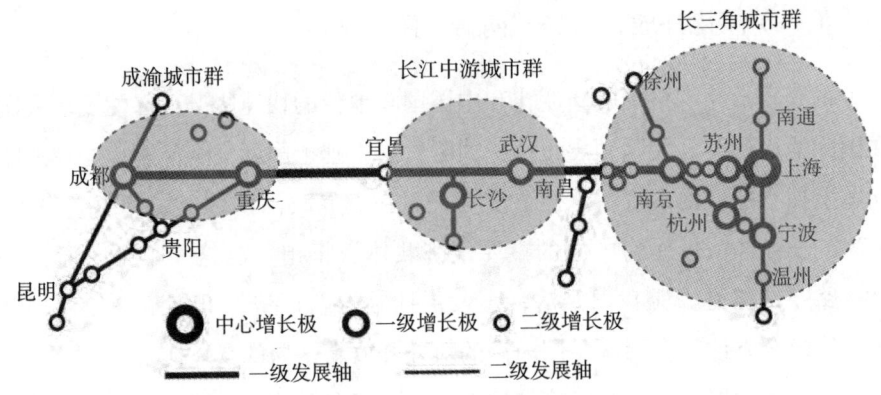

图3　长江经济带发展战略空间格局构建

杭发展轴,以京沪线、沪杭甬线为轴线,途经徐州、扬州、无锡、苏州、上海、嘉兴、杭州、绍兴、宁波等城市,即现在的长三角城市群。③赣江发展轴,以长江、赣江为轴线,包括南昌、九江、赣州等赣江周边及皖南部分城市。④湘江发展轴,以湘江为轴线,包括长株潭、郴州等城市,形成长株潭城市群密集带。⑤渝黔滇发展轴,以黔渝线、滇黔线铁路为轴线,主要包括昆明、曲靖、贵阳、遵义、重庆等节点城市,形成连接云、贵、渝三地的发展轴线,建设西南城市密集带。⑥川黔发展轴,以川黔线铁路、川黔高速公路为轴线,途经成都、宜宾、泸州、贵阳等节点城市,形成以四川经贵州并面向南部沿海地区的发展轴线。⑦川滇发展轴,以西部地区南北向交通大动脉宝成线、成昆线和京昆高速为轴线,途经成都、昆明、绵阳、玉溪等重要节点城市,形成长江经济带西部的南北发展轴线。

### (三)科创引领,辐射长江经济带

长江经济带沿线新兴产业集聚度高,人才资源充足,科教事业发达,技术与管理先进,创新意愿强烈。长江经济带城市高新技术产业的高速发展,形成了电子信息、生物医药、资源环保等产业廊道,产业规模迅速扩大,产业活力强。

长江经济带创新驱动就是要改变过去高度依赖投资的模式,把体制机制创新、科技创新作为长江经济带发展的主要动力。首先，要充分发挥市场的决定性作用，通过"简政放权"，释放改革活力和红利。如在全流域快速推广上海自贸区经验，逐步建立负面清单、权力清单和责任清单。其次，要不断强化科技创新，淘汰落后产能，发展以研发为主的先进制造业和生产性服务业，提高产品附加值和市场竞争力。如加快武汉长江中游航运中心建设，一方面要加强航道、港口、码头的建设，另一方面要把航交所、航运信息中心、相关金融及配套服务业放在十分重要的地位，使之尽快成为服务长江中游、辐射长江经济带、联系全世界的航运中心，成为湖北打造内陆开放新高地的一个重要平台。

### （四）搭建平台，区域合作实现共赢

#### 1. 基础设施平台

应完善综合运输网络，大力发展多种形式的联运，加强东西向铁路、公路建设，提高东、中、西部交通运输能力。大力推进沿江港口建设，提高航运能力，加强港口功能优化重组，焕发"黄金水道"生机。一要重点加快上海国际航运中心建设，实施长江干流航道的综合整治和沿江主要港口码头的重点开发建设，形成布局合理的沿江港口群，提高通航能力，再现"黄金水道"的潜力和生命力；二要在现有交通网络体系的基础上，进一步加强沿江陆路运输，形成横贯东西、通达南北的高效路网体系；三要加强航空枢纽建设，增加航班线路的班次和密度，提升快速直达能力，形成水、陆、空立体化交通网络体系，大大提升长江经济带城市间联系的紧密度和便捷度，提高人流、物流的交换速度；四要加快现代通信网体系建设，保证物流和信息流畅通，保障长江经济带实现共享共赢。

#### 2. 市场平台与标准化平台建设

上海要充分利用国内外两种资源、两个市场，充分发挥企业、中介组织等市场力量，打破行政壁垒、地区分割，构建"长江商贸走廊"，建立统一开放和竞争有序的全流域现代市场体系。

上海应发挥自身标准化建设的基础和标杆优势，借上海自贸试验区建设

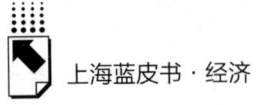

的优势与政策，进一步推动"两带一路"标准一体化、一致化建设，在国际经济秩序中发挥重要作用。

### （五）产业合作，提升区域竞争力

"两带一路"沿线国家和地区正面临新一轮的产业结构调整和升级，上海产业基础雄厚，产业能级较高，应发挥比较优势并遵循梯度转移原则，探索产业转移与合作新模式、新方法，引进与输出相结合，重点发展高科技产业、先进制造业和现代服务业，建设有影响力的经济中心、科创中心，引领产业转型与升级。第一，受土地、资源、生态环境的制约，要淘汰污染严重、资源耗费多且生产效率低的产业。第二，在与"两带一路"沿线国家、地区合作时，要充分考虑当地经济发展水平和环保要求。第三，转移溢出的产业行业多元化，既包括单纯的制造业，也包括研发设计等生产性服务业。

产业、企业间的合作受市场运行规律和各自的利益驱动，长江经济带各地区唯有打破条块分割，深化产业链合作，才能提升整个区域的经济竞争力和影响力。如长江经济带有丰富的旅游资源，在旅游业方面的合作优势潜力巨大，各省市应着力求同存异、共建共享，开发多样性、多彩性、一体化的旅游线路和旅游项目。

### （六）机制保障，打破地区行政分割

上海在"两带一路"战略中的龙头地位非常重要，需积极搭建"两带一路"区域合作的多机制、多层次合作平台，提升上海在"两带一路"建设中的能力和影响力。一是积极推进跨区域的合作交流机制建设，发挥上海合作组织、亚信会议等的影响力，以上海为代表提升中国在国际政治、全球经济中的影响力和话语权。二是研究设立具有长效机制和能够承载"两带一路"建设的常设机构，如国家级的论坛、博览会，负责协调、承办上海与"一带一路"沿线国家和地区的相关事务。通过这些重要机制和活动，真正盘活"两带一路"这一战略的大棋，使长三角与中部、西北、西南有效结合，实现良性频繁互动。上海也要发挥龙头作用、平台优势，积极争取

将各区域机制负责机构落户,扩大区域组织以及上海的国际影响力。

要按照建设美丽中国、生态长江的要求,建立和完善生态补偿制度。这既要求中央财政加大生态建设、生态补偿的投入力度,又要求长江经济带上下游之间开展生态合作,实施横向生态转移支付的制度,同时各地要强化生态保护意识,健全生态监管、奖惩制度。上海要吸取国际上先进的管理经验,进一步探索长江沿岸地区的联防联治机制、生态补偿机制,实现源头治理、共同治理、依法治理,实现区域可持续发展。

## 参考文献

段进军:《长江经济带联动发展的战略思考》,《地域研究与开发》2005年第1期。

郝寿义、程栋:《长江经济带战略背景的区域合作机制重构》,《改革》2015年第3期。

尚勇敏、曾刚、海骏娇:《"长江经济带"建设的空间结构与发展战略研究》,《经济纵横》2014年第11期。

王矮、陈国先:《从长江黄金水道到长江经济带——关于建设长江经济带的思考》,《西华大学学报》(哲学社会科学版)2007年第5期。

王孝松等:《上海自贸区的运行基础、比较分析与发展前景》,《经济与管理研究》2014年第7期。

章俊:《调结构 谋转型 全力打造长江现代化一流强港》,《交通企业管理》2014年第6期。

# 创新经济篇

The Parts of Innovation Economy

# B.8
上海"互联网+"创新
趋势及对产业的影响

张晓娣　张　申*

摘　要：随着上海全球科技创新中心建设的加快，以及"互联网+"这一互联网发展理念越来越受到关注，上海互联网相关产业成为上海经济社会发展的重点领域。实际上"互联网+"是互联网这一科技创新逐步成熟与产业发展深度融合的产物，它是中国互联网经过20多年发展走向成熟的标志。在上海全球科技创新中心建设的过程中，"互联网+"所涵盖的产业领域日益体现出独特的经济运作方式，对上海城市发展也产生了重要影响。

---

\* 张晓娣，经济学博士，上海社会科学院经济研究所助理研究员，主要研究方向为创新经济；张申，经济学博士，上海社会科学院经济研究所助理研究员，主要研究方向为经济史与产业经济。

关键词： 上海 互联网+ 互联网产业

# 一 互联网经济发展的阶段与趋势

互联网经济可以指由互联网这一技术创新而引发的经济领域的相关活动。作为一项技术创新，互联网产生于20世纪60年代末，20世纪70年代到90年代初，互联网始终停留在实验室运用阶段，也就是这项科技创新并没有对经济和产业发展产生巨大影响。到20世纪90年代初，随着独立商业网络的发展，互联网在信息供给、信息传播上的突出作用得到了商业开发，互联网经济才逐步发展起来。互联网经济很快在全球得到广泛应用。在中国，互联网也很快为人们接受，在随后20多年的发展过程中，互联网经济得到了长足发展。直到"互联网+"的提出，人们对互联网所带来的巨大变革，才从观念上的预感发展到具体操作上的认识。互联网及互联网经济的发展也经历了不同的时期，对于这些时期的认识，也可能存在不同的看法。如果从技术进步对互联网和互联网经济发展模式的影响看，基本上可以用PC、移动互联、大数据的成熟运用将互联网及互联网经济发展历史划分为三个阶段。

## （一）互联网经济发展的阶段

1. 起步阶段：PC的广泛运用

对于中国而言，互联网在商业领域中的运用主要起始于20世纪90年代中期。互联网在信息服务方面的优势作用已经被人们认识到，但是在对经济的推动方面，除互联网带动了个人电脑硬件的消费以外，如何利用信息服务来创造经济增长点却成为一个难解的问题。从20世纪90年代末期到21世纪初期很长的时间里，互联网信息服务企业的目的是首先占据潜在的市场，然而互联网经济盈利模式始终是个难解的问题。可以说在互联网经济起步阶段，由于用户对信息收费模式的排斥，互联网经济发展比较好的领域仅包括证券公司的网上交易和一些灰色领域。此阶段，网络信息产业以"内容为主、服务为辅"为基本形态，主要通过传统网站，实现信息内容的筛选聚合、单向展示与传播，辅以内容流型社交网络（facebook、微博等），使用户与内容提供商双向互动。在其他领域，互联网与工业制造业和其他服务业的渗透融合较少。

2. 迅速成长期：移动互联网的第一波浪潮

21世纪头10年的末期，随着智能手机的运用以及移动互联网络建设的积极推进，互联网开始对经济社会发展产生巨大影响。移动互联网带来的第一个挑战指向传统传媒产业。随着移动互联网的运用，纸质媒体开始走向衰落，传统的电视视听媒体的地位也开始受到网络媒体的挑战。移动互联网的第一波浪潮主要与特大城市发展相关，随着城市范围的扩大，普通人的生活范围变大，上下班途中的闲暇时间为人们提供了对移动互联网信息服务的巨大需求。在这一时期涌现许多基于移动互联网信息服务的企业，这些服务涉及新闻信息、生活服务、商业服务等各个领域。但是与PC时代同样的赢利模式问题依旧没有解决。

3. 成熟发展期：大数据的运用

随着移动互联网的运用，其他一些技术创新也进入了收获期，最主要的是大数据和云计算的实现。与此同时，在城市建设和管理上，智慧城市的建设和发展也为大数据和云计算的运用提供了重要领域。大数据可以说是移动互联网带来的第二次浪潮，而这一次移动互联网开始真正对传统经济进行颠覆。此阶段，互联网由价值传递升级为价值创造，从顶层设计和底层架构两方面重塑产业结构和业态，比如资金筹集的众筹、P2P金融，生产研发的众包、C2B，消费服务的O2O、个性化定制，营销传播的微商、自媒体等。互联网手段和互联网思维融入各行业，连接一切、跨界融合、协同创新，从技术、商业模式、资金、人才、体制机制等多角度、全方位地盘活了庞大的既有产业存量，容易产生爆发性增长。

## （二）"互联网+"的创新发展特征

1. 互联网推动服务业细分与新兴行业的崛起

一方面，互联网作为一种跨越时空的服务性工具，不断催生更细更新的增值服务，改变服务业价值链分布。其中，作为时下最热门的互联网细分行业，大数据分析和应用能够帮助企业将价值链环节转化为新的战略优势，因而商业价值巨大，已成为重要的战略资产，驱动众多服务业企业不断加大资源投入。另一方面，互联网孕育出大批新兴行业，如网络购物、网络游戏、网络广告、在线租车、在线教育等；同时，新兴信息网络技术已经渗透和扩散到生产性服务业的各个环节，催生出各种基于产业发展的服务新业态，并将成为互联网经济背景下成长性最高的产业群。在互联网作用下，现代服务业体系变得日益丰富。

2. 互联网加速服务业的去中介化和社交化

生活服务领域，从打车软件、家政、美容，到房地产交易、买卖二手车、医疗就诊等都开始"去中介化"，互联网对传统服务业"去中介化"的步伐越来越快，从点到面逐一显现。去中介化，一是实现供需双方直接对接，节约了时间、人力、物力等多方面交易成本，直接惠及交易双方；二是缩短了交易链条，避免了过多的人为参与，在一定程度上保证了交易的透明度，有助于行业整体水平的提升。最重要的是，互联网将交易数据通过计算、分析直接反馈给行业本身，提供监测行业发展走向的大数据，为行业发展提供客观参考。

金融领域，以"点对点""人人贷"为特征的P2P网络融资模式日益兴盛；通过网络平台面向公众募集小额资金的众筹（Crowdfunding）融资模式开始兴起；在线支付与虚拟社交的相互融合，Facebook、微信、微博等均推出了线上支付；部分银行也开始尝试针对热衷于网络社交活动的年轻一代，提供融入社交元素的金融服务，如组织活动、信托请求、礼金、慈善募捐、思想交流等。"去金融中介化"成为金融发展的一大趋势，并给银行等传统金融中介带来巨大的竞争压力。

公共服务领域，通过互联网和移动社交平台，人们已经能够方便地获得在线教育、在线医疗等公共服务，大大节约了时间和成本。例如，全国已有近100家医院通过微信公众号实现移动化的就诊服务和快捷支付，累计超过1200家医院支持微信挂号，服务累计超过300万患者；此外，政府部门也广泛运用电子政务，当前已有超过4万个政务微信公众号帮助政府实现与大众公共服务的直接连接。

3. 互联网经济加快国际化步伐

国际化包括两层含义。一是互联网助力服务业企业实施国际化经营战略，一点接入、服务全球。互联网的快速发展，为企业国际化经营提供了不可或缺的便利条件，很多企业利用互联网开启"走出去"的新里程。例如，中国工商银行已在境外的40个国家和地区开通了网上银行、手机银行等电子银行业务，涵盖13种语言，搭建起电子银行的全球服务网络，为客户提供7×24小时的服务。二是商品和要素流通的国际化，即企业利用互联网带来的贸易便利化条件，积极开展跨境电子商务；或者利用ICT技术，通过在线方式获取各种高水平专业服务，如产品认证、检测建议、保险、会计审计、法律咨询等。可以认为，互联网扩大了企业的全球竞争版图，将助推服务业加强国际化布局。

## 二 上海"互联网+"创新的成就与问题

随着互联网产业的发展进入新阶段，互联网经济开始与传统产业、传统市场深度结合，在此基础上，传统经济模式和互联网经济都得到了深入发展。正是在这一时期，上海凭借自身在市场体系、产业结构、人才资源等方面的优势，与互联网产业深度结合，促使互联网经济快速发力，逐渐缩小与国内其他互联网发展优势地区的差距，并形成了自身的发展特色。

### （一）上海"互联网+"创新发展的成就

近年来，上海互联网加速发展趋势明显，这不仅体现在互联网经济整体发展水平的快速提高上,还体现在互联网产业集聚和载体建设、互联网企业成长和互联网细分行业发展上。

1. 互联网经济规模进一步扩大

2014年,上海电子商务交易额达13549亿元,较2011年的5401亿元上涨了150.9%,三年平均增长率达35.9%。2014年,互联网服务业经营收入达1096亿元,较2011年的494.5亿元上涨了121.6%,三年平均增长率达30.4%(见图1)。

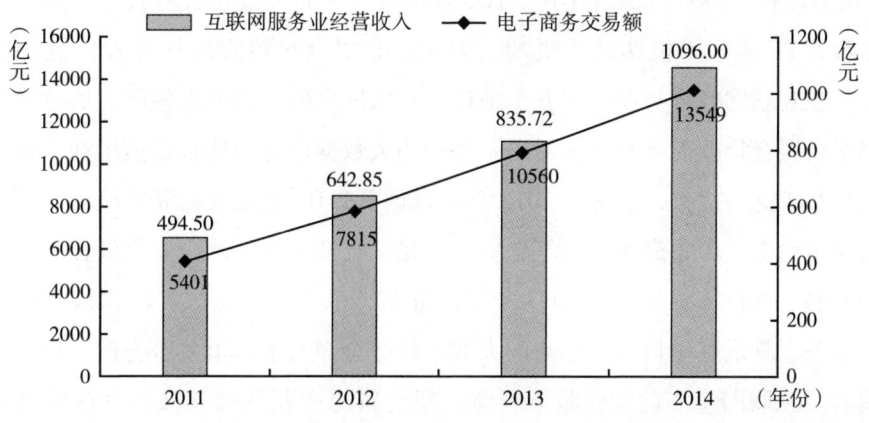

图1 2011~2014年上海互联网服务业发展趋势

2. 互联网相关产业集聚逐步显现

一是互联网产业载体建设显著。涌现了唐镇电子商务港、嘉定电子商务产业园、上海智力产业园、3131电子商务创新园、上海虹桥临空经济园区、天地软件园、上海汇力得电子商务产业园等一批电子商务示范园区。二是互联网经济产业发展生态链完备。互联网产业集聚并逐步形成完善的产业发展生态链条。以3131电子商务创新园为例,园区内形成了人才培训、政府服务、投融资、集约化经营、推广宣传、行业交流六大公共服务平台,园区围绕几个重点B2C互联网企业形成了专业电商与配套企业紧密融合的产业链条。三是互联网产业园区产业发展特点显著。围绕互联网金融、B2C专业电商、跨境电子商务等互联网经济的细分行业,形成了一批产业特点显著的互联网产业园区。如松江的上海跨境电商示范区主要集聚了一批跨境电商,并开展基于互联网的保税展示和交易;张江互联网金融园区、黄浦互联网金融产业园集聚了一批互联网金融企业;嘉定电子商务产业园集聚了一批大型B2C企业。

**3. 互联网企业发展势头良好**

一是涌现一批优秀的本土互联网企业。在互联网经济的细分产业中,涌现一批具有竞争力的本土企业。如互联网教育领域的沪江网,是影响力辐射2亿学习者、5000万注册用户、200万付费学员的大型互联网教育企业,产品覆盖PC端、平板端及手机端,为3~70岁全年龄阶段学习人群提供服务,在互联网教育行业居于龙头地位;互联网金融领域的点融网,通过大数据平台撮合贷款需求和放款需求,并利用大数据信息构建贷款信用和审核体系,基于这一优势,点融网2015年8月创下2.07亿元的融资项目,成为互联网金融迄今为止最大的一笔融资。二是一批知名互联网企业积极在上海布局发展。支付宝总部已于2015年迁入浦东,依托上海金融资源积极开展各项业务。腾讯基于自身多年来的大数据优势全面与上海市政府合作,积极拓展其"互联网+"的经营服务理念,把全新的产业发展和社会发展模式引入上海城市功能提升中。

**4. 互联网经济细分行业特色突显**

一是网络游戏产业发展势头强劲。2014年,上海网络游戏经营收入337.7亿元,较2013年增长29.8%。网络游戏产业占全国市场份额的1/3,相关企业超过300家,从业人员达6万人。二是互联网教育产业发展体系完备。2014年,上海互联网教育新增企业60家,产品覆盖互联网教育产业链各个环节,包括教育平台、教育工具、内容提供、技术职称,在全国范围内极具竞争力。三是互联网金融发展成为亮点。上海互联网金融发展形成了四大产业园区,互联网金融涵盖第三方支付、金融信息服务、金融服务外包、众筹融资、网络金融交易、网络贷款等各个领域。四是互联网视听领域引领新媒体发展。以百事通等重点企业为引领,上海互联网视听涵盖网络视频、IPTV、手机电视、互联网电视、互动电视、公共视听载体、移动多媒体广播电视等细分领域,并在国内互联网视听领域处于领先位置。

### (二)上海互联网经济迅速发展的原因分析

近年来,上海互联网经济快速发展是互联网发展的趋势特点和上海经济与产业发展优势共同作用的结果。

首先,互联网经济经过近20年的发展,日益向与实体经济深度融合的方向发展。互联网产业发展必须通过与实体产业深度融合,才能凸显互联网在信息服务上的优势,并以信息服务为核心,通过经营模式创新带动实体产业发展方式的改变,从而使自身的经济价值得到彰显。

其次,互联网经济的深度发展越来越需要传统经济要素资源的支撑。互联网企业发展需要资金支持,互联网产业发展需要以市场信息为基础,互联网模式创新需要高素质人才作为依托,而上海传统经济产业要素资源高度集聚,恰恰能满足互联网产业深度发展对传统经济要素资源的需求。

再次,上海城市消费能力较高,为互联网经济发展提供市场,大型B2C企业积极介入上海市场正是由于上海消费水平较高,同时上海消费者乐于尝试新产品、新事物、新模式,这为互联网创新提供了可能。

最后,上海城市服务功能提升需要互联网经济提供动力。上海城市服务功能的提升体现在医疗、教育、商业、商务等各个领域,必须通过互联网经济的创新才能解决这些领域供需不匹配的难题,而这也给予了互联网经济发展的空间,使得互联网经济的创新发展成为城市发展的一种内在需要,而不仅仅是天才的奇思妙想。

### (三)上海互联网经济发展存在的问题

尽管近年来上海互联网产业发展势头喜人,但是互联网经济发展仍然存在一些问题。

1. 对互联网发展的认识存在局限

一是没有认识到互联网发展带动了经济、社会两方面的变革。互联网发展引起了传统经济模式的变革。传统以生产为主，消费者被动接受产品的模式已经改变，消费者更多地参与到产品生产过程中。经济模式由此从大批量生产转向点对点精细化、个性化生产，由此而产生了更多可细分的互联网服务产业。互联网经济的发展日益延伸到城市服务功能的各个领域，一些原先并非服务业的社会服务领域开始介入服务业发展中，如互联网医疗的发展，逐步将门诊咨询变成医疗服务，这把原先的社会公共事业服务变为经营性的服务业领域。互联网带动经济、社会两方面变化，目前从政府专业管理部门到各个市场主体，对此鲜有深入认识。二是没有认识到互联网发展带动社会各类闲置资源的充分利用。互联网发展充分调动了各种意想不到的市场资源，闲置的资金、劳动、生产资料都被充分调动起来，"互联网+"的内在核心是通过调动意想不到的各类社会资源解决社会生活中已存在的发展难题。如互联网公交车解决了由于政府提供公共交通而出现的效率低下问题。三是没有认识到大数据对城市服务功能提升的积极作用。大数据在智慧城市建设、公共服务供给、征信体制建设等城市服务的各个领域都可以发挥积极作用，而这种作用又是通过互联网这一载体实现的。

由于没有充分认识到互联网对经济社会发展巨大而深远的影响，因此许多行政管理部门依然固守原有的行业管理思维方式，没有通过思想观念的创新，带动行政管理方式创新，积极推动互联网经济的发展。

2. 政府行政管理不利于互联网企业发展

一是政府职能没有从管理产业向服务产业转变。政府专业管理部门固守传统产业发展的管理经营，没有注意到互联网企业与传统企业的不同。互联网企业由于大多数属于轻资产公司，企业经营模式变动较大，经营模式变动必然会引起投资、经营、财务等各方面的变动，而目前的工商、行业管理方法则显得过于僵化。如工商企业注册和股权变更，要求全部股东同时当场笔录办理手续等，这不适应于互联网企业多轮融资而带来的股东频繁更替。二是政府管理程序过于繁杂。由于互联网企业的发展往往牵涉多个专业管理领域，所以会出现互联网企业上级主管部门过多、审批过多、事务受理程序过繁的问题。如互联网视听企业的运营需要文化、通信等国家多部门的多项经营许可。

3. 互联网发展环境不理想

一是互联网发展的法制环境不理想。互联网产业是创新集聚的领域，但是对于互联网创新却缺乏法律保护，特别是在知识产权保护上，互联网经营模式、文化创意服务等方面的创新极易被模仿，互联网企业的创新积极性因此受到抑制。二是互联网经济发展受到传统企业的抵制。互联网经济的发展由于打破了传统企业的行业垄断，影响了传统企业的垄断利益，因此在行业内部受到传统企业的排挤。如目前发展较受关注的互联网租车，由于与传统出租车行业形成竞争，挤压传统出租车企业的发展空间，因此受到传统出租车行业的抵制。三是互联网企业进入更多城市服务领域存在技术障碍。如互联网企业利用自身大数据优势意图介入医疗、公共安全等公共服务领域，遇到政府管理体系自身数据体系技术标准不一致的问题，无法实现互联网企业与政府自身数据库的对接。

4. 政府对互联网创新的扶持效果有限

一是政府对于中小互联网企业的支持力度不足。互联网产业是高风险产业，而政府对互联网创新的扶持在偏好上是厌恶风险的，这就导致政府更倾向于给予大型知名互联网企业资金、财税、政策等方面的扶持，而这恰恰降低了政府扶持的边际效率，大型互联网企业对政府的扶持不屑一顾，而急于得到扶持的中小企业却得不到政府的关爱。二是政府对互联网企业的扶持手段单一。政府对互联网企业的扶持依然停留在创新基金、财税、人才等传统的产业扶持方式上，在提供政策扶持时往往只考虑扶持企业管理者的教育背景、从业背景等方面。然而从目前互联网企业的发展看，互联网产业发展具有极大包容性，学历、从业背景并不是企业成功的必要条件。这些扶持方式无形中提高了扶持门槛，而将真正具有创新活力的互联网企业排斥在外，这也是造成"上海出不了马云"这一命题的根本原因。三是政府服务互联网企业的意识不足。互联网产业的发展面临诸多政策瓶颈，必须通过改革加以突破，而这需要政府更了解互联网产业发展的特点，从服务互联网出发，解决互联网产业发展的难题。如大型 B2C 企业在物流管理方式上较为先进，需要大型无分割空间进行产品仓储，而这与上海市消防安全要求并不符合，如果固守原有的消防安全管理方式，大型 B2C 的先进物流管理方式就不能得到运用，必须合理调整消防安全管理要求，促进互联网企业发展。

## 三 "互联网+"推动下上海互联网相关产业未来发展的主要方向

上海互联网经济未来发展的关键举措在于把握互联网经济在下一阶段中的趋势主线。"互联网+"的实质在于将互联网的创新模式及成果与现存的经济社会领域进行广泛而深层次的融合，进而提升创新力与生产力。那么，经济发展更为成熟的区域必然能为互联网提供更坚实的发展基础，要素集聚程度高、资源配置效率高的地域也必然更能成为"互联网+"迅速植根、急剧发酵的成长沃土。

上海正处在这样一个位置，其发展互联网经济具有以下几项突出优势：一是上海经济具有较高的成熟程度。其不仅生产要素较为密集，市场发育较好，资源配置更为有效，且基础设施也较为完备，现代化产业体系较为齐全。二是上海经济具有较强的功能定位。其作为中国的经济中心，具有悠久的历史积淀及良好的区位、政策优势，目前在国内乃至国际的经济、金融、贸易、航运等领域均具有广泛的影响力。三是上海为现代化大都市。一方面其城市市政建设较为完善，已具备了一定的信息数据管理基础；另一方面城市内部集聚了大量拥有较高收入水平与教育水平的高素质人群，能够有效应对并积极参与经济社会生活的信息化、智能化和网络化转变。以上优势皆可为"互联网+"提供有力平台。

在结合前文分析的互联网经济未来发展趋势的基础上，上海可针对以下几个主要方面具体展开。

1. 具有基础优势的行业

上海在促进互联网经济发展时，应优先关注其自身固有的基础优势，使之在与"互联网+"结合的过程中进一步促生创新、扩大影响。金融业是上海的传统优势行业，以拥有诸多分支领域的交易管理信息中心为特征。中国的货币市场中心、外汇交易中心、黄金交易所、期货交易中心、银行卡中心皆入驻上海，包括中国人民银行总行在内的各大金融机构同样落户于此。"互联网＋金融"虽然以去中介化为典型特征，但其本质仍离不开成熟的金融制度与充沛的金融资源，特别是随着上海自贸区金融开放创新的稳步推进，上海金融市场的对外开放步伐也会迅速加快。正因如此，2015年"蚂蚁金服"［其前身为阿里巴巴电子商务有限公司和支付宝（中国）网络技术有限公司］将总部迁至上海，显示出上海既有金融基础对"互联网＋"的强烈吸引力。目前，"互联网＋金融"已发展出诸多业态模式，其对于海量信息的搜集和分析、个性化的服务提供、低成本的交易模式等，还能有效解决上海以往由于信息不对称、交易成本过高而难以开展小规模金融信贷的问题，进而对上海金融业面向普惠金融的发展做出巨大贡献。

2. 互联网技术发展衍生出的新兴行业

除扩大巩固基础优势行业外，发展互联网经济的过程中也应适当捕捉一些立足于上海禀赋结构的新兴行业，如大数据的分析与应用。大数据凭借传统互联网、移动互联网、物联网、云计算的迅速发展，是把握新一代信息技术产业发展主动权、提高信息资源利用效率的重要新兴产业。目前，国内已有一些城市着手建立大数据产业基地，但尚处于起步阶段；同时对于这样一个新兴的朝阳产业，上海也有其独特优势。一方面，上海具有庞大的人口基数与人口流动量，是国内乃至国际经济、金融、贸易、航运中心，其提供的重要且丰富的信息数据流非其他一般城市所能比拟；另一方面，上海信息化、数字化发展较早，且各行各业的管理较为规范，目前已建立较多大型的数据库与信息平台，积累了海量的政府数据、企事业单位数据、交易数据和个人数据可供使用。此外，上海的信息技术水平在国内也处于领先地位。以上条件皆可促进大数据产业通过数据仓库、数据安全、数据分析、数据挖掘等环节创造更多价值。

目前，大数据产业已经形成了多种应用和推广，为数据资产化和决策智能化增添了强大推动力，也为上海在未来树立新的产业优势提供了可观契机。

### 3. 互联网发展推动下形成的细分行业

"互联网+"的兴起催生了很多细分行业。

第一类是基于生产、产品和服务领域进行的细分。如近几年,移动互联网的网络购物、网络广告、网络游戏、网络搜索等细分行业迅速崛起,其发展速度明显高于PC互联网的主要细分行业。又如生产性服务行业,凭借"互联网+"在电子商务服务平台、电子商务创业园区、网络营销平台、手机移动支付、商业智能POS、网络金融服务、现代化物流仓储等板块也延展出诸多细分领域,一方面提升了制造业的生产质量与效率,另一方面也创造了大量经济增长点。再如极具发展前景的机器人服务业,其具有较大的产业链规模和应用范围,在"互联网+"数据化、智能化、信息化的推动下,也将在上、中、下游提供大量的行业细分空间。

第二类则是基于市场、客户领域进行的细分。如"互联网+医疗"行业,目前已出现一定的分化趋势,将部分数据与社区医院而非三甲医院进行对接,即可开展社区医疗保健,而将部分数据与三甲医院关联,又可开展咨询挂号问诊缴费。又如"互联网+教育"行业,其可针对不同年龄、层次、职业的人士开展不同的课程和辅导。

上海对于以上两种细分行业皆可有所作为。一方面,上海生产要素禀赋较为丰富,现代化产业较为多样,服务意识也较为先进,特别是在一些专业化、高端化、个性化的领域如科技、信息和商贸等已形成一定优势,这为细分行业的多重延伸提供了基本平台;另一方面,上海作为大人口基数都市,人群在属性、需求、分布等方面可做多种层次的划分,也创造了具有相当市场规模的细分需求。

### 4. 具有优势的竞争性行业

互联网经济中还有一部分具有市场竞争性质的行业,这一类行业充满活力且处于上升期,有一些企业和区域已经形成了一定的聚集度和规模,存在多头竞争,但尚未在行业内出现寡头,所以上海可根据自身条件选择一些这样的领域并促进其崛起。例如"互联网+旅游",目前互联网旅游得到国务院高度关注,因其不仅涉及众多社会部门、可取得显著的效益,而且在

"互联网＋"趋势下，可与"互联网＋金融""互联网＋交通""互联网＋租车""互联网＋购物"、智慧城市等产业形成融合和带动作用，广泛地增加就业和居民收入，提升人民生活品质。

目前，一些城市已具有了一定的知名互联网旅游企业。如北京有"艺龙旅行网""去哪儿"和"万达国际旅游"，杭州有"阿里旅行去啊"，南京有"途牛网"，苏州有"同程网"，广州有国际旅游会展中心等，不过上海在发展互联网旅游业方面也有一定优势。

首先，就上海旅游业目前发展来看，其已经积累了如携程、驴妈妈、春秋国旅、锦江旅游、申迪集团等知名企业，具有良好的口碑和客观的市场占有率。目前在线上旅游（online-travel-agent）方面，2014年携程的市场占有率遥遥领先，高达51.2%，并且在在线机票这一交易额重要构成上，也有较突出表现。这都为进一步推进互联网旅游的发展开启了良好开端。同时，立足于上海的企业还可凭借上海建设金融中心、商贸中心的优势，获得更多信息与助力。

其次，就上海本地旅游的自身资源来讲，其可为当地的"互联网＋"企业创造一定优势：上海交通集散方便，是高铁重要节点，航线密集，同时也是国内出入境重要通道之一；上海历史悠久，市内和周边景区较多，近期还有迪士尼乐园落成；上海现代化服务业发展较为完善，吃、住、行、购物环境发展较好且较为多样化；上海当前在政策方面非常重视旅游，要打造"世界著名旅游城市"。以上条件均是发展互联网旅游的重要优势，而本地旅游的兴旺也会带动业内企业的壮大崛起。

## 四 推动上海"互联网＋"进一步发展的对策建议

### 1. 用"互联网＋"思维推动产业管理方式的改变

一是充分认识互联网产业发展倒逼改革的作用。"互联网＋"思维下的互联网经济发展必然推动经济、社会各方面发生变革，这会极大地冲击现有的经济社会行政管理模式，必须对目前各行政管理领域的管理模式、管理规则、管理手段进行调整以适应互联网经济高速发展的需要。二是充分认识互联网经济发展会打破行业的垄断。要正确理解互联网经济的高速发展对打破行业垄断的积极意义，不能因为互联网经济冲击了垄断企业的利益，就把互联网企业理解成扰乱市场秩序的害群之马，而应该理性地看待问题、分析问题、解决问题，通过合理引导、科学规制引导互联网企业健康、有序、可持续发展。三是充分认识互联网对推动经济社会发展的积极作用。不能把互联网经济发展引入了新问题看成是经济社会发展的负担，更不应加以回避，应该打破固有的经济、社会两分思维模式，合理看待互联网经济发展，特别是互联网经济发展将一些本属非营利性的社会事业领域引入了竞争性的经济领域，应该积极思考如何通过加强行业监管，使新兴服务业发展更加有序，而不是简单加以遏制。

2. 适当降低互联网行业准入门槛

一是降低互联网行业行政许可的办理要求。根据互联网经济在产业方面跨界融合的发展特点，完善企业行业归类规则和经营范围管理方式。放宽企业办公地点登记条件，允许集中登记、一址多照，以适应互联网企业创新集聚的要求，如取消对互联网教育企业的教育场地要求。二是推进相关领域配套改革。如推进能源、电信、文化等领域的混合所有制改革，扩大向民营资本的开放力度；加快国有企业改革，使国有企业加快退出一些垄断性行业。

3. 加强与大型互联网平台企业的合作

一是加强政府与大型互联网平台企业合作的前期研究。要通过比对，发现互联网企业数据管理和政府信息数据管理的异同，寻找政府与互联网大型平台企业合作的契合点和技术难点。二是引导互联网企业适应政府已成熟的数据管理体系。互联网企业在与政府公共管理平台进行对接时，应该充分考虑政府公共管理平台的专业管理优势，不应强行推行自身的数据信息管理模式。政府应合理判断企业的公共服务功能与企业盈利目标之间的关系，探索政府与企业的合作模式。三是合理开放政府数据信息。政府应该在保证公共安全的情况下，适度、适量、适时开放公共数据信息，以便企业更好地利用这些数据信息提升城市服务功能。

4. 加大对互联网企业的扶持力度

一是探索更有效的互联网企业扶持方式。在保持创业资金扶持、财税扶持、人才政策扶持的基础上，根据互联网经济各细分行业特点有针对性地提供更全面的扶持方式，如积极帮助大型互联网企业解决仓储物流中的政策瓶颈，为互联网金融企业提供更细致的法律、法规咨询服务。二是合理制定产业扶持标准。政府在对互联网企业进行扶持时应该增强风险意识，但也不应该惧怕互联网发展的风险。创新本身就是高风险领域，在进行扶持时应该更多考虑细分产业的专业发展特点，而不能片面地把扶持企业的经营者学历、资本金规模作为唯一标准。三是加大对中小互联网服务企业的支持。积极发挥创业孵化器作用，引导中小型互联网服务企业的经营活动走向正轨，为中小互联网企业提供资金支持、智力支持。四是营造互联网经济发展所需的法律制度环境。加强知识产权保护，严格知识产权法执法，确保互联网经济创新活动有序开展。

# B.9
# 上海"四新"经济发展相关领域竞争力分析

雷新军 王鹏 张凯 钟斌*

**摘　要：** 新一轮的科技革命和产业革命方兴未艾，全球经济发展格局和科技创新都呈现不同的特征。加快上海自身的转型发展，不但成为上海建设科创中心的内在要求、长江三角洲地区继续腾飞发展的前提条件，而且是国家实现发展战略的重要环节。在这样的大背景下，上海率先响应中央号召实践了"四新"经济的发展。在促进"四新"经济不断发展的过程中，上海逐渐形成了自身鲜明的特征，倡导智能制造，推进新型服务业发展，逐步实现制造业和服务业交互融合；注重各个区县发挥自身特色，发挥各自优势，发展"四新"经济的新亮点；着重"四新"经济的载体建设。这一系列的举措，配合上海得天独厚的基础条件、广阔的消费市场、完善的基础设施、雄厚的金融基础，再加上海市政府各项措施的配合，造就了上海"四新"经济极强的竞争力。本文着重针对上海"四新"经济的六大典型领域，即智慧照明、3D打印、移动医疗、网络视听、互联网金融、移动互联网，逐一对比分析和解剖，探寻上海"四新"企

---

\* 雷新军，经济学博士，上海社会科学院经济研究所副研究员，研究方向为产业经济学、中小企业发展等；王鹏，上海社会科学院经济研究所硕士生，研究方向为产业经济学；张凯，上海社会科学院经济研究所硕士生，研究方向为制度经济学与新政治经济学；钟斌，上海社会科学院经济研究所硕士生，研究方向为金融计量和金融风险控制。

业在这六大领域的国内国外竞争力，了解上海"四新"经济发展现状，为上海"四新"经济进一步腾飞提出建设性建议。

**关键词：** 上海 "四新"经济 竞争力

21世纪兴起了新一轮的科技革命和产业革命，各国积极推动科学技术革命和产业升级。上海作为全国最大的经济中心、长三角城市群的中心城市，积极建设全球科创中心，不仅是其自身转型发展的内在要求，而且是国家发展战略顺利实施的关键一环。目前，上海正处于深入实施"创新驱动发展、经济转型升级"战略的关键时期，加快"四新"经济发展是上海建设四个中心的重要途径，也是国家发展战略的必然要求和履行上海历史使命的应有之义。

## 一 上海"四新"经济发展的主要特征

2014年，中央经济工作会议提出，"要根据一些新技术、新产品、新业态、新商业模式投资机会大量涌现的现状，创新投融资方式，把握投资方向，消除投资障碍"。上海市率先响应了中央对"四新"经济的指示，积极促进产业创新转型，坚持提升传统产业和培育新兴产业相结合，逐渐形成了一些极具发展前景的领域和一批颇具活力的企业。一直以来，上海对新技术、新产品、新业态、新商业的不懈探索，终于形成了自身"四新"经济发展的主要特征。

1. 制造业与服务业融合发展

上海"四新"经济的发展注重打造"智能制造"，强调从"制造到智造"的转型升级，利用新技术、新模式推进制造业升级。在提升制造业竞争力的同时，积极推动新兴服务业的发展，为服务业插上"互联网+"的翅膀，催生服务业新商业模式的出现。此外，进一步推动制造业与服务业相融合的新业态模式，一批高端制造企业迅速发展，企业的产业和价值链衍生范围不断拓宽。

2. 区县"四新"经济发展各具特色

上海创新"四新"企业管理的新模式，转变政府管理理念，切实发挥好市场的主体作用。在加强各个部门分工协作的基础上，注重发挥不同区县各自的优势。各个区县依托自身的优势发展领域，根据"四新"企业的特点和实际需求，加强理论创新与政策扶持，坚持专项资金支持，推动"四新"企业向高端化、集聚化、规模化、现代化的方向发展。

3. 注重"四新"经济发展的载体建设

上海市在发展"四新"经济的过程中十分注重"四新"经济的载体建设。上海把推进"新载体"建设作为"四新"经济的重要抓手，努力为"四新"企业创造良好的信息交互、资源整合环境，依托高新技术产业园区、孵化器、创意产业园区等一系列"四新"经济发展平台，推动"四新"企业间的信息交互、资源整合，催生新的经济前进动力，激发"四新"企业的活力。

## 二 上海"四新"经济发展的基础条件

上海市之所以能够率先提出并实践发展"四新"经济，其根本原因在于，上海拥有庞大的消费市场、雄厚的金融基础、完善的设备支持，这为上海"四新"经济的发展提供了坚实的基础和广阔的前景。

1. 庞大的消费市场

上海作为全国最大的城市，常住人口超过2500万人，人均生产总值超过9万元，蕴含着巨大的消费潜力。数据显示，2013年上海批发和零售业增加值达3.8万亿元，与2012年相比增长6.9%，全年社会消费品零售总额超过8718亿元，较2012年增长8.7%。[①] 上海消费者不仅具有巨大的消费

---

① 《2014年上海国民经济和社会发展统计公报》。

能力，而且勇于尝试各种不同的消费方式。

上海具有深厚的"海派文化"底蕴，其开放性、包容性的文化基础，哺育了一批又一批的企业，为其开拓创新提供了肥沃的土壤。

上海不但是全国最大的经济中心，还是长三角经济带的核心城市，背靠长江三角洲巨大的消费市场。如表1所示，长三角城市群以占全国2.6%的土地面积，聚居着全国13.1%的人口，创造了全国约1/5的国内生产总值和社会消费品零售总额，占据了全国约1/3的对外贸易活动。长江三角洲人民生活水平不断提高，消费能力持续增强，消费市场日趋繁荣活跃，其中巨大的消费能力为上海"四新"企业的发展提供了空间。

表1　2012年长三角城市群经济实力一览

| 类别 | 长三角城市群 | 全国 | 占全国比重(%) |
| --- | --- | --- | --- |
| 土地面积(万平方公里) | 25 | 960 | 2.6 |
| 2012年末人口(万人) | 17740 | 135404 | 13.1 |
| 生产总值(GDP,亿元) | 117930 | 576552 | 20.5 |
| 第一产业产值 | 5888 | 52374 | 11.2 |
| 第二产业产值 | 57659 | 285649 | 20.2 |
| 第三产业产值 | 54383 | 238529 | 22.8 |
| 社会消费品零售总额(亿元) | 41932 | 210307 | 19.9 |
| 对外贸易总额(亿美元) | 13247 | 38671 | 34.3 |
| 出口额 | 7794 | 20487 | 38.0 |
| 进口额 | 5454 | 18184 | 30.0 |
| 人均GDP(元) | 66477 | 42580 | — |
| 人均社会消费品零售额(元) | 23637 | 15532 | — |
| 每平方公里产出(GDP,亿元) | 0.5 | 0.1 | |

资料来源：《中国统计年鉴（2013）》《安徽统计年鉴（2013）》。

2. 雄厚的金融基础

上海雄厚的金融基础集中反映于证券市场。2014年上海实现金融业增加值3268.43亿元，比2013年增长14%。[1] 截至2015年5月底，在沪深两

---

[1] 《2014年上海国民经济和社会发展统计公报》。

市的2754家上市公司中,属于上海的上市公司有217家,仅次于北京,占总数的7.88%(见图1)。上市公司市值达到83678亿元,占总市值的13.37%。在沪深两证券交易市场上市的217家上海公司中,152家公司在上海证券交易所上市,占比达到70%,65家公司在深圳证券交易所上市,这其中35家公司登陆了创业板。

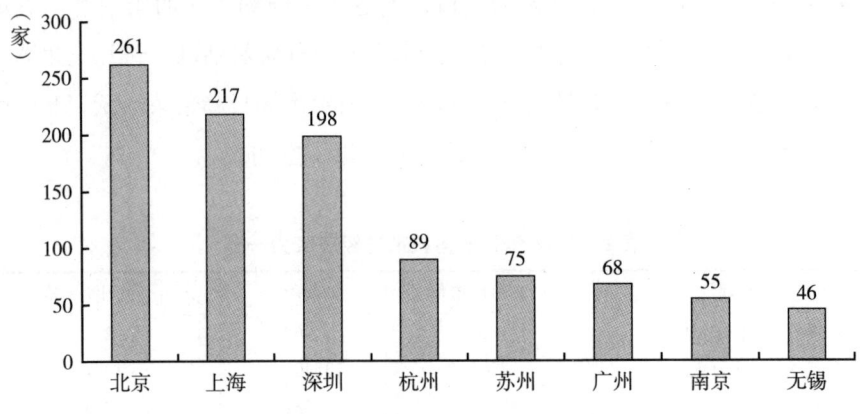

图1　各主要城市的上市公司数量

资料来源:Wind资讯。

从市值来看,截至2015年5月底,在上海217家上市公司中,市值最高的为交通银行,市值达到3914亿元,前三位分别为交通银行、浦发银行、中国太保,都集中于金融服务业,上海经济中心的地位可见一斑,也反映了上海金融业对其经济的重要支撑。从上市公司的行业分布来看,主要分布于证券、银行、保险等金融服务业,还有房地产相关产业、汽车制造相关产业、交通、传媒、制药、零售、食品饮料以及计算机相关产业。如图2所示,从行业分布所占市值来看,金融板块的市值最高,达到13800亿元,房地产、航运排在第二、三位,分别为5590亿元、4157亿元,计算机板块市值3148亿元,排在第四位。商业综合板块市值最低,只有313亿元的市值。从上市公司板块的分布情况来看,金融、房地产行业依然位居龙头,数量多,市值也很高。同时我们看到,新兴行业板块也占据比较重要的位置。

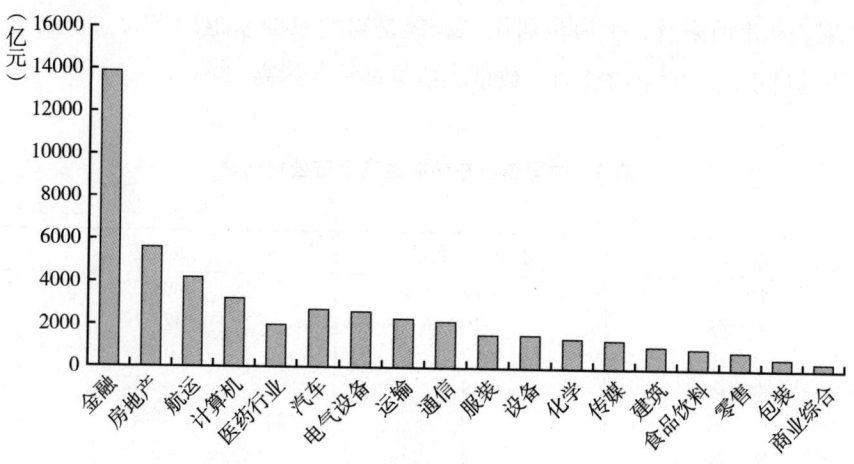

**图2　上海上市公司各大板块市值**

资料来源：Wind 资讯。

如表2所示，上海上市公司在几个创新能力较强、具有"四新"经济代表性板块占据了相当重要的地位。

**表2　各大板块上海上市公司分布情况**

单位：亿元，%

| 板块名称 | 板块总值 | 上海上市公司所占市值 | 所占比例 |
| --- | --- | --- | --- |
| 移动互联网 | 2323 | 377 | 16.23 |
| 医药电商 | 3042 | 475 | 15.61 |
| 新三板 | 5255 | 794 | 15.11 |
| 互联网金融 | 8580 | 1165 | 13.58 |
| 智能医疗 | 4472 | 535 | 11.96 |
| 云计算 | 6825 | 738 | 10.81 |
| 物流电商平台 | 2201 | 125 | 5.68 |

资料来源：Wind 资讯和同花顺财经网站。

同样，上海也有很多公司在纳斯达克上市。如表3所示，迄今为止，在纳斯达克上市的中国公司有112家，其中北京数量最多，有38家，上海有

10家。从市值来看，上海位居第二，但是与北京的差距相当大，企业知名度也远逊于北京的上市公司，数量、质量都需要提高。

表3 中国企业在纳斯达克上市公司一览

单位：家，亿美元

| 地 区 | 上市公司数量 | 总市值 |
|---|---|---|
| 北 京 | 38 | 1405.37 |
| 上 海 | 10 | 175.18 |
| 浙 江 | 9 | 13.2 |
| 港澳台 | 9 | 146.32 |
| 广 东 | 9 | 39.22 |
| 陕 西 | 8 | 2.24 |
| 海 外 | 6 | 87.1 |
| 江 苏 | 5 | 23.89 |
| 河 南 | 5 | 2.47 |
| 东三省 | 5 | 5.57 |
| 湖 北 | 3 | 2.97 |
| 福 建 | 3 | 1.31 |
| 山 东 | 2 | 1.03 |

资料来源：Wind资讯。

除了在证券交易所上市的公司之外，上海还存在大量在新三板挂牌的中小企业（见表4）。其中小企业的良好发展是"四新"经济的活力所在。

表4 在新三板挂牌公司分布

单位：家，万元

| 地 区 | 挂牌数 | 资产合计 | 总资产均值 |
|---|---|---|---|
| 广 东 | 5545 | 92135.30 | 10237.26 |
| 福 建 | 2477 | 95612.78 | 7967.73 |
| 浙 江 | 2137 | 397229.70 | 99307.43 |
| 甘 肃 | 2020 | 99013.18 | 9901.32 |
| 北 京 | 1436 | 432871.64 | 86574.33 |
| 湖 北 | 1399 | 80853.50 | 26951.17 |
| 山 东 | 1375 | 3908018.65 | 355274.42 |
| 辽 宁 | 1314 | 4336676.87 | 2168338.44 |
| 江 苏 | 1302 | 1695341.08 | 73710.48 |
| 上 海 | 1252 | 602981.86 | 4638.32 |

资料来源：Wind资讯。

上海金融业基础深厚、发育良好，为"四新"企业的发展提供了重要支撑。

3. 坚实的要素支持

（1）优越的区位优势。上海位于南北海岸中心点、长江和黄浦江入海汇合处，地理条件十分优越。上海是全国重要的航运中心、交通枢纽，为经济的腾飞创造了得天独厚的条件。除了上海交通便利发达外，目前整个长三角城市群已形成完整的高速铁路网络、高速公路网络、轨道交通网络、跨海大桥网络等，覆盖长江三角洲城市群的现代化交通网络促进了区内货物交流和物流资源整合（见图3）。随着各城市通达程度的进一步提高，多种运输方式之间更加配套协调，区域运输体系逐渐形成，"四新"企业之间联系更加紧密，进一步增强了"四新"企业的竞争力。

（2）通信基础设施完善。截至2014年末，第四代移动通信技术（4G）已经基本覆盖上海市中心城区和郊区主要城镇中心区域。良好的通信设施建设保障了企业信息交流的顺畅，互联网设施的完备方便了"四新"企业线上线下的交互融合，科技研发能力出众。上海市不但部署众多高校，还存在大量研究机构，至2103年底，上海共有43.27万科研人员，每万人在校大学生达到209人。数量庞大的高校和科研机构为上海"四新"企业提供了技术保障，再加上与长三角地区的人才流动与信息沟通，科技研发能力持续进步，上海"四新"企业的竞争力

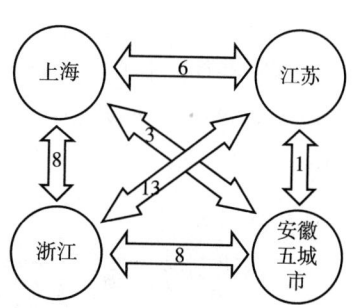

**图3　长三角城市群之间高铁、动车线路**

注：图中的数字为高铁、动车、城际线路的数量。

资料来源：根据《旅游地理》中全国高铁线路、动车线路、城际线路及车次表整理成图。

又进一步得到提高。自由贸易试验区率先在上海展开，为上海经济发展注入了新的活力。在自贸区扩区的基础上，上海稳步推进自贸区内自由贸易账户、人民币跨境交易和外汇管理改革等试点措施①，使自贸区的活力充分得

---

① 《2014年上海国民经济和社会发展统计公报》。

到发挥。自贸区的建设为上海"四新"企业技术创新、市场创新和制度创新的探索提供了条件,加快了上海全面融入国际竞争的步伐。

## 三 上海"四新"经济发展的环境支撑

"四新"经济的发展也离不开良好的人才环境、政策环境以及"四新"平台建设的支撑。上海"四新"经济经过两年的快速发展业已形成规模,"四新"环境氛围较之前更加浓厚:从政府主管部门到企业负责人,大家对于"四新"经济的认识不断深化;"四新"经济对产业结构升级、战略性新兴产业发展、科技创新中心建设的作用不断加强;"四新"人才的集聚效应也显著增强。

总体上看,上海的"四新"环境发展态势良好。下文将从人才环境、政策环境和平台建设三个方面对上海"四新"经济的发展环境进行具体阐述。

1. 人才环境

上海要发展"四新"经济、打造科创中心,关键是要集聚创新人才。为了应对人才竞争愈来愈激烈的局面,上海逐步破除阻碍人才集聚的政策藩篱,相继颁布了"人才新政",降低创新人才落户的难度,简化引进人才的手续,加大创新人才的生活配套支持力度,以求达到"孔雀向沪飞"的效果。

最近,美国总统奥巴马力推两项移民政策新规:一是允许H1B工作签证持有者的配偶在绿卡审批期间在美国工作;二是修改现有法规,更有利于世界范围内的专业人才在美国就业并永久居留。这两项政策进一步增强了美国对于国际人才的吸引力。同时,国内各省市人才落地政策也发生着不同程度的变化。例如,深圳前海在程序上做足了功夫,集中受理、报送人力资源和社会保障部审核,再由公安部统一颁发"外国人永久居留证"。整个过程中,申请人只需在前海申请即可,随后的事宜均由前海管理局统一处理,大大简化了外籍人士疲于应付的审批流程。从全国来看,对于绿卡和户籍而言，上海相关方面的改革已经走在了全国前列，这为上海集聚全国乃至全球创新人才提供了良好的政策支撑。

一是绿卡。2015年6月，上海市推出了绿卡新政："凡连续四年年工资性收入达到60万元以上、年缴个税达到12万元以上的海外人才，都将被认定为外籍人才，即可申请永久居留，也就是绿卡。"此前，申请任职类永久居留的，必须在上海高新技术企业任副总经理以上职务，或者在重点高校有副教授、副研究员等副高级以上职称。可以看出，较之前对于国外人才在职务级别或职称认定的严苛限制而言，上海的绿卡新政对于外籍人才的界定标准更加市场化、国际化，将大大便利外籍人才获取沪籍绿卡，从而提高上海对国际"四新"人才的集聚能力。

二是户口。2015年上海有计划地推出了人才新政，居住证积分要素设计发生重大变化，之前主要看学历、职称、缴金纳税情况等，此后将取决于创业带动就业、创业效益、团队纳税等因素。居住证转户籍政策也将实现重大突破，过去居住证要求满7年才能转户籍，这次将在之前的基础上，居转户期限短则2年，长则7年，把原来硬性的条件变成灵活的制度。而"为了引进国际创新人才，上海将在永久居留权上先试先行，放宽永久居留证受理条件，简化办理程序。对于外国专家，以往到60岁就要被退休回国，最多延期到65岁"。① 现在，上海将对符合条件的人才优先办理外国专家证，放宽年龄限制。可见，打破僵化的体制、一切以市场为导向制定人才政策，保障了上海"四新"经济发展的人才供给，成为上海人才新政的主旋律。

三是生活配套扶持。绿卡和落户仅仅是解决了人才落地的问题，然而北、上、广、深等城市房价居高不下，生活成本、孩子教育等问题也是阻碍人才聚集的重要因素，对引进人才的生活配套激励政策做得越完善，对人才的吸引力也就越大。

上海市委、市政府出台的《关于深化人才工作体制机制改革促进人才创新创业的实施意见》提出，"首先，规范和优化外环内商品住房项目中配

---

① 《上海人才新政最新消息：居住7年转户籍或只需2年》，社保网，2015年6月2日。

建不低于5%的保障房主要作为面向社会的公共租赁房使用；其次，鼓励区县、产业园区和企业向体制外优秀科技创新创业人才提供租房补贴。另外，对达到上海市居住证积分标准分值且缴纳个人所得税达到一定数额或职工社会保险缴费基数达到一定标准的非沪籍人员，定向微调住房限购政策。"

但是，笔者在研究中发现，上海的人才政策在生活配套激励政策方面与其他地区比较而言，顶层设计较多，缺乏具体可操作性的政策细则。因此，上海在人才政策具体实施措施方面还需要细化，并且逐渐构建起完整的政策体系。

2. "四新"平台建设

新技术、新业态、新模式的创新创业，是对传统孵化平台的颠覆式冲击。以国企为建设主体做房东式物业服务，形成的传统孵化器是"高、大、上"模式，"高"是高房价、高成本，"大"是大配套、大开间的奢侈型办公场所，"上"是面对创业项目的高高在上，不适应大众创新创业的草根化、本土化、年轻化和低门槛。

上海"四新"经济快速发展的两年中，各区县在原有高新技术开发区、产业园区的基础上积极打造适合"四新"经济发展的平台，建立了如创投平台、产学研平台、孵化平台等一系列"四新"平台。上海市委、市政府积极推动"区区联动、品牌联动"，建立平台联盟等机制，不断探索有利于"四新"经济发展的科技创新平台。金山枫泾科创小镇提出的"产学研创孵投"大平台便是其中较突出的代表。

与其他主要省市比较而言，上海在创新平台建设方面还是有所不足，主要表现在政府推动"四新"平台建设的思维上，深圳等城市在政策扶持的基础上，更多地依赖市场手段来激发创业者的活力，而上海仍然是一种政府主导的思维、运动式的建设模式，这非但不能激发创客的活力，反而会在一定程度抑制上海创新的氛围，阻碍"四新"经济的发展。

3. 政策环境

为了营造"四新"发展环境，上海市积极推动政府管理和服务创新。一是逐步建立各级政府信息公开、共享机制。推进政府数据服务试点扩围，打造政府信息资源公共服务平台,实现园区、孵化器、风投、人才、联盟等信息资源共享。二是推动行业管理和服务创新。吸取自贸试验区建设经验,探索"四新"经济的"负面清单"管理方式,为创新创业企业发展营造更大市场空间。推动再制造、第三方支付、电子商务等相关领域扩大开放。三是简化行政审批程序。"保留的行政审批事项一律依法向社会公开,公布目录清单,目录之外不得实施行政审批;按照市场原则和企业合约,允许初创企业依法合规自愿变更股东,工商管理部门不实施实质性认定审查;放宽'互联网+'等新兴行业市场准入管制等。"①

为了及时解决建设"四新"经济过程中出现的问题,上海始终坚持问题导向,积极完善解决企业瓶颈问题的发现机制和工作机制。充分发挥市张江高新区管委会、市中小企业服务网络、市企业服务直通车、市经济信息化发展研究中心、市相关行业协会和风投机构等的作用,建立多渠道、广覆盖的"四新"企业诉求收集机制;完善日常沟通、跟踪、协调机制,依托"2+X+17"机制,市发改委、市经信委坚持每季度召开联席会议,沟通协调解决"四新"经济发展的瓶颈问题。市经信委负责召开区县"四新"联络员会议,及时跟踪、了解问题解决进度,并梳理收集新的瓶颈问题。

市经信委先行推动"四新"服务券1.0,会同市教委利用存量专项资金支持产学研合作,对与上海市高校围绕"四新"经济开展的合作技术开发、技术转让等科研活动给予支持;尝试与市张江高新区管委会共同研究推动"四新"服务券2.0,通过发放"四新"服务券的形式购买创新服务,支持本市小微企业和人才团队创新创业;在"四新"服务券1.0和2.0的基础上,进一步整合经信委及其他市级、区级专项资金,将招商引资由政府主导变为专业化、市场化主导,由返"税"变为返"服务"。在供给侧,利用财政资金通过政府采购平台提供包括政府、社会中介机构的各类服务;在需求侧,由各部门在"四新"经济、战略性新兴产业、社教文卫等方面发放服务券,由企业自主选择。通过"信用经济+市场化招商

---

① 引自《上海"科创中心22条"为创新型国家探路》,《光明日报》2015年5月28日。

模式+政府采购"相组合的模式,形成上海科创中心和自贸区建设中新的可复制、可推广的模式。

## 四 上海"四新"具体行业竞争力分析

上海作为全国经济结构升级、产业转型的先行者和重点区域,已经在"四新"经济发展的多个领域取得了一定的成绩。笔者从六个代表性行业(智慧照明、3D打印、移动医疗、网络视听、互联网金融、移动互联网)具体分析上海在这些方面的发展状况和行业竞争力,力图通过深入分析,明晰现阶段上海具有"四新"代表性创新行业的竞争力状况。

### (一)智慧照明

关于智慧照明行业,上海已经呈现良好的产业发展态势,整个行业定位是核心技术领先国内水平,主打高端制造产业集群,并把上游核心研发技术具有自主知识产权的LED、终端应用产品和公共研发服务平台三个方面作为行业发展的重点抓手。① 但是,产品研发水平和核心竞争力方面上海都有很大提升空间。总体来说,上海智慧照明产业总体实力不高,核心技术和竞争力也尚待提升。

1. 国内LED产业发展状况

随着LED性能与发光效率的持续提升,LED已从指示灯、显示屏、交通信号灯等成熟应用领域,逐步渗透到中大尺寸LCD背光、家庭通用照明等新兴应用市场。② 在白光通用照明市场打开后,国内LED产业将进入爆发式增长阶段。

市场规模方面,有关数据显示,2014年全国规模以上的照明企业达2500家,行业销售总额为5200亿元,较2013年增长10.6%。其中,行业

---

① 陈翠文:《我国主要城市LED产业发展模式比较研究——来自上海、深圳、厦门、南昌产业规划的证据》,《韩山师范学院学报》2011年第4期。
② 参见《LED产业发展动态》,《广东科技》2010年7月10日。

出口额达415.5亿美元,与2013年相比增长15.4%。全行业LED照明产品销售额为950亿元,同比增长43.9%。① 伴随着LED技术的发展与国内外需求的增长,我国照明产业迅速成长,LED照明也不再局限于工程应用市场,应用范围越来越广泛,慢慢走进各行各业,对传统照明行业产生冲击,国内LED市场发展状况良好。

2. 上海LED产业发展现状

就上海智慧照明(LED)产业来讲,其主要竞争力在外延片、芯片等中上游产品的生产方面,在国内LED行业中处于中高端水平。然而,与美日德等成熟LED市场中同类企业相比,上海的LED企业规模普遍较小,还没有形成显著的规模效应;而且上海至今还没有一家LED上市公司,这也是上海LED产业发展迟缓的一个缩影。但是,目前来看,上海LED产业发展速度逐渐加快,与发达国家的差距正在缩小。

横向来看,上海智慧照明(LED)产业与我国其他城市的比较分析如表5所示。

表5 上海智慧照明(LED)产业与我国其他城市的比较

| 片区 | 国家级产业基地 | 产品领域 | 比较优势 |
| --- | --- | --- | --- |
| 环渤海 | 大连 | 上游原材料、外延片、芯片、荧光粉 | 环渤海经济圈中,北京具有强大的研发优势;大连具有坚实的产业基础和"东北亚经济圈的中心"的经济区位优势;石家庄具有良好的人力成本优势和轻工业优势 |
| | 石家庄 | InGsAlP和InGa高光效功能型LED、功率型LED白光源及其封装等 | |
| 长三角 | 上海 | 外延片、荧光粉、封装、配套设备 | 上海具有国内领先的研发实力,已在半导体芯片制造和封装应用方面形成了比较完整的产业链与企业集群;江苏电子信息产业发展为其照明业发展提供了良好的技术基础;宁波具有灯具生产的坚实产业基础和经济区位优势 |
| | 扬州 | 外延片、芯片、封装、应用、配套设备 | |

① 参见《东南亚新兴市场呈高增长趋势》,《消费日报》2015年5月21日。

续表

| 片区 | 国家级产业基地 | 产品领域 | 比较优势 |
|---|---|---|---|
| 闽三角 | 南昌 | 外延片、芯片、封装、应用配套设备 | 江西省在照明行业整个产业链上实现了规模化生产;厦门具有良好的人才优势和福建自贸区区位优势 |
| | 厦门 | 衬底、外延片、芯片、荧光粉、封装 | |
| 珠三角 | 深圳 | 衬底、外延片、芯片、封装、应用、配套设备 | 深圳绿色半导体照明产业已经初步形成了"蓝宝石—外延—晶粒—封装—应用"的完整产业链 |

资料来源：笔者根据相关资料整理。

## （二）3D打印

3D打印技术被称为"具有工业革命"意义的制造技术，是一项依托多个学科领域的尖端技术。因此，各国需要投入大量资源进行相关领域的研发，才能掌握这项具有深远影响的核心技术。

### 1. 国内3D打印行业概览

就3D打印的市场规模来看，珠三角占据80%的市场，广东地区企业生产的产品甚至在部分欧洲国家的市场占有率超过了50%。反观，上海地区的3D打印行业市场规模较小，发展不是很充分，应用速度慢。

### 2. 上海3D产业发展现状

当前，国内3D产业的大格局由三个体系组成："学院系""供应商系""应用系"。上海的3D打印行业格局是橄榄型——"两头小、中间大"①。

在"学院系"方面，上海高校的研发实力处于落后地位。北京、西安、武汉等地的高校自20世纪90年代起便开始进行3D打印有关领域的研究，在3D产业研究方面已经取得长足的进步，成果颇丰，同时造就了一批配套商业公司，高校与企业密切联合，研发与产业协作一体，占据了大量的市场份额（见表6）。

---

① 《3D打印：上海如何突破?》，《解放日报》2013年1月11日。

表6 我国3D打印龙头企业基本情况

| 龙头企业 | 所在地 | 研发平台 | 技术 |
|---|---|---|---|
| 北京隆源自动成型系统有限公司 | 北京 | 清华大学高分子材料研究所、华南理工大学 | 选择性激光烧结技术（SLS） |
| 北京太尔时代科技有限公司 | 北京 | 清华大学颜永年教授的科研团队 | 激光快速成型与模具技术等多种技术工艺 |
| 中航激光成形制造有限公司 | 沈阳 | 中航（沈阳）高科技有限公司研发中心、王华明研发团队 | 飞机钛合金大型整体关键构件激光成型技术 |
| 滨湖机电技术产业有限公司 | 武汉 | 华中科技大学 | 激光粉末烧结（SLS）快速成型系统、金属粉末熔化（SLM）快速成型系统等 |
| 恒通智能机器有限公司 | 西安 | 西安交通大学快速成型工程研究中心 | 光固化（SLA） |
| 南京紫金立德电子有限公司 | 南京 | 江苏紫金电子集团有限公司研发中心、以色列Solidimension公司 | 桌面式3D打印机研发技术 |
| 飞而康快速制造科技有限公司 | 无锡 | 中澳轻金属联合研究中心（3D打印） | 选择性激光烧结成型技术 |

资料来源：笔者根据各公司官网资料整理。

从应用方面看，虽然上海同样处于落后地位，但是发展速度逐渐加快。上海属于"后知后觉"，整个产业处于起步阶段，目前实际应用也多集中在高校教学示范领域。而北京起步早、发展速度快，同时牵头组建3D打印产业联盟，产品应用市场十分活跃。但是由于上海在供应商资源方面具有得天独厚的优势，再依托于华东巨大的市场，发展前景看好。数据显示，这两年上海3D打印市场发展速度远远快于华北等地区（见表7）。

表7 上海3D打印产业与国内其他地区发展情况比较分析

| 地区 | 产业研发中心 | 产业发展载体 | 产业定位 |
|---|---|---|---|
| 珠海 | 3D打印技术产业（珠海）创新中心 | 3D技术产业园区 | 打造世界一流的3D打印中心 |
| 南京 | 快速制造国家工程研究中心南京示范中心 | 紫金（江宁）科技创业特别社区、南京恒宇三维技术开发有限公司 | 集聚国内外高端研发力量，着力推动3D打印相关科技成果顺利转化，打造快速制造国家级示范中心 |

续表

| 地区 | 产业研发中心 | 产业发展载体 | 产业定位 |
|---|---|---|---|
| 青岛 | — | 高新区盘古科技园计划 | 重要的战略性新兴产业 |
| 成都市双流县 | 3D打印技术产业创新中心 | — | 为成都及其周边地区的电子、汽车、机械设备等企业推广3D打印技术 |
| 上海 | 同济大学、国家高新技术产业基地——上海3D打印产业中心 | 漕河泾松江园区、上海航天设备制造总厂 | 加快发展3D打印产业,推动上海产业转型升级 |

资料来源:笔者根据相关资料整理。

### (三)移动医疗

当今世界科学技术迅猛发展,各种信息时代的技术被广泛地运用到传统领域中。在此背景下诞生的移动医疗便是基于现代信息技术对传统医疗技术与服务的拓展和补充。我们欣喜地看到,信息技术的应用使得更多的人群得以享受更有效率的卫生医疗服务。① 在《中国移动医疗:创建一个制胜的商业模式》一文中,普华永道的研究人员指出,想要在世界范围内加快推广移动医疗,可能离不开中国这样的新兴市场的引领。

1. 国内移动医疗的发展状况

我国拥有发展移动医疗的广阔市场前景。一方面,从移动端用户来看,我国手机用户数量为世界之最(超过9亿人),发展移动医疗的潜力巨大。International Telecommunication Union 与工信部的数据显示,中国手机用户数量在2007~2011年以15%的年复合增长率高速增长,预计2015年内达到85%的覆盖率。另一方面,中国逐步建立起来的全民医保体系,将在未来几年达到全面覆盖。与此同时,城乡居民电子健康病例建档率迅速提高,为移动医疗提供良好的基础条件。但是,我们也应该清醒地看到,区域医疗水平发展不平衡和商业模式稀缺这两大难题是中国移动医疗产业亟须清除的障碍。

---

① 孟群、胡建平、屈晓晖、李岳峰:《从生态系统的角度看移动医疗》,《中国卫生信息管理杂志》2013年第6期。

### 2. 上海移动医疗产业发展现状

从移动医疗行业实际发展情况来看，面对不同地区、不同消费需求、消费能力迥异用户的医疗健康需求，上海的移动医疗企业积极采取市场细分策略，设计开发了多元化的移动医疗产品和服务。经过多年的发展，上海移动医疗产业发展情况良好。

纵观近年来移动医疗市场出现的新业态，出现了一些新兴市场模式，具体分析见表8。

表8 移动医疗新兴市场模式

| 类别 | 模式 |
| --- | --- |
| 泰康在线+咕咚运动 | 分享运动数据和体验，享受个性化的保险服务，通过咕咚网的数据接口获取参与用户的运动数据 |
| 大都会人寿+乐动力 | 对接大都会人寿的"出行保"和"运动意外险"，用户可以凭运动获得积分来换取相应的保险产品 |
| 中英人寿+春雨医生 | 向潜在或老投保用户提供微信健康咨询服务，春雨搭建后续险企付费空中医院和购药部分模式 |
| 平安保险APP+硬件 | 包括问疾病、看名医、逛社区、收资讯以及测健康，根据用户健康状况，制订个性化健康管理方案，推出儿童智能温度计产品 |
| 阳光保险+天猫医药 | 24小时电话医生健康咨询、全场可用90元购药额度，支付宝钱包在线理赔服务、特定人群保险、就诊买药、在线理赔模式 |

## （四）网络视听

上海作为全国经济最发达的地区之一，区域内网络视听产业的发展是"四新"经济的典型代表。上海的网络视听产业起步较早，经过多年的稳步发展，已经取得了相当不错的成绩。有关资料显示，"2003年上海广电（集团）有限公司获得了全国第一张《信息网络传播视听节目许可证》，2005年上海电视台获得了全国第一张手机电视和IPTV许可证，2008年上海聚力传媒技术有限公司（PPLive）获得全国第一张P2P视频类许可证，2010年国家广电总局批复同意建立中国（上海）网络视听产业基地，上海广播电视台又成为全国首批互联网电视及手机电视集成运营服务单位。"①

现在，上海地区的网络视听产业已经形成了全国龙头企业领跑、民企和国企并重、产业链发展较成熟的行业结构。② 全行业资本比例均衡，行业产业链已经形成，网络视听已经成为上海"四新"经济发展的重要部分。

1. 国内网络视听市场发展状况

2013年，网络视听产业的市场规模为254.2亿元，到2014年全行业市场规模达到378.4亿元，增长了48.9%。其中，网络视频是网络视听行业的最核心业务，占整个网络视听行业的比例接近50%，2014年，网络视频市场规模同比增长44%，市值接近200亿元。③

目前，网络视听行业营收模式呈现多样化，主要包括后向经营模式、增值模式、一体化商业模式。后向经营模式的特点为内容完全免费，以广告收费为主要赢利点；增值模式的主要特点是内容收费，向会员收取会员费用；一体化商业模式则是直接将内容、电视、游戏机和广告一起卖。

2. 上海市网络视听产业发展现状

作为最早开展三网融合的城市，上海具有市场领先的优势，并且已经形成了一批以百视通、土豆网、PPTV为代表的领军企业。

上海为积极推动网络视听产业发展采取了一系列措施，经过努力，2010年2月国家新闻出版广电总局正式批准上海文广局和紫竹高新区共同建立中国首家网络视听产业基地（见表9）。基地将形成一条涵盖网络视听内容制作、视听产品交易等环节的完整网络视听产业链，并且计划建成年产超百亿元、达到世界一流水平的网络视听集聚区，充分体现出地产和产业的结合。④

---

① 《上海网络视听产业发展及管理策略》，上海市文广影视局，2011年2月18日。
② 《上海网络视听产业发展及管理策略》，上海市文广影视局，2011年2月18日。
③ 《互联网公司进军影视业，用户思维的胜利》，网易科技报道，2014年7月1日。
④ 《上海网络视听产业发展及管理策略》，上海市文广影视局，2011年2月18日。

表9　中国（上海）网络视听产业基地入驻企业

| 企业 | 定位 |
| --- | --- |
| 百视通（BesTV） | 国内领先的IPTV新媒体视听业务运营商、服务商；在网络电视（IPTV）技术方面与微软、Cisco、华为等国际知名公司合作，拥有业界领先的媒体运营管理平台 |
| PPS | 全球最大的网络电视服务商，除网络电视播放器外，还提供影视百科、影视搜索等多样化的产品及服务。目前已拥有超过20万套频道节目，总安装量已达4.5亿，稳居网络电视第一 |
| 土豆网 | 中国最早最具影响力的视频分享网站，中国网络视频行业的领军品牌，全球最早上线的视频分享网站之一（现在优酷、土豆合并重组为合一集团） |
| 激动网 | 中国领先的三屏合一互联网视频服务提供商，国内领先的视频新媒体 |
| PPTV | 服务于中国及全球互联网用户社群的网络电视技术平台提供商 |

上海网络视听行业之所以取得成功，关键在于其成功地复制了国际商业模式，再加以"中国话"适应国内实际情况，除此之外还包括持续性的自主创新，成功的案例包括合并后的土豆优酷、乐视网和PPLive，它们各自在自己的领域内形成了极强的竞争力。正是在适应中国国情的基础上，不断创新开拓市场，上海才能在网络视听领域跻身全国领先地位。

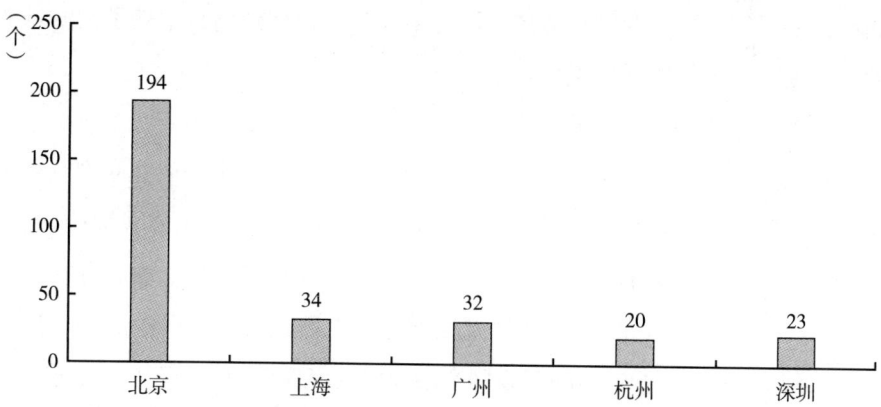

**图4　各主要城市互联网视听节目服务持证机构数量（截至2014年3月5日）**

资料来源：根据国家新闻出版广电总局、网络视听节目管理司数据整理。

目前，上海网络视听网站用户遍布全球，6家网站月度覆盖用户规模超过3500万。① 上海网络视听企业形成了多元化发展模式，呈现了多样化的发展状态，各家企业技术类型不同，发展模式各有所长，不同的视频网站采用不同的技术路线、内容路线和资本路线，有效地减少了同质化竞争，同时也扩展了整个产业的覆盖范围。各主要城市互联网视听节目服务持证机构数量如图4所示。

目前，上海市网络视听产业发展短板主要在内容制作方面，尽管许多网络企业的自制节目、电视剧等有一定的观众基础，然而就接受度来说，不如广电行业既有的节目，这些节目在网络上播出分流了大量的网络流量。提高网络视频产业的内容质量成为网络视听产业继续发展亟须解决的问题。

### （五）互联网金融

上海致力于打造国际金融中心，从政策支持力度和行业优质资源聚集度来看，具有巨大的优势。互联网金融，作为近年来从传统金融行业衍生出来的一个异军突起的全新行业，一举一动，备受关注。虽然与北京和广州地区相比，上海的互联网金融行业体量不是最大的，但质量高，集聚了大批行业创新力量，未来的发展值得期待。

1. 国内互联网金融发展状况

我国金融业的信息化起步较晚，导致本轮业态革新主要由互联网企业主导。在当前的经济形势下，利率市场化速度加快、经济增长方式面临转型，这些都为互联网金融的规模性增长创造了条件。中国互联网金融行业协会的报告——《2015年至2018年中国互联网金融发展趋势研究报告》中的数据显示，到2014年底，中国的互联网金融规模已经突破10万亿元，细分的互联网金融业务模式、市场规模、发展阶段和行业特点等具体内容如表10所

---

① 陈广玉、孙欣为：《产业集群发展——网络视听新媒体产业提升整体发展速度的有力支撑》，《中国传媒科技》2011年第4期。

示。就上海来讲，2013 年互联网金融行业收入就接近 200 亿元，第三方支付的收入超过 165 亿元，占 82.5%，金融资讯类收入近 30 亿元，P2P 行业收入超 4.5 亿元。

表 10　2014 年中国互联网金融市场规模

| 业务模式 | 市场规模 | 主要参与者 | 发展阶段 | 行业特点 | 发展趋势 |
| --- | --- | --- | --- | --- | --- |
| 支付 | 9.22 万亿元 | 电商、电商平台商户 | 中期 | 大数据、云计算 | 超过银行支付 |
| P2P | 1000 亿元 | P2P 机构、投资者和融资者 | 初期 | 投、融资方直接对接 | 南非 P2P 网贷已超过银行规模 |
| 众筹 | 100 亿元 | 众筹平台、投资者和创业者 | 起步阶段 | 创业者的天堂，人人都是天使投资者 | 企业众筹、现场众筹 |
| 网络小贷 | 5000 亿元 | 电商和商户 | 中期 | 依托现金流贷款 | 电商平台、商户发展 |
| 网络基金销售 | 6000 亿元 | 基金公司、散户投资者 | 中期 | 凭借网络渠道 | 扩张基金规模 |
| 财富管理 | 100 亿元 | 机构、投资者 | 起步阶段 | 专业化的财富管理 | 市场巨大 |
| 金融机构创新 | 1000 亿元 | 机构、投资者 | 起步阶段 | 平台渠道 | 助推传统金融机构转型 |

截至 2015 年 3 月 31 日，零壹研究院数据中心监测到的 P2P 平台共 2260 家（仅包括有线上业务的平台），其中正常运营的有 1695 家。广东、山东、浙江、北京和上海仍然是平台数量最多的五个省市，占比分别为 18.67%、14.51%、12.12%、10.09% 和 7.88%。全国各省份平台分布具体情况如图 5、图 6 所示。

2. 上海互联网金融发展现状

上海作为全国金融行业发展领先城市，从 P2P 借贷行业来看，平台数量占比虽不多，但质量高。具体来说，落户在上海的 P2P 借贷平台无论从总成交量还是收益率来讲，都位列市场发展前端。

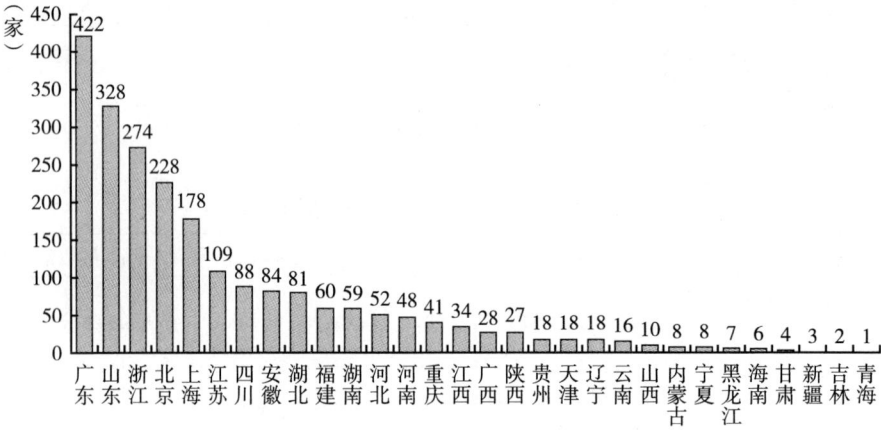

**图 5　全国 2260 家平台地域分布状况（截至 2015 年 3 月 31 日）**

资料来源：零壹研究院数据中心。

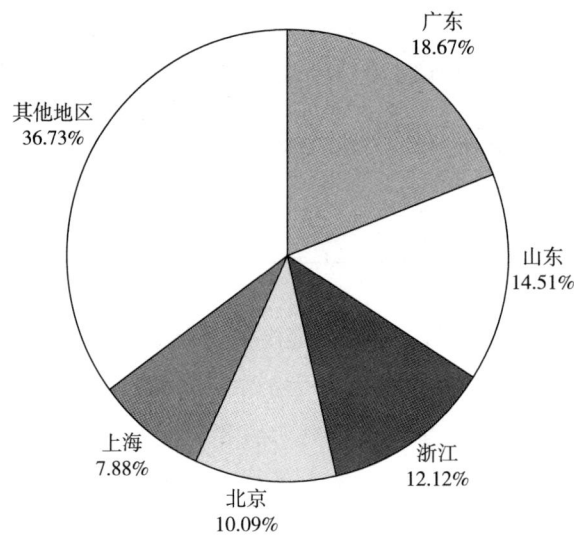

**图 6·上海与其他地区的 P2P 借贷平台数量占比对比**

从地区分布来看，每个地区 P2P 借贷平台的发展速度和规模都不一致，而且 P2P 网贷涉及领域和发展特点也各有不同（见表 11）。

表11 上海与其他地区P2P借贷平台分布和发展特点对比

| 地区 | 代表性平台 | 发展特点 |
| --- | --- | --- |
| 上海 | 陆金所、拍拍贷、钱多多、你我贷等 | 上海不仅是中国网络借贷行业的发源地,而且是各种创新模式的集大成之地 |
| 广东(深圳) | 红岭创投、人人聚财、盛融在线、合拍在线、投哪网等 | 网贷平台主要位于金融、IT业较为发达的深圳市,自由竞争环境和创新精神使得广东省网贷行业在全国占据举足轻重的地位,同时带领全国网贷行业飞速前进 |
| 山东 | 钱吧、北城贷、美冠信投、丁丁贷等 | 山东是民间借贷甚至高利贷大省,借款人主要是小微企业、个体商户和股份制企业,借款主要目的是创业、公司周转和还款 |
| 北京 | 人人贷、宜人贷、玖富金融、有利网、积木盒子、易通贷等 | 网贷行业发展最为迅速,网贷平台数量加速增长,平台实力雄厚,采用P2N运营模式和轻资产模式,助其快速扩张;但标的大、周期长,收益率较低 |
| 浙江 | 温州贷、微贷网、宏信创投、一城贷、翼龙贷、温商贷、民民贷、义乌贷等 | 由于现阶段缺乏有针对性的监管法律措施,浙江地区网贷平台增速快的背后隐藏巨大的平台倒闭风险和道德风险。比如宁波阿拉贷、湖州家家贷、绍兴力合创投等涉嫌非法集资 |
| 内陆省份(四川、安徽、重庆等) | 易贷网、一起好、爱上理财、易九金融、口贷网、贷贷兴隆、金宝保等 | 网贷行业快速发展,由于这些地区民间借贷较为活跃,网贷平台数量增长迅速 |

## (六)移动互联网

"互联网+"等于"四新"经济驱动力,互联网已不是一个产业,而是一种无所不在、无限可能的创新发展驱动力。移动互联网,作为互联网未来发展方向之一,具有广阔的市场空间和巨大的经济增长力量。

1. 国内移动互联网现状

在全球互联网主流技术开源开放的大背景下,我国移动互联网产业得到了快速发展。移动互联网产业的发展不能闭门造车,它必须在创业之初就融入全球主流技术创新中。我国一部分企业参与了操作系统的深度研发与改进工作,越来越多的公司从原来的代工逐渐参与到芯片设计、制造中。借助全球的开源成果,我国移动互联网公司正在迅速追赶世界顶尖企业。中国移动互联网发展的六大模式如表12所示。

表12　中国移动互联网发展的六大模式

| 模　式 | 特　点 |
|---|---|
| "终端+服务"一体化商业模式 | 终端变成多媒体信息收发的智能化信息终端 |
| "软件服务化"商业模式 | 软件平台与应用服务的结合 |
| 广告商业模式 | 移动运营商只起到提供平台的作用,利润来源主要是向广告商收取 |
| 电信与广电双网运营商业模式 | 客户个性化更突出 |
| FON类商业模式 | 用户自由联盟 |
| 传统移动业务商业模式 | 要求运营商必须占绝对的主导地位 |

随着移动智能终端在过去几年的快速普及,我国移动互联网服务迅速形成巨大的市场规模。数据显示,2013年中国移动互联网市场规模达1060.3亿元,同比增长81.2%。预计到2017年,市场规模将接近5000亿元（见图7）。① 移动互联网发展势头如此迅猛,离不开三大要素：一是移动智能终端规模迅速扩大；二是大流量消费时代的到来；三是移动应用商业化道路的积极探索。

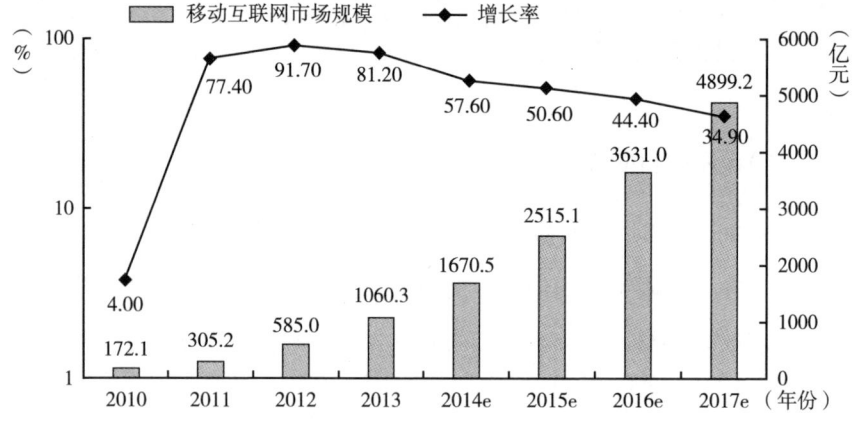

图7　2010~2017年中国移动互联网市场规模

从用户市场规模来看,我国移动互联网用户数超过9亿,移动终端用户规模全球最大。从APP规模及下载数量来看,我国主要第三方应用商

---

① 工信部电信研究院：《移动互联网产业竞合呈现新变化》,《中国电子报》2014年6月6日。

店 APP 规模达 400 万个。从 APP 开发者规模看，我国职业开发者数量已超过 40 万。最后，在应用平台方面，我国拥有超过 50 家第三方应用商店。①

2. 上海移动互联网产业发展分析

上海地区的移动互联网普及率高出全国平均水平约 30 个百分点，宽带普及率接近 100%，移动电话普及率居全国第一位，且手机网民规模不断扩大。与其他地区相比，移动互联网的工具价值在上海网民中体现出更明显的作用，上海的移动互联网基础设施已经达到较高发展水平。

## 五 小结

上海在促进"四新"经济不断发展的过程中所形成的鲜明特征，"制造向智造"转变，推进新型服务业发展，从服务到服务融合，逐步实现制造业和服务业交互融合，实现从制造到"制造+服务"；各个区县各自优势得到发挥，依托现有条件发展自身的"四新"经济；着重"四新"经济的载体建设。上海得天独厚的基础条件、广阔的消费市场、完善的各项基础设施、雄厚的金融基础，再加上海市政府"四新"经济各项措施的配合，促使上海"四新"经济快速发展。本文着重剖析了上海"四新"经济的六大典型领域，即智慧照明、3D 打印、移动医疗、网络视听、互联网金融、移动互联网。上海"四新"经济依托现有的资源和禀赋，在众多领域已经取得了可喜的成就，具备了极强的竞争实力。虽然已经取得了长足的进步，但是在某些领域，由于进入时间较晚，发展还不够成熟，提升空间较大。此外，与发达国家相比，上海在"四新"经济发展方面与其还有不小的差距。由此可见，上海"四新"经济的发展道路还任重而道远。但是，我们可以看到上海"四新"经济前景依然十分广阔，脚踏实地，开拓进取才能造就上海"四新"经济光明的未来。

---

① 工信部电信研究院：《移动互联网产业竞合呈现新变化》，《中国电子报》2014 年 6 月 6 日。

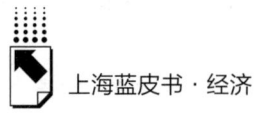

## 参考文献

《上海制订推进移动互联网产业发展 2012-2015 年行动计划》,上海市政府网站,2012 年 9 月 17 日。

刘梦洁:《移动互联网:加大扶持 夯实基础》,《中国电子报》2012 年 9 月 14 日。

沈嘉熠、范金慧:《上海三网融合视听媒体产业的现状与发展趋势》《现代传播(中国传媒大学学报)》2013 年第 1 期。

工信部电信研究院:《移动互联网产业竞合呈现新变化》,《中国电子报》2014 年 6 月 6 日。

姚良:《正面应对互联网金融对银行资管的挑战》,《中国证券报》2015 年 7 月 6 日。

刘重才:《政策大力扶持 P2P 发展 产业资本竞相布局》,《上海证券报》2015 年 2 月 11 日。

刘兴虎:《基于 SWOT 的我国互联网金融发展探讨》,《时代金融》2015 年第 21 期。

张文燕:《中国移动医疗市场潜力巨大》,《中国医院院长》2012 年第 18 期。

王园园、刘砚燕、魏春岚、王婧婷、袁长蓉:《移动医疗在卫生领域的应用与研究现状》,《解放军护理杂志》2012 年第 23 期。

陈骞:《全球移动医疗发展现状与趋势》,《上海信息化》2013 年第 2 期。

孟群、胡建平、屈晓晖、李岳峰:《从生态系统的角度看移动医疗》,《中国卫生信息管理杂志》2013 年第 6 期。

陈广玉、孙欣为:《产业集群发展——网络视听新媒体产业提升整体发展速度的有力支撑》,《中国传媒科技》2011 年第 4 期。

《3D 打印:上海如何突破?》,《解放日报》2013 年 1 月 1 日。

何霞:《上海 LED 产业的空间分布特征及其形成因素分析》,华东师范大学硕士学位论文,2011。

《LED 产业发展动态》,《广东科技》2010 年第 13 期。

《低碳绿色——LED 半导体照明》,《中国住宅设施》2011 年第 1 期。

李耀新:《互联网"四新"经济》,《中国经济和信息化》2014 年第 8 期。

《关于深化人才工作体制机制改革促进人才创新创业的实施意见》。

汤汇浩、高平:《上海加快建设全球科技创新中心的若干思考》,《科学发展》2014 年第 10 期。

王一鸣:《长江三角洲区域经济整合的体制和机制问题》,《宏观经济研究》2004 年第 3 期。

# B.10
# 上海中小微企业发展景气研究

陈国政*

**摘　要：** 本文对上海中小微企业发展景气状况进行了深入的研究，重点关注的是战略性新兴产业、现代服务业、传统制造业和传统服务业四大类中小微企业。中小微企业综合景气指数从生产、订货、投资、融资、成本、盈利、雇佣七个方面全面概括了上海中小微企业的景气状况，同时本文分别对不同行业、不同规模的中小微企业景气状况进行了分析。总体看来，2014年上海中小微企业景气状况较佳，景气指数在临界值100以上，但是2015年，上海中小微企业景气指数有所下降，特别是2015年第二季度和第三季度景气指数下降到临界值以下。

**关键词：** 上海　中小微企业　发展景气　景气指数

## 一　上海中小微企业发展面临的宏观环境

2014年是中国全面深化改革元年。按照十八届三中全会的重大部署，一系列重大改革，尤其是发挥市场决定性作用和深化对外开放的经济体制改革，正逐步铺开，为全国经济的稳定发展提供新的动力。对上海来说，中国（上海）自由贸易试验区的各项重大举措，为上海注入了新的经济发展动力和活力。

---

* 陈国政，管理学硕士，上海社会科学院经济研究所副研究员，主要研究方向为中小企业管理。

2014年，全国GDP为63.65万亿元，比2013年增长7.4%，增速创1990年以来的新低。7.4%的增速符合经济发展"新常态"下增速换挡的客观规律。出口、投资出现增速回落，通缩压力不断加大。全年城镇新增就业1322万人，超额完成1000万的任务。2014年，全国房地产开发投资95036亿元，扣除价格因素比2013年实际增长9.9%。2014年经济增长出现下行压力，传统行业困难较多，但是新产业、新技术、新业态、新模式、新产品加速成长，新的增长动力加快酝酿。在增速放缓的大背景下，中国经济结构不断优化、经济发展质量不断提升的趋势越来越明显。

从2014年下半年全国宏观经济形势看，其中第三、四季度同比增速均为7.3%，低于第一季度的7.4%和第二季度的7.5%，比上半年有所回落。衡量企业家对当月及未来经济走势信心高低的制造业采购经理指数（PMI）在7月达到2014年高点（51.7），随后一路下行，12月创下全年最低（50.1）（见图1）。但总体来说，宏观经济运行平稳，增速处于合理区间。

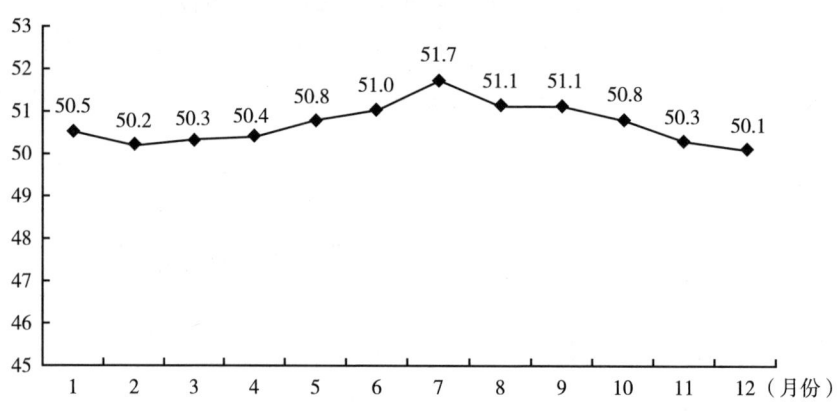

图1　2014年制造业PMI（经季节调整）

中国中小企业协会发布的中国中小企业发展指数（SMEDI）显示，2014年第一季度达到近三年的高峰（95.9），随后一路下行，到2014年第四季度下降到92.8，下降幅度为3.1点（见图2）。

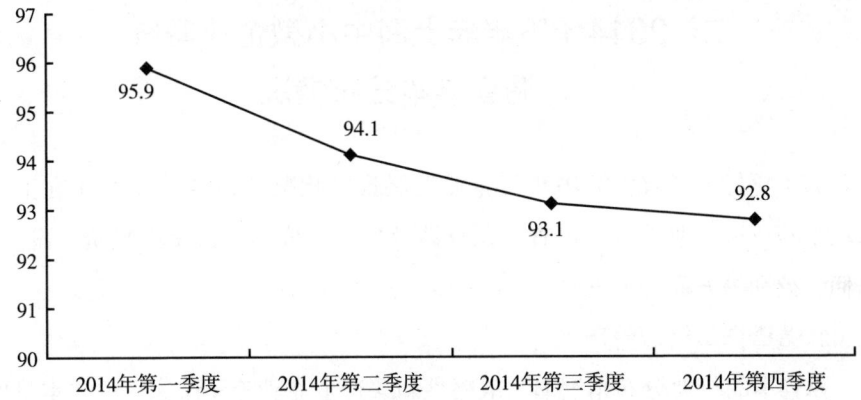

图 2　2014 年中国中小企业发展指数

2014 年，上海实现进出口 2.9 万亿元，较 2013 年（下同）增长 4.6%。其中，进口 1.6 万亿元，增长 6.9%；出口 1.3 万亿元，增长 1.9%。2014 年 12 月进出口额创历史新高，上海实现进出口 2648.7 亿元，同比增长 8%，环比增长 6%。从 2014 年 GDP 增速来看，上海为 7%，与 2013 年比均出现下降，经济增长步入新常态。

随着国家对有关政策进行适时适度预调微调，推动政策落地生根，经济运行中的积极变化有所增多。特别是 2014 年 4 月财政部和国家税务总局联合印发了《关于小型微利企业所得税优惠政策有关问题的通知》，扩大享受所得税优惠政策的小微企业范围，自 2014 年 1 月 1 日至 2016 年 12 月 31 日，年应纳税所得额低于 10 万元（含 10 万元）的小型微利企业（原为 6 万元），其所得减按 50% 计入应纳税所得额，按 20% 税率缴纳企业所得税。2014 年 10 月 8 日，经国务院批准，自 2014 年 10 月 1 日至 2015 年 12 月 31 日，视纳税期限，对月度销售额或营业额不超过 3 万元的增值税小规模纳税人和营业税纳税人，免征增值税或营业税。将原来的月销售或营业额不超过 2 万元提高了 50%。这对小微企业降低成本产生了重要的作用，促进了小微企业的快速发展。

# 二 2014年下半年上海中小微企业景气调查样本分布情况

为了更好地了解上海中小微企业发展景气状况，2014年下半年在上海选取了680家企业进行了调查，调查涉及生产、成本、订货、投资、融资、雇佣、盈利等方面。

1. 调查样本行业分布

从样本的行业分布情况看，战略性新兴产业企业有165家，占样本量的24.26%；传统制造业企业有155家，占样本量的22.79%；传统服务业企业有168家，占样本量的24.71%，现代服务业企业有192家，占样本量的28.24%。

表1 调查样本企业行业分布

单位：家，%

| 行业 | 频数 | 百分比 | 行业 | 频数 | 百分比 |
| --- | --- | --- | --- | --- | --- |
| 战略性新兴产业 | 165 | 24.26 | 现代服务业 | 192 | 28.24 |
| 传统制造业 | 155 | 22.79 | 合计 | 680 | 100.00 |
| 传统服务业 | 168 | 24.71 | | | |

2. 调查样本规模分布

从企业规模（按照2013年主营业务收入划分）的分布情况看，500万~5000万元的样本最多，总共有271家，占样本量的39.85%；其次是500万元及以下的样本，有239家，占样本量的35.15%；5000万元及以上的样本有170家，占样本量的25.00%。

表2 调查样本企业规模分布

单位：家，%

| 企业规模 | 频数 | 百分比 | 企业规模 | 频数 | 百分比 |
| --- | --- | --- | --- | --- | --- |
| 500万及以下 | 239 | 35.15 | 5000万元及以上 | 170 | 25.00 |
| 500万~5000万元 | 271 | 39.85 | 合计 | 680 | 100.00 |

## 三 2014年下半年上海中小微企业综合景气指数

综合景气指数综合考虑了2014年下半年上海中小微企业经营中的各种重要因素,并通过动态的纵向比较和不同行业、不同规模的横向比较,进一步揭示上海中小微企业的景气特征。

1. 上海中小微企业运行总体状况

2014年下半年上海中小微企业综合景气指数为109.04,处于"微景气"区间上沿,比上半年的108.52略有上升,显示出下半年中小微企业的景气状况略有好转。

关于对2014年下半年经济运行总体状况的判断,被调查群体总体表现为谨慎乐观。在680家中小微企业的企业主或企业负责人中,51.86%表示"一般",36.47%表示"乐观",11.67%表示"不乐观"。对于2015年上半年的判断,表示"乐观"和"不乐观"的人都有增加,"乐观"比例上升5.2个百分点,"不乐观"比例上升0.66个百分点,"乐观"的人增加得更多一些,表明有更多人看好未来的经济形势(见图3)。

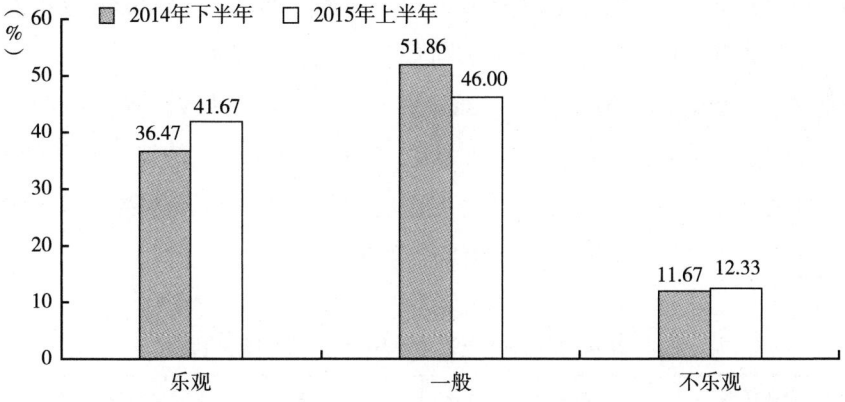

图3 2014年下半年、2015年上半年上海中小微企业经济运行判断

### 2. 上海中小微企业分行业景气指数

2014年下半年,战略性新兴产业、传统制造业、传统服务业和现代服务业四类行业的综合景气指数分别为109.18、103.94、107.33、113.17,前三者处于"微景气"区间,现代服务业处于"相对景气"区间(见表3)。在这四个行业的横向比较中,现代服务业的综合景气指数最高,处于"相对景气"区间中段;传统制造业的综合景气指数最低,处于"微景气"区间下段。数据结果显示,战略性新兴产业和现代服务业中的中小微企业景气状况好于整体,政府对战略性新兴产业和现代服务业的专项支持政策以及这两个行业的技术、人才优势继续发挥作用,使行业不断呈现上升发展态势。

表3 2014年下半年上海中小微企业分行业景气指数

| 行业 | 景气指数 | 景气状况 | 行业 | 景气指数 | 景气状况 |
| --- | --- | --- | --- | --- | --- |
| 战略性新兴产业 | 109.18 | 微景气 | 传统服务业 | 107.33 | 微景气 |
| 传统制造业 | 103.94 | 微景气 | 现代服务业 | 113.17 | 相对景气 |

### 3. 上海中小微企业分规模景气指数

2014年下半年三个规模类别的中小微企业,500万元及以下规模的企业(景气指数104.52)处于"微景气"区间中段,500万~5000万元规模的企业(景气指数109.97)处于"微景气"区间上沿,5000万元及以上规模的企业(景气指数112.37)处于"相对景气"区间(见表4)。企业规模扩大景气状况上升的趋势,反映出小微企业,特别是微型企业的景气状况不如人意。如何加大对小微企业的扶持力度与税收优惠,还需要各级部门长期关注,大力开创"大众创业、万众创新"的局面。

表4 2014年下半年上海中小微企业分规模景气指数

| 企业规模 | 景气指数 | 景气状况 | 企业规模 | 景气指数 | 景气状况 |
| --- | --- | --- | --- | --- | --- |
| 500万元及以下 | 104.52 | 微景气 | 5000万元及以上 | 112.37 | 相对景气 |
| 500万~5000万元 | 109.97 | 微景气 | | | |

## 四 2014年上海中小微企业分类景气指数

总体来说，2014年下半年上海中小微企业的生产、订货、盈利、雇佣都处于良好的景气状态，投资也处于平稳的景气状态，但融资难和成本上升问题仍然比较突出。上海中小微企业7个分类景气指数中，成本景气指数（76.77）和融资景气指数（78.96）均处于"较为不景气"区间，其他5个分类景气指数指标值均高于景气临界值100。生产景气指数、订货景气指数和盈利景气指数分别为137.48、130.14和120.55，均处于"较为景气"区间；雇佣景气指数为113.61，处于"相对景气"区间；投资景气指数相对较低，为105.78，处于"微景气"区间（见图4）。上述分类景气指数状况，说明2014年下半年上海的中小微企业总体运行较好，盈利情况正常，特别是投资景气指数大于100，说明中小微企业有追加投资的趋势。

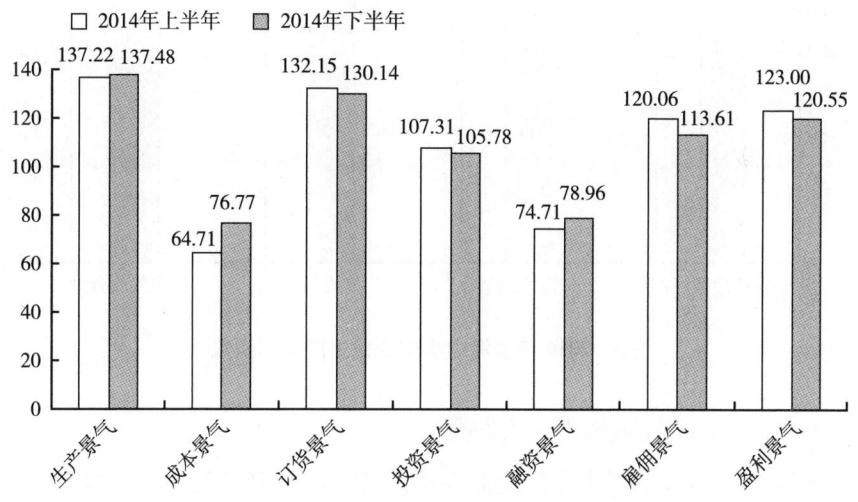

图4 2014年上海中小微企业分类景气指数

成本景气和融资景气依然不乐观，成为长期困扰中小微企业发展的制约因素。中小微企业的成本增加与大环境是分不开的。目前，几乎所有企业的生产经营成本都在上升，企业面临较大的成本压力。这主要是物价攀升，导致劳动力成本上升，原材料采购成本也持续上涨；与此同时，企业节能减排和污染防治的成本也在上升。

1. 上海中小微企业生产景气指数

2014年下半年上海中小微企业生产景气指数为137.48，高于景气临界值37.48点，位居各分类景气指数之首，处于"较为景气"区间，显示出生产景气处于良好状态。并且生产景气指数比上半年略高0.26点，说明下半年的生产状况略微好于上半年。从行业看，现代服务业最好，其次是战略性新兴产业，再次是传统服务业，最后是传统制造业。现代服务业和传统服务业下半年的经营状况好于上半年，而战略性新兴产业和传统制造业的生产景气状况比上半年有所回落（见图5）。

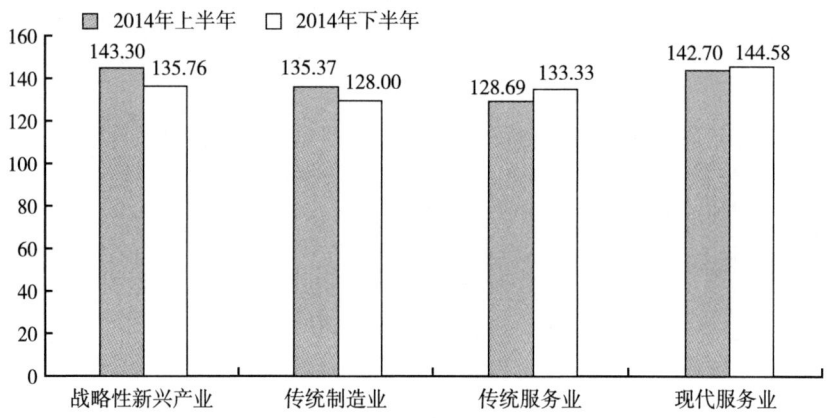

**图5　2014年上海中小微企业生产景气指数**

2. 上海中小微企业成本景气指数

2014年下半年上海中小微企业成本景气指数为76.77，处于"较为不景气"区间，但是比上半年的64.71上升12.06点，显示出2014年下半年上海中小微企业成本控制有较大程度的改善。与2014年上半年相比，只有传统制造业的成本景气指数出现下降，下降3.07点。其余三个行业的成本景气指数均出现上升，上升幅度最大的是现代服务业，上升27.79点。从行业角度看，2014年下半年成本景气指数最高的是现代服务业，其后依次为战略性新兴产业、传统服务业和传统制造业（见图6）。

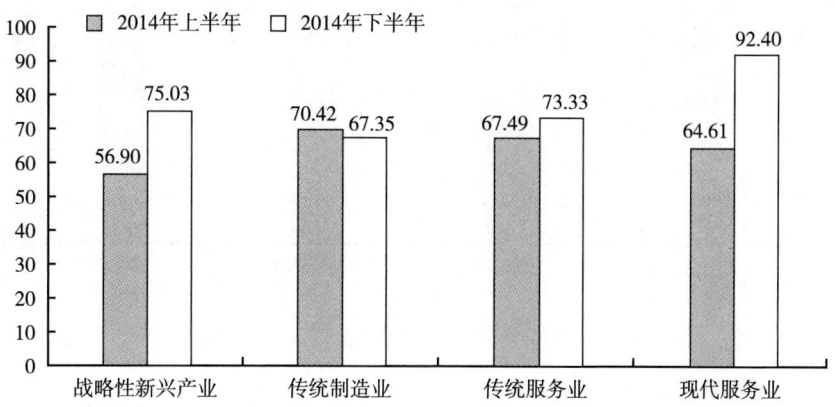

**图6　2014年上海中小微企业成本景气指数**

3. 上海中小微企业订货景气指数

2014年下半年上海中小微企业订货景气指数为130.14，处于"较为景气"区间，但是比上半年的132.15有所回落，表明下半年上海中小微企业的销售状况略微不如上半年。分行业看，只有战略性新兴产业的订货景气指数好于上半年，上升6.51点，其余三个行业的订货景气指数均出现不同程度的回落（见图7）。2014年下半年，四个行业中订货景气指数最高的是传统服务业（132.14），之后依次为战略性新兴产业（128.61）、传统制造业（127.87）和现代服务业（126.98）。

4. 上海中小微企业投资景气指数

2014年下半年上海中小微企业投资景气指数为105.78，处于"微景气"区间，比上半年的107.31下降1.53点，表明下半年的投资状况略微差于上半年。从行业看，只有现代服务业的投资景气指数略微高于上半年，其余三个行业的投资景气指数均低于上半年。下降幅度最大的是传统服务业，下降8.39点。2014年下半年，战略性新兴产业（117.33）和现代服务业（116.46）均处于"相对景气"区间，传统服务业（95.95）和传统制造业

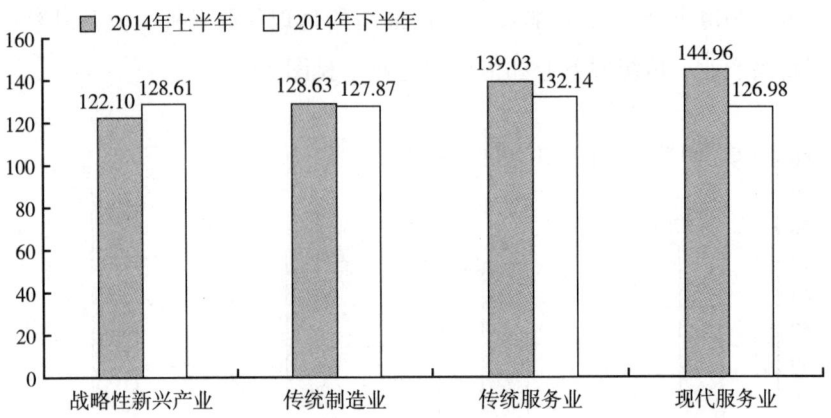

图7 2014年上海中小微企业订货景气指数

(89.81)则低于临界值100,说明了传统服务业和传统制造业的投资状况堪忧,投资者比较喜欢成长性较好的战略性新兴产业和现代服务业(见图8)。

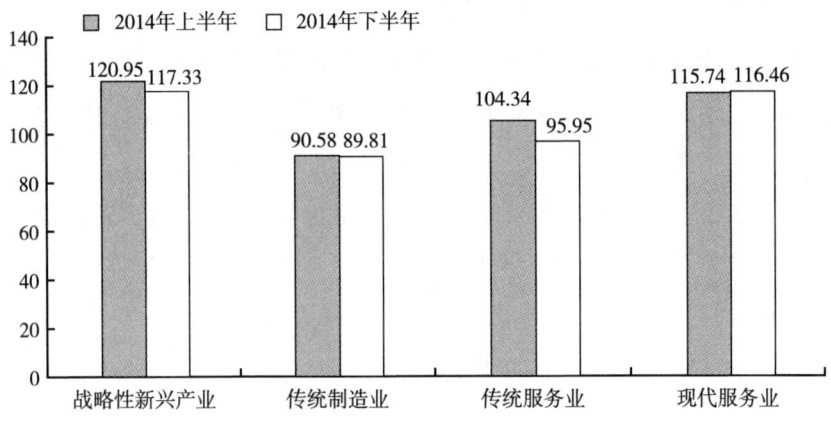

图8 2014年上海中小微企业投资景气指数

5. 上海中小微企业融资景气指数

2014年下半年上海中小微企业融资景气指数为78.96,处于"较为不景气"区间,但是比上半年的74.71上升了4.25点,表明2014年下半年上海中小微企业的融资状况有所改善。从行业看,只有战略性新兴产业的融资景气指数低于上半年,其余三个行业的融资景气指数均高于上半年(见图9)。2014年下半年,融资景气指数最高的是传统制造业(84.00),之后依次为传统服务业(81.07)、战略性新兴产业(78.06)和现代服务业(76.98)。

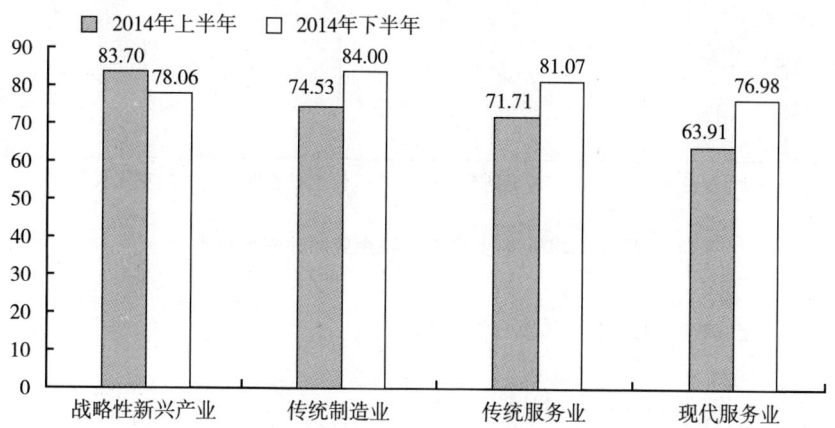

图9 2014年上海中小微企业融资景气指数

6. 上海中小微企业雇佣景气指数

2014年下半年上海中小微企业雇佣景气指数为113.61,处于"相对景气"区间,比上半年的120.06下降6.45点,表明2014年下半年上海中小微企业对人员的需求有所下降。分行业看,四个行业的雇佣景气指数均呈现不同程度的下降,下降幅度最大的是传统服务业,下降14.57点;下降幅度最小的是战略性新兴产业,只下降了3.49点(见图10)。2014年下半年,现代服务业(118.13)和传统服务业(114.17)的雇佣景气指数均处于"相对景气"区间;传统制造业(109.55)和战略性新兴产业(109.21)均处于"微景气"区间。

7. 上海中小微企业盈利景气指数

2014年下半年上海中小微企业盈利景气指数为120.55,处于"相对景气"区间,比上半年的123.00下降2.45点,说明2014年下半年上海中小微企业的盈利状况比上半年有所下降。分行业看,战略性新兴产

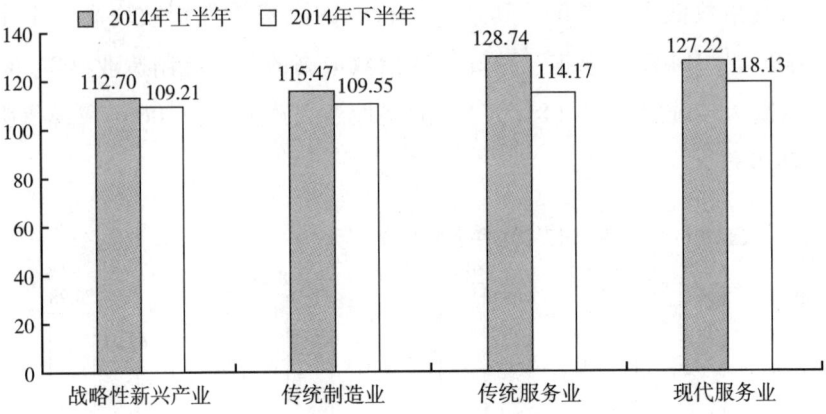

图10　2014年上海中小微企业雇佣景气指数

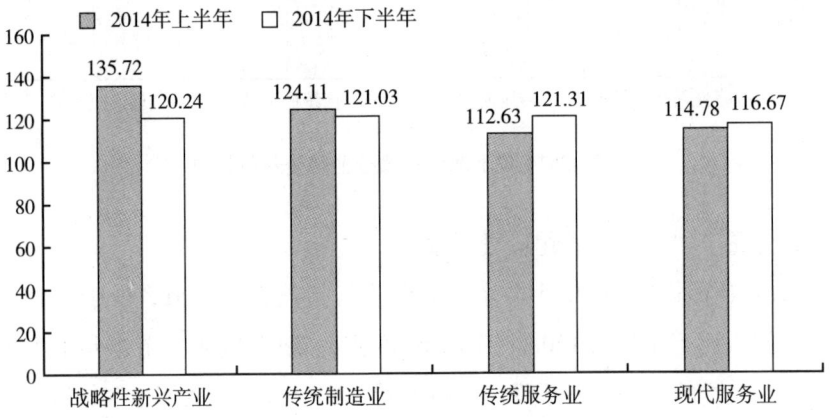

图11　2014年上海中小微企业盈利景气指数

业和传统制造业均出现下降,分别下降15.48点和3.08点,表明2014年下半年战略性新兴产业的盈利比上半年出现较大幅度的下降;传统服务业和现代服务业的盈利景气指数均出现上升,分别上升8.68点和1.89点(见图11)。2014年下半年,传统服务业(121.31)、传统制造业(121.03)和战略性新兴产业(120.24)三个行业的盈利景气指数均处于"较为景气"区间,而现代服务业(116.67)的盈利景气指数处于"相对景气"区间。

## 五 2014年上海中小微企业分行业景气指数

在上海中小微企业景气调查中,参照国家统计局国民经济行业分类标准(GB/T 4754-2011)以及"战略性新兴产业分类(2012)",将680家中小微企业的行业细分类别合并,重点分成四大类产业,即战略性新兴产业、传统制造业、传统服务业和现代服务业。近年来,上海战略性新兴产业和现代服务业发展迅速,成为影响上海企业景气状况的重要因素,因此,在调查中加强了对这两个行业的中小微企业群体的调查。

1. 战略性新兴产业中小微企业景气指数

2014年下半年战略性新兴产业综合景气指数为109.18,处于"微景气"区间上沿,在行业分类中排名第二,比上半年(110.77)下降1.59点,表明战略性新兴产业景气度略有下降(见图12)。

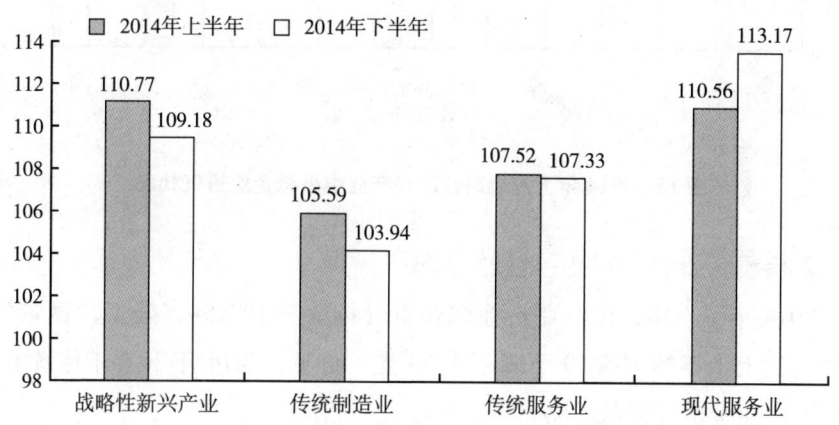

图12 2014年上海中小微企业分行业综合景气状况

2014年下半年,战略性新兴产业生产景气指数(135.76)、订货景气指数(128.61)和盈利景气指数(120.24)均在120以上,处于"较为景气"区间;其次是投资景气指数(117.33),处于"相对景气"区间;雇佣景气指数(109.21)处于"微景气"区间;融资景气指数

（78.06）和成本景气指数（75.03）均低于临界值100，处于"较为不景气"区间。

与2014年上半年情况相比，战略性新兴产业只有成本景气指数和订货景气指数有所上升，其他5个景气指数均有不同程度的下降。其中，成本景气指数上升幅度较大，由56.90上升到75.03，表明2014年下半年上海战略性新兴产业在成本控制方面有较大程度的改善（见图13）。

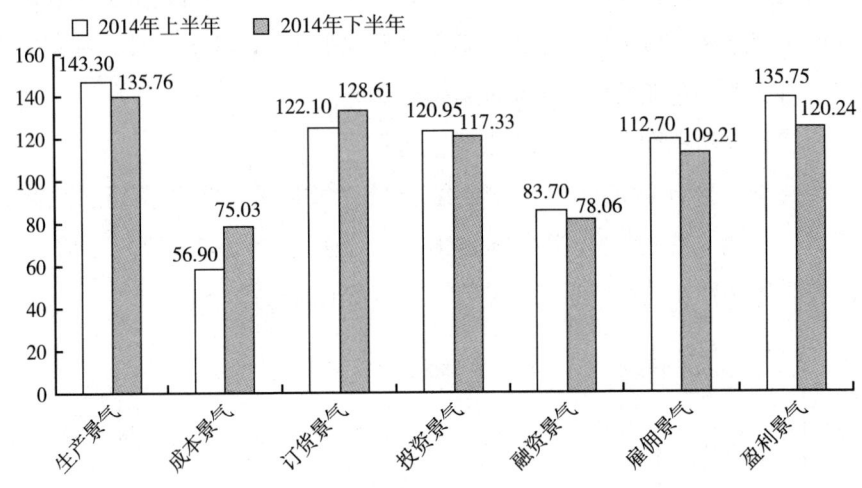

图13　2014年上海战略性新兴产业中小微企业景气状况

2. 传统制造业中小微企业景气指数

2014年下半年，传统制造业综合景气指数为103.94，处于"微景气"区间，比上半年的105.59下降了1.65点。可见，2014年下半年传统制造业中小微企业的经营状况略差于上半年。

2014年下半年，传统制造业中最好的是生产景气指数（128.00），其次是订货景气指数（127.87）和盈利景气指数（121.03），均处于"较为景气"区间；再次是雇佣景气指数（109.55），处于"微景气"区间；最后是投资景气指数（89.81）、融资景气指数（84.00）和成本景气指数（67.35），均处于临界值100之下。

与2014年上半年相比，景气度提高的分类景气指数仅有融资景气指数，上升9.47点。其余6个分类景气指数均出现不同程度的下降,表明企业的生产、投资、销售、雇佣和盈利情况相比上半年有所下降(见图14)。

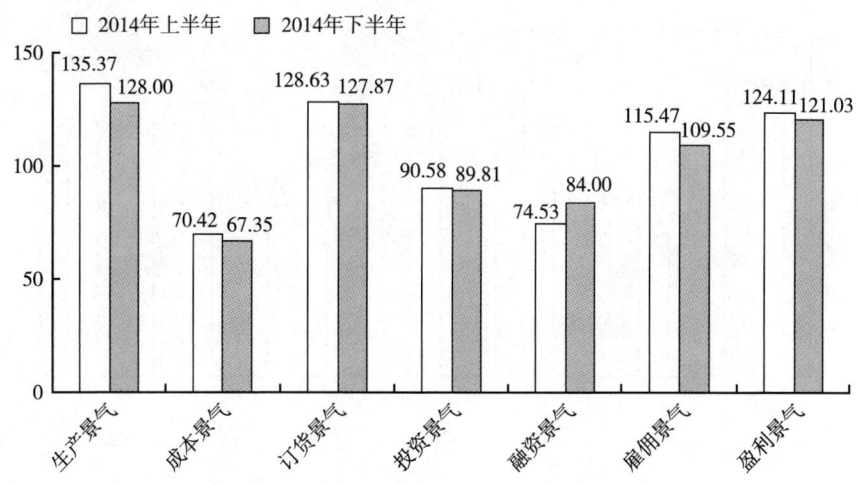

图14　2014年上海传统制造业中小微企业景气状况

3. 传统服务业中小微企业景气指数

2014年下半年,传统服务业综合景气指数为107.33,处于"微景气"区间,比2014年上半年(107.52)下降0.19点,表明传统服务业景气度稍微有所下降。

2014年下半年,传统服务业生产景气指数(133.33)、订货景气指数(132.14)和盈利景气指数(121.34)均处于"较为景气"区间;其次是雇佣景气指数(114.17),处于"微景气"区间;再次是投资景气指数(95.95)、融资景气指数(81.07)和成本景气指数(73.33),分别处于"微弱不景气"区间、"相对不景气"区间和"较为不景气"区间。这些指标表明,传统服务业企业的生产和销售状况良好,人员需求也较大,而且下半年的融资情况有很大改观,但企业仍面临成本不断上升的压力,企业投资意愿下降,从而导致整个传统服务业的景气指数仅处于"微景气"区间。

与2014年上半年相比,景气度下降的指标有订货景气指数、投资景气指数、雇佣景气指数3类,其余4个分类景气指数均有所上升。虽然下半年企业的融资能力和成本控制能力均有所提升，相比上半年均有所好转，但是融资景气指数和成本景气指数均远低于临界值（见图15）。

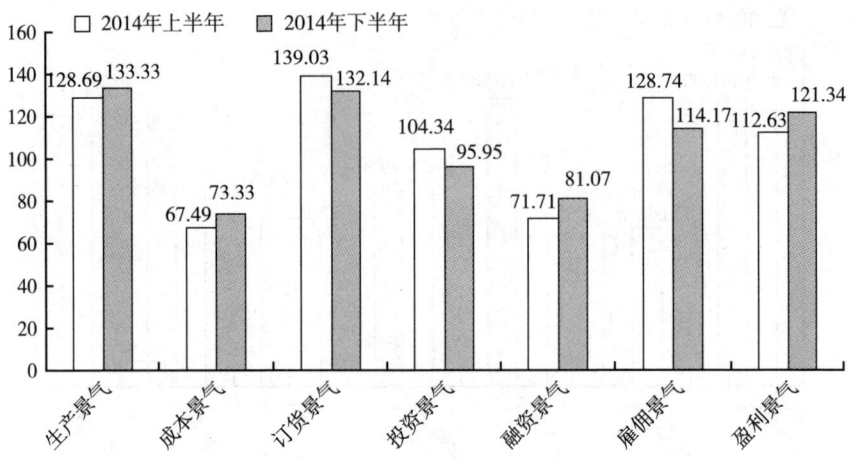

图15 2014年上海传统服务业中小微企业景气状况

**4. 现代服务业中小微企业景气指数**

2014年下半年，现代服务业综合景气指数为113.17，处于"相对景气"区间，比2014年上半年（110.56）上升2.61点，是四大行业中唯一一个综合景气度有所上升的行业，表明了2014年下半年上海现代服务业中小微企业景气状况比上半年有所改善。

2014年下半年，现代服务业生产景气指数（144.58）和订货景气指数（126.98）均处于"较为景气"区间；雇佣景气指数（118.13）、盈利景气指数（116.67）和投资景气指数（116.46）均处于"相对景气"区间；成本景气指数（92.40）处于"微弱不景气"区间；融资景气指数（76.98）处于"较为不景气"区间。

与2014年上半年相比，仅有订货景气指数和雇佣景气指数出现不同程度的下降，分别下降17.98点和9.09点，其余5个分类景气指数均呈现上升态势，特别是成本景气指数由64.61急速上升到92.40，上升27.79点，表明了2014年下半年现代服务业中小微企业在成本控制上取得较大的进展（见图16）。

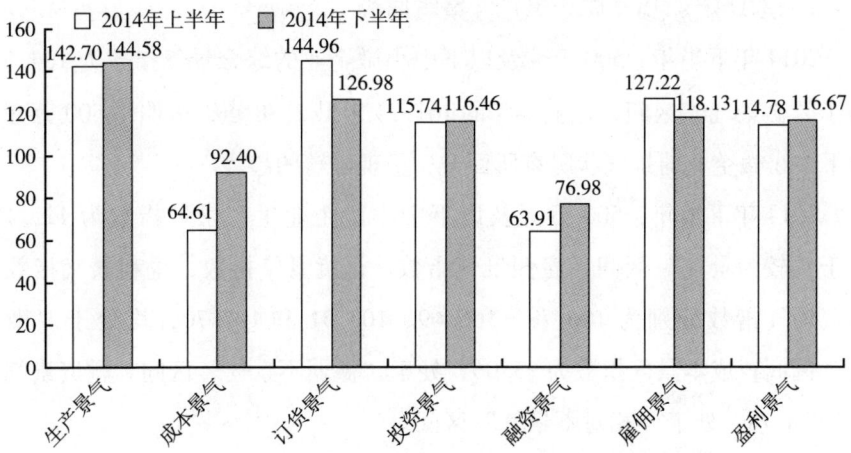

图16 2014年上海现代服务业中小微企业分类景气状况

## 六 2014年上海中小微企业分规模景气指数

按照主营业务收入的差别，以500万元及以下、500万~5000万元和5000万元及以上三个不同规模对上海中小微企业进行分类，2014年下半年的综合景气指数分别为104.52、109.97和112.37，均比2014年上半年出现不同程度的上升（见图17）。

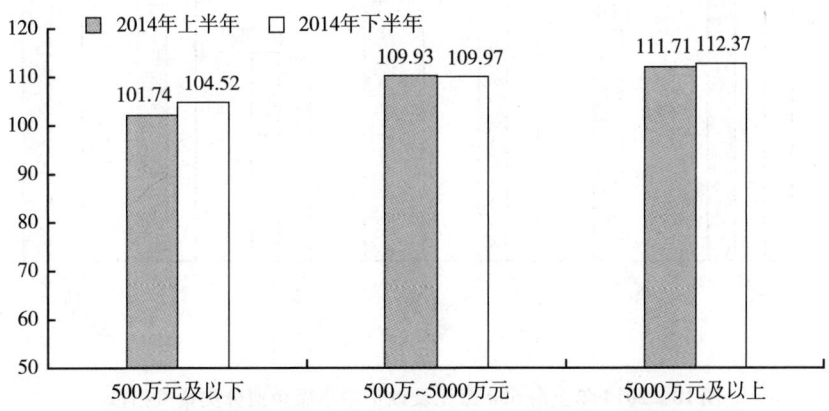

图17 2014年上海中小微企业分规模景气指数

### 1. 500万元及以下中小微企业景气指数

2014年下半年，500万元及以下中小微企业的综合景气指数为104.52，处于"微景气"区间，比上半年的101.74上升2.78点，表明了500万元及以下中小微企业的景气状况有所回升，呈现好转的趋势。

2014年下半年，500万元及以下中小微企业生产景气指数为125.10，处于"较为景气"区间，雇佣景气指数、订货景气指数、盈利景气指数和投资景气指数分别为106.78、106.69、103.51和107.70，均处于"微景气"区间；成本景气指数为95.06，处于"微弱不景气"区间；融资景气指数为86.78，处于"相对不景气"区间。

与2014年上半年比较，指数值上升的有成本景气指数、融资景气指数和投资景气指数，分别上升41.23点、8.19点和4.41点，其中成本景气指数上升幅度巨大，也是支撑综合景气指数比上半年上升的主要因素（见图18）。而其余4个景气指数都比上半年度有所下降。说明销售收入在500万元及以下的中小微企业，多个方面的景气状况比上半年有所下降；同时，非常明显的是，以往面临的成本和融资压力在下半年有较大缓解。

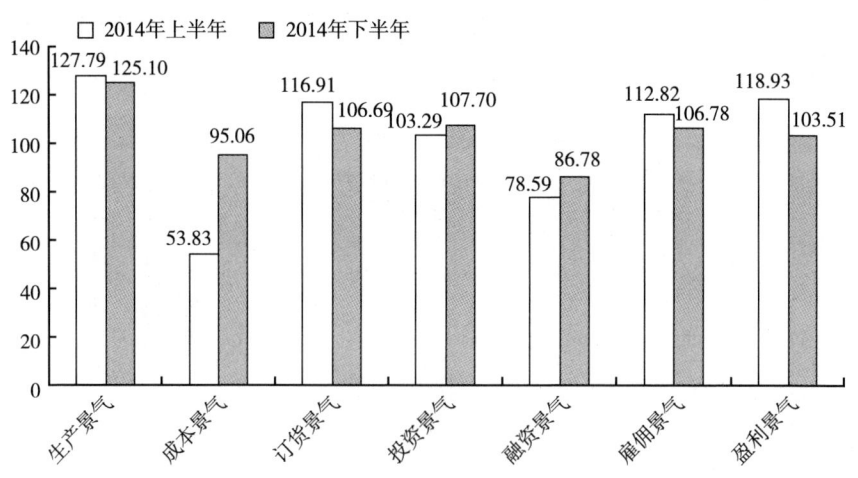

图18 2014年上海500万元及以下中小微企业分类景气指数

2. 500万~5000万元中小微企业景气指数

2014年下半年,500万~5000万元中小微企业的综合景气指数为109.97,处于"微景气"区间上沿,比上半年的109.93上升0.04点,表明了500万~5000万元中小微企业的景气状况与上半年基本持平。

2014年下半年,500万~5000万元中小微企业生产景气指数、订货景气指数和盈利景气指数分别为140.07、139.34和123.54,均处于"较为景气"区间;雇佣景气指数为117.49,处于"相对景气"区间;投资景气指数为105.76,处于"微景气"区间;融资景气指数和成本景气指数分别为73.14和70.48,均处于"较为不景气"区间(见图19)。

与2014年上半年比较,指数值上升的有生产景气指数、成本景气指数、订货景气指数和盈利景气指数,分别上升1.51点、3.36点、4.71点和1.42点,指数上升幅度都不大。而其余3个景气指数都比上半年有所下降。成本景气指数和融资景气指数均处于"较为不景气"区间,表明了成本控制压力和融资压力是该类企业所面临的重要困境。

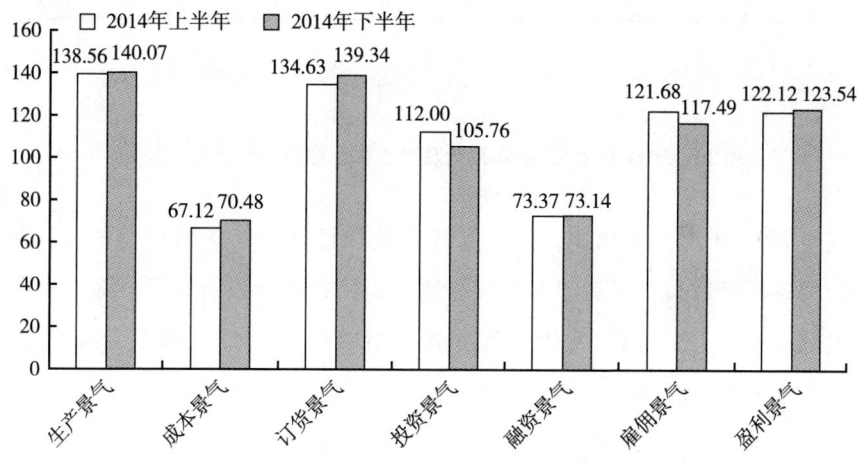

图19 2014年上海500万~5000万元中小微企业分类景气指数

3. 5000万元及以上中小微企业景气指数

2014年下半年度,5000万元及以上中小微企业的综合景气指数为

112.37，处于"相对景气"区间，比上半年的111.71上升0.66点，表明了5000万元及以上中小微企业的景气状况与上半年相比略有好转。

2014年下半年，5000万元及以上中小微企业生产景气指数、订货景气指数和盈利景气指数分别为144.35、143.29和136.24，均处于"较为景气"区间；雇佣景气指数为114.71，处于"相对景气"区间；投资景气指数为102.12，处于"微景气"区间；融资景气指数为80.82，处于"相对不景气"区间；成本景气指数为65.06，处于"较为不景气"区间（见图20）。

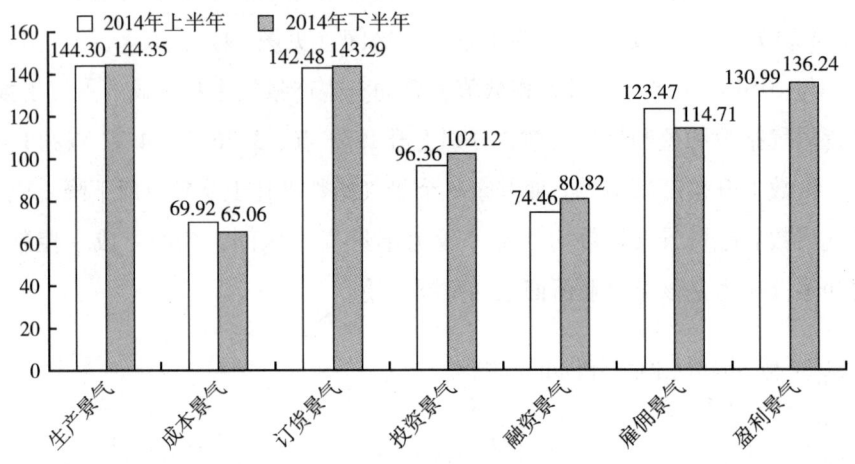

图20　2014年上海5000万元及以上中小微企业分类景气指数

与2014年上半年相比，生产景气指数和订货景气指数变化不大。从7个分类景气指数看，只有成本景气指数和雇佣景气指数出现了下降，成本景气指数从69.92下降到65.06，雇佣景气指数从123.47下降到114.71；其余5个指数均呈现不同程度的上升。

## 七　2015年上海中小微企业景气指数概括

2014年上半年上海中小微企业综合景气指数为108.45，下半年为109.04，比上半年略有上升（见图21）。2015年，面临国际和国内经济增长继续下行的压力。一方面，国际经济的长期低迷状态没有根本改变，全球能源价格战、金融市场与汇率波动、各国财政货币政策频繁调整，成为国际经济运行的风险源头；另一方面，国内经济受到存量风险调整与国际市场波动的双重夹击，下行压力依然严峻，稳定增长的支撑因素没有全面形成。从全国范围看，目前除了就业总量、人均收入等指标外，其他经济指标均乏善可陈，甚至令人担忧。

由于受到国际国内经济运行大环境的不利影响，2015年第一季度上海中小微企业综合景气指数为102.04，处于"微景气"区间；2015年第二季度为96.66，处于"微不景气"区间；2015年第三季度为98.19，处于"微不景气"区间。2015年第一季度和第二季度处于下降阶段，从2015年第三季度开始，上海中小微企业综合景气指数出现小幅回升。总体看来，2015年第二季度和第三季度的中小微企业综合景气指数均处在临界值100以下，表明了上海中小微企业的景气状况处于"微不景气"区间，需要加大对中小微企业的扶持力度，从政策和制度创新等方面下功夫，促进中小微企业健康发展。

图21　2014年、2015年上海中小微企业综合景气指数

## 八　小结

2014年上半年上海中小微企业综合景气指数为108.45，下半年上海中

小微企业综合景气指数为109.04，比上半年上升0.59点，显示出下半年中小微企业的景气状况略有好转。但是到2015年，上海中小微企业综合景气指数前两个季度连续出现下行，并且第二季度降到临界值100以下，处于"微不景气"区间。从行业看，2014年下半年，战略性新兴产业、传统制造业、传统服务业和现代服务业四类行业的综合景气指数分别为109.18、103.94、107.33、113.17，前三者处于"微景气"区间，现代服务业处于"相对景气"区间。从规模看，2014年下半年三个规模类别的中小微企业中，500万元及以下规模的企业（104.52）处于"微景气"区间中段，500万~5000万元规模的企业（109.97）处于"微景气"区间上沿，5000万元及以上规模的企业（112.37）处于"相对景气"区间。从分类指标看，2014年下半年上海中小微企业的成本景气指数（76.77）和融资景气指数（78.96）均处于"较为不景气"区间，其他5个分类景气指数均高于临界值100，生产景气指数、订货景气指数和盈利景气指数分别为137.48、130.14和120.55，均处于"较为景气"区间；雇佣景气指数为113.61，处于"相对景气"区间；投资景气指数相对较低，为105.78，处于"微景气"区间。

# B.11
# 上海城市管理创新研究

于 辉*

**摘 要：** 国内外城市管理的经验表明，高效能的城市管理可以优化城市资源配置，降低城市运营成本，扩大城市功能空间，促进城市可持续发展。上海城市管理创新应深入贯彻党的十八大、十八届三中全会全面深化改革的基本要求，以城市管理创新实践为引导，统筹考虑体制、机制、法治、保障，运用科学化、现代化治理手段，精细化的管理面域，综合化的管理方式，协同化的管理合力，监督评价激励约束化措施的有效落实，坚持行政管理、终端追责、服务管理相结合，选择好发展路径，不断提高城市管理的科学性和有效性。

**关键词：** 上海 城市管理 城市管理创新

## 一 城市管理创新的基本内涵及重大背景

### （一）城市管理的基本内涵

城市管理是以城市基本信息流为基础，围绕城市发展及运行开展的决策引导、服务协调、规范经营行为。城市管理过程涉及决策、计划、组织、指

---

\* 于辉，经济学博士，上海社会科学院经济研究所副研究员，主要研究方向为城市经济与城市管理。

挥等多方面，需要在政府、市场、社会的互动中实现，在管理手段和方法上，可以采用法律、经济、行政、技术等单独使用或协同并用。国内外城市管理的经验表明，高效能的城市管理可以促进城市可持续发展。

当前，上海城市发展正处于经济发展新常态期、创新功能全面深化期、产业结构转型突破期、社会发展的转型期、城市形态明显提升期，其城市管理创新的基本内涵应体现为，新的发展形势下，创新思路、转变模式，以十八大、十八届三中全会、十八届四中全会要求为目标，坚持系统治理、依法治理、综合治理、源头治理、综合施策，运用科学化、现代化治理手段，精细化的管理面域，综合化的管理方式，协同化的管理合力，监督评价激励约束化措施的有效落实，维护和实现城市和谐稳定、市场活力有序、人民幸福安康。

### （二）上海城市管理创新的重大背景

#### 1. 经济发展进入新常态

将"新常态"提法及背后的政策含义描述为中国经济发展阶段性特征，在政策层面及学界已经达成高度共识。这一共识可总结为，经济增长速度进入中高速稳定增长阶段，经济发展阶段正向形态更高级、分工更复杂、结构更合理的阶段演化。经济运行新特征、新规律，意味着与经济发展相关联的诸多领域都将面临崭新的探索，城市管理也蕴含其中。如新常态下城市如何包容性发展、如何激发市场主体活力、如何排查化解社会矛盾的复杂性、如何有效防范经济非高速增长阶段侵财性犯罪高发态势等，面对这些问题，传统的城市管理方法和管理方式将难以应对，需要通过创新管理体制机制、创新管理方法手段、提升管理能力水平以应对挑战。为此，城市管理者应主动适应经济运行新特征、新规律、新要求，妥善处理好经济发展与民生改善、城市建设和管理与经济发展、城市各种非合理化非合法化矛盾纠纷排查化解与城市运行安定有序之间的关系，为城市发展创造稳定的经济效益、社会效益、环境效益及其协调发展所产生的综合效益。

2. 社会发展动态化、复杂化

自改革开放特别是20世纪90年代以来，上海抓住世界产业梯度转移和国家沿海城市开发开放战略两大机遇，大力推进了工业化、城市化发展。作为改革开放的试验田，大量的就业机会和城市快速发展的引致效应等，使上海吸引了大量外来人口迁入。统计数据显示，2014年末，上海常住人口总数达2400多万人，其中，外来人口总量接近960多万人。外来人口的大量迁入为上海经济做出突出贡献的同时，也成为影响城市治安的主要因素。近年，在抓获的违法犯罪嫌疑人中，外来人口所占比例基本保持在80%以上，而且大部分涉及违法犯罪。数据显示，2013年末，中国的城镇化率已经达到55%。党中央国务院近年出台了系列政策，大力推进城镇化发展，我国目前有13亿多人口，意味着城镇化率每提高1个百分点，就有1300多万人口从农村流入城市。而无论是就业还是城市资源，上海都有着明显的优势，外来人口大量迁入的趋势短时间不会改变。

社会的空前变革使得城市管理的对象、范围、体制发生根本变化。新社会组织、新经济组织大量涌现，传统的单位人成为社会人，公民自由度加大，独立性和对抗性增强。同时，由社会转型带来社会主体、社会资源以及社会规范的多元变化，使得传统的行政管理、城市治理模式和方法弱化，权威力量的社会控制能力降低。

此外，社会转型过程中我国社会发展呈现官僚、精英、富裕、弱势等层级明显，并且不断固化的特征。由于改革红利在各阶层并没有达到均质均享，各阶层收入差距、贫富差距拉大，医疗、教育等社会公共需求保障水平不均衡，加之还存在优势阶层抱团化倾向，利益格局的失衡带来社会不满、不信任、隔阂与日俱增，导致仇富、仇腐心理的出现等，社会动荡的风险增加，显相化为群体性事件和医患关系、干群关系、警民关系、劳资关系紧张等。社会发展的动态化、复杂化需要城市管理者深谋远虑，加强和创新城市管理。

3. 党的十八大、十八届三中全会、十八届四中全会对创新城市管理提出了系列要求

党和国家一直高度重视城市管理问题，将其列为平安中国建设重大战

略。十八大报告指出,必须加快健全基本公共服务体系,加强和创新社会管理,推动社会主义和谐社会建设,加快形成源头治理、动态管理、应急处置相结合的社会管理机制。随后,十八届三中全会强调,推进城市建设管理创新,优化政府机构设置、职能配置、工作流程,完善决策权、执行权、监督权既相互制约又相互协调的行政运行机制,严格绩效管理,突出责任落实,确保权责一致。十八届四中全会进一步强调,依法治国,促进治理体系和治理能力现代化。党中央和政府高度重视城市管理创新,并提出了系列要求,为上海城市管理创新指明了方向。

## 二 上海城市管理存在的主要问题及成因

### (一)当前上海城市管理存在的主要问题

#### 1. 市容环境和秩序问题

作为国际化大都市,上海整体市容环境优美整洁、秩序良好,但在某些地区特别是郊区城乡接合部和城中村地区仍然非常肮脏混乱。一是市容环境"脏乱差"。垃圾无序堆放、河道水质下降等环境污染现象大量存在,"城市牛皮癣"问题十分突出。外来人员集中的"城中村"市容环境问题尤为突出,如松江区九亭镇,虽然现有镇级保洁人员410人,村(居)委也有一定数量的保洁人员,但仍难以持续保持环境的整洁。二是违规经营大量存在。非法营运、无证无照经营等违规经营现象一定程度的存在。在交通枢纽周边,"黑车""黑摩的"非法运营现象屡禁不止;在企业单位较多的地区,"黑中介""黑网吧"问题十分突出。此类问题不仅直接影响了市容环境,而且破坏了经济运行的法治环境。三是违法搭建仍然突出。在次中心城区特别是城乡接合部地区,违法搭建现象普遍存在,居民通过出租违法建筑物,每年获利多则10万元以上、少则数万元。受利益驱使,居民往往抵触甚至抗拒政府的依法拆违工作,短期内违法建筑难以完全拆除。尽管这两年政府一直在加大拆违力度,但违法建筑存量仍然较大。四是交通秩序较为混乱。

受公交运行滞后等因素的影响,自备机动车、非机动车等非公共交通仍是一些地区居民出行的主要选择。据有关部门统计,上海现在四轮机动车"黑车"5万余辆,上述数据尚不包括外牌、无牌无证车辆。"黑车"大多在大型社区、商业中心、轨交站点、机场车站等区域以及来沪人员集中镇区聚集,这些区域机动车、非混合交通车辆无序停放等现象普遍存在,整体交通秩序相对混乱,一些区域高峰时期交通拥堵现象较为突出。近三年来,公安分局接报的交通类"110"每年都在上升。

2. 人口管理问题

上海人口管理总体可控,但在外来人口管理方面仍存在明显盲区。一是人口居住地管理难。目前上海外来常住人口900多万人,主要居住在制造业大区、郊区或城乡接合部地带,以浦东、松江、闵行区外来人口最多,个别区县一些街镇本、外地人口倒挂比甚至达到1∶4或以上。郊区户籍人口人户分离情况也较为突出,市中心城区导入人口、拆迁安置人口是造成人户分离的主要原因。来沪人员的大量变动及户籍人口的人户分离,给居住地管理带来了很大的难度,人口底数始终难以摸清。二是"群租"问题较为突出。人口管理与房屋管理密切相关。工业园区周边及服务行业集中地区往往是"群租"问题突出地区,从业人员通过"群租"降低住宿成本,一些单位甚至将"群租"房作为宿舍使用。据有关部门摸排统计,截至2012年10月,上海"群租"房12853套,分割房间6.7万余间,租客12万余人,松江、闵行、普陀区"群租"房占全市的50%以上。"群租"房内的人口信息变量大,房东责任难以落实,一直是"两个实有"全覆盖管理的难点。三是"城中村"地区存在来沪人员管理边缘化的问题。据不完全统计,上海目前"城中村"(违法建筑突出的片区)180个,其中,很大部分为来沪人员集聚区,由于"来沪人员需节约生活成本"等,其衣食住行、就医就学等需求,往往在一个自发形成且相对独立的"生态系统"中实现,"黑诊所"、无证学校等自成体系,来沪人员管理边缘化的问题较为突出。如2013年,卫计委排摸发现,九亭地区非法行医点多达46处;据教育局反映,全区有无证幼儿园64所。来沪人员聚集区域不仅环境较为恶劣,而且极容易滋生带有地缘特征的黑恶势力。

**3. 公共安全问题**

上海社会治安形势总体可控良好,但仍然存在一些较为突出的公共安全问题。一是部分地区治安问题较突出。在来沪人员集中的松江、闵行等区,治安问题往往格外突出。如九亭派出所每天接报"110"在150起以上,几乎与金山、崇明等一个区(县)"110"报警总和相当,而且大部分涉及违法犯罪。二是各类安全隐患较多。由于区域内存在相当数量的小发廊、小五金、小餐馆等"六小场所"以及一些违章搭建的建筑物或者"群租"房,这些违章建筑没有审批规划,缺少消防审批,甚至商住合一,私拉电线等方面的安全隐患严重;还有部分区域存在一定数量的地下食品加工厂,这些工厂无证无照经营,缺乏卫生监管,公共卫生事故隐患非常大;交通安全隐患始终存在,交通事故呈逐年增加趋势。

**4. 社会稳定问题**

工业化、城市化的进程是利益格局不断调整的过程,城市维稳压力随之不断增大。一是社会矛盾"触点"持续增多。土地征用、拆迁补偿、外来务工者的劳动保障等问题,随着城市化进程的不断推进,已经成为影响当前社会矛盾的主要焦点因素。另外,政府新上项目或一些配套大型项目建设中,随着群众环保意识的增强,可能涉及环保的相关问题近年也较易引发社会矛盾。此外,还有毒品、网络诈骗等新型犯罪对社会稳定的影响也在持续增加。二是沉淀了一批疑难突出矛盾。由于社会复杂因素增多,近年,上海信访总量始终处于高位运行。其中一些矛盾成因复杂,持续时间长,化解难度大,既有政策性原因,也有处理过程中的瑕疵,更有历史环境的局限,处理起来难度大,出现重复来访和闹访情况。此外,在敏感节点非正常上访、通过互联网"串联"上访等现象日益突出。三是群体性事件易发多发。由于一些社会矛盾非常复杂,加之基层管理力量、管理能力有限,一些社会矛盾没有及时从源头发现和妥善化解,堵塞道路、围堵党政机关或企事业单位等类型的群体性事件时有发生。随着互联网的逐渐普及,一些事件在网上、网下交互作用下,产生了"个别问题扩大化、现实问题网络化、经济问题政治化"的负面效果。如金山散步事件等群体性事件还引起国外势力的关注。

### (二)主要成因

上海当前各类突出问题的出现并非偶然,与经济社会发展阶段性特征和城市建设、管理工作现状密切相关。从客观因素看,公共服务资源供给有限、配置不均衡,难以适应城市快速发展的需要,也难以满足部分社会群体的生活需求,引发了一些问题。近年来,来沪人员快速增长,2014年底已经达到960多万人,对公共资源的需求同步增长。部分来沪人员文化水平和素质不高,经济承受能力有限,"黑车""群租""城中村"等为他们提供了非正规就业、非正规居住、非正规消费需求和牟利空间。部分公共交通线网不完善,存在"最后1公里"问题。从面域看是现实的供求因素决定的,但从城市管理的视角看,问题的背后更有城市管理理念、管理手段、管理力量、基层管理能力、管理法规等不适应的原因。

1. 城市规划前瞻性、执行度不够及城市管理服务缺乏有效统筹

城乡接合部和郊区新城是城市化进程最快的区域,是上海城市总体规划中承接中心城区产业转移的主要区域,同时也是全球化背景下发达国家产业转移的主要承载地。由于一些区域缺少具有总体前瞻性的大规划,随着产业及人口大量的快速导入,公共交通、公共服务配套等基础设施严重匮乏,导致黑车、黑诊所等乱象滋生。也有些区域前期战略性规划较强,但是缺乏有效执行,也没有避免城市乱象。事实上,只要前端科学前瞻规划、中端坚持有力执行,就可以有效避免一些城市问题。此外,一些城市问题没有得到有效控制的根源还在于城市管理服务缺乏有效统筹。如黑车问题屡禁不止,一定程度上反映出市场基础性公共运力的刚性缺乏,应该从加大公共运力服务的供给角度解决类似问题。

2. 管理力量短缺和辅助力量缺乏整合

作为特大城市的上海,随着城市空间布局的延展以及人口规模的不断膨

胀，城市功能完善诉求不断升级，各级政府面临的城市管理问题愈加复杂，管理任务越发艰巨。由于来沪人员的剧烈增加，在来沪人口密集的街镇，本、外地人口倒挂的情况突出，有些街镇甚至倒挂比达到1∶4。与上海实有人口规模急剧膨胀相矛盾的是管理执法力量不足问题突出。如，目前公安民警编制占实有人口的万分之22，低于北京的万分之24、香港的万分之47。特别是郊区警力不足问题非常突出。以松江区为例，截至2013年底，松江区公安分局万人警力数为8人，九亭、新桥等派出所的万人警力数分别仅为3.2人和2.6人；上海市万人城管平均配备数为6人，而松江区不到2人。在食品经营监管领域，松江区人均监管户数为44户，是徐汇的4倍、静安的7倍。基层执法力量的不足，直接影响了城市管理的效果。同时，由于街镇工作人员大多是按照户籍人口标准配置，作为外来人口规模庞大的上海，特别是郊区外来人口集聚区，基层管理力量和管理任务显著不匹配，很多管理工作处于被动应付的层面，影响了城市管理的实际效果。此外，城市管理的辅助力量缺乏深层次整合。目前，各区协管员队伍虽然按照"万千百人就业项目"从业人员整合工作进行了初步的整合，但是各辅助队伍职责比较单一，各司其责，缺乏协同化治理效力。

3. 城市管理没有形成合力

在城市综合管理方面，管理职能和权限散落在各职能部门，缺乏统一协调和合作。各部门都有自己的热线电话、执法队伍、信息平台，并纷纷向基层延伸工作网格，导致城市管理的碎片化、分割化现象较为突出。在日常城市综合管理和突发事件的处置过程中，有的推诿扯皮丧失最佳处置时机，有的单打独斗没有形成联合作战的局面，这些都影响了事件的处置效果。

4. 管理监督存在缺陷，管理精细度和一些问题的跟进度不够

出于机构设置的缘故，职能部门拉"条"以后，由条线直接管理，区政府没有相应的管辖权，导致部分职能部门存在管得着的看不到、看得到的管不着等情况。这种机构设置的责任承担主要是对条线上级部门负责，弱化了来自辖区群众的责任，来自群众的监督也随之弱化。一些城市管理问题的解决，往往是在形成舆论热点后被动作为。此外，在内部管理方面存在精细

度和跟进度不够的问题。比如违章搭建问题，物业公司将违章搭建问题反馈给房管部门，房管部门取证下达整改通知，按规定整改通知下发15天后必须自行拆除，否则予以强拆，但很多违章建筑整改通知后续跟进工作不了了之。

5. 法律法规支撑不足

一是部分领域法律法规缺失，管理部门缺乏抓手。住建部《物业服务企业资质管理办法》和《上海市住宅物业管理规定》关于物业保安的相关规定，与《保安服务管理条例》脱节，对物业保安员培训、持证上岗等资质要求，物业保安服务企业备案制度等，均未进行规定。二是有些法律法规可操作性不强，导致执行难、执法成本高。比如2011年10月颁布实施的《上海市居住房屋租赁管理办法》，赋予房屋管理部门"群租行为认定和行政执法的职责，但在取证、执行上要求过高，程序复杂，审批流程冗长，操作难度很大。根据现行规定，整治村民的违法搭建，走完程序需要3个月，导致整治措施未落实，违法建筑已建好"。三是部门管理责任主体难以明确。"城中村"违法建筑层层转租，难以落实建筑物的第一责任人。对一些非法行为查处力度偏小，导致其违法成本不高，屡禁不绝。

## 三　上海城市管理创新的实践和探索

上述城市管理中暴露的问题是发展阶段引起的问题，美日等发达国家在经济社会快速发展过程中类似的城市管理问题都有一定程度出现。近年，上海市委、市政府要求各区县以科学发展观为指引，深入贯彻十八大、十八届三中全会全面深化改革的城市管理创新要求，结合上海市实际，从体制、机制、法治、保障等方面统筹考虑，坚持行政管理、终端追责、服务管理相结合，不断提高城市管理的科学性和有效性。为此，各区县贯彻落实党中央国务院和上海市委、市政府要求，不断探索城市综合管理创新，形成了一些很有价值的探索。

其中，松江区城市综合管理大联动创新探索，得到市领导的高度重视以及各区县同业部门的高度评价和充分认可。松江区从2011年开始，先后开展了城市综合管理大联动的试点工作，2013年6月开始在全区全面铺开。大联动的主要内容可以概括为"一个中心、三个基本点"。

## （一）"一个中心"，即大联动指挥中心，它是大联动机制的核心和枢纽

大联动指挥中心是在松江区大联动工作领导小组统一领导下，在全区范围内实施城市网格化综合管理和应急处置的综合协调部门和信息中心。它负责全区城市综合管理和应急处置工作中的信息受理、处置派发、辅助决策、组织推进、绩效考核、应急指挥等相关事项，是本区城市综合管理和应急处突工作的指挥部和参谋部。

## （二）"三个基本点"，即网格化管理、综合化执法和信息化手段，是大联动机制的三个重要支撑

### 1. 网格化管理

将全区统一为一张城市管理大网，全面整合现有的巡防警务网、治安防控网等城市管理资源。以行政区划为单位形成全区大网，每个街镇管理区域为中网，每个居（村）委会管辖区域为基层小网。街镇领导带头落实包片责任，确定网格管理责任人，实现力量下沉和工作前移。同时，每个小网按照社会管理内容和复杂程度，再划分为若干个责任块，每块明确1名责任人具体负责。以此层层递进建立起一张"纵向到底、横向到边"的管理网络。网格划分以后，各街镇按照"统一协调、分级包块、责任清晰"的原则，统一整合、按比例调配辖区内各种管理力量和管理资源至责任网格。其中，社区网格化巡管力量由统一整合形成的协管员（主要包括社区保安、社区综合协管、房屋协管、就业援助、社区助残5支管理类社会协管力量）、社区居（村）委干部、社区志愿者等组成，每个社区巡管网格配备1名居（村）委干部和若干名协管员，按照责任捆绑要求，负责协助开展城市和社会管理问题的隐患排查和社区基本信息的采集等工作。街面

网格化巡管力量由统一整合的市容环境管理力量（主要包括城管、市容环境协管、城市网格化监督、保洁公司等）和治安巡逻力量（派出所民警和社保队员）组成。对发现的问题，网格能解决的，自行解决；不能解决的，由大联动指挥中心指派专业力量解决。尽量使各类隐患在网格中得以发现、排查和解决。各地区根据上述工作要求，在实践中形成了两种比较成熟的网格化管理模式：一是以泖港为代表的 108 片区模式，二是以车墩为代表的小联动模式。

2. 综合化执法

在每个街镇大联动指挥分中心内部，成立若干支综合执法队伍，人员由公安、城管、工商、食药监、交通等部门派员入驻，配备若干执法车辆，作为街镇开展城市综合管理的机动部队。平时混合编组、机动巡逻，接受任务后进行处置。对基层工作网格发现上报的问题，如果责任主体明确，街镇大联动指挥分中心根据职责任务（大联动标准化工作手册），派发给相关职能部门处置；如果责任主体不明确或单部门难以处理，则指令综合执法队进行处置。同时，组织地区行政执法联动单位，对于难度大、问题突出的情况开展联合整治行动，从而实现街镇综合执法与条线专业执法相结合的执法联动新机制。对全区的普遍性城市管理顽症，采取专项行动，各大联动相关职能部门在区大联动指挥中心协调下协同作战、综合整治。

3. 信息化手段

为切实提高城市综合管理的智能化、科技化水平，区政府投入巨资，加强了大联动机制的信息化建设。一是投入 1200 万元，历时三年（2011～2013 年），打造了覆盖区、镇、村（居）委工作站的集信息上报、传递、派发、指挥、辅助决策等功能为一体的大联动信息平台，形成了三级信息传递网络。首先，该平台可以为各级领导和管理部门及时提供城市管理的各类基础信息，为科学决策提供参考依据。其次，该信息平台可以将大联动的信息分流、交办督办、通报反馈、考核监督等工作机制融入信息系统中，将运行机制规则固化为网上实际操作流程，有效杜绝推诿扯皮、不按时效办理等问题。最后，该平台还将 GIS、图像监控等技术有效整合，提高现场指挥的可视化、扁平化水平。二是启动了城市图像监控系统建设。经过三年规划建设，至2014年在全区各街镇新建100194个探头，实现了图像监控系统全覆盖。三是稳步开展了通信系统建设。为区大联动指挥中心、街镇指挥分中心和一线综合执法队员配备了手持对讲系统，形成一呼百应的局面。

大联动是在不改变现有行政管理体制的前提下做出的社会管理和应急处置模式的创新。"一个中心、三个基本点"是一套有机的整体，它们相互保障，相互支撑，缺一不可。其中，"基层网格是基础"解决了发现不及时的问题，"指挥中心是关键"解决了指挥不统一、协调不连续的问题，"综合执法是核心"解决了处置不到位、巩固不彻底的问题，"信息系统是保障"解决了手段不高效的问题。实现了城市和社会综合管理"统一指挥集约化、工作基础网格化、执法管理综合化、工作手段信息化、信息发现多元化"的工作格局，有效提高了城市管理和公共服务水平，各地区的城市和社会管理面貌得到了明显的改善。

## 四 上海打造统一高效的城市管理体系条件已基本成熟

党的十八大报告指出，要加快形成源头治理、动态管理、应急处置相结合的社会管理机制。城市综合管理大联动的探索和实践无疑是符合十八大关于管理机制创新要求的，而且切实改变了城市治理和应急处置机制中长期存在的部门化、碎片化、被动化状态。当前，以大联动机制为基础，进一步整合工作资源，打造集约化的城市管理体系的条件已经成熟。

1. 党和政府的指示和要求为城市管理体系的建立与发展指明了方向

党的十八届三中全会提出，优化政府机构设置、职能配置、工作流程，完善决策权、执行权、监督权既相互制约又相互协调的行政运行机制。时任上海市市长杨雄在2013年初市第十四届人代会上所做的政府工作报告中强调，2013年要深化拓展网格化管理，建设综合性城市管理平台。整合执法管理资源，提高属地化执法能力。他在2014年的政府工作报告中再次提出:"统筹基层管理资源,推进网格化管理、大联勤、大联动和12345市民服务热线整合互动,构建全方位的问题发现处理机制……最大限度整合分散在不同部门的相同或相近职责,努力解决政府职能缺位、越位、错位问题。"上级领导的这些要求为加强城市管理体系建设指明了方向。

2. 国内外的成功实践为治理体系的建立提供了学习榜样

从美国来看,其建立了以"911""311"为载体的服务公众的指挥平台。"911"中心以警方接处警平台为主,配备消防、医疗及公用事业处理平台,各部门派员24小时值班;"311"中心主要是免费为市民提供水、电等公共事业方面非紧急事件求助电话。两大专线均设置在城市警察局,可以相互传递和交换信息,非常便民利民。从中央来看,党的十八届三中全会后,中央已经在全国率先进行了组织机构的资源整合工作。如建立了全面深化改革领导小组和国家安全委员会,军队内部强化军委联合作战指挥机构和战区联合作战指挥体制等。

3. 大联动机制在上海个别区县已经拓展,公安110指挥中心的建立和12345热线的开通为建设城市综合管理体系提供了基础条件

目前,上海已经在松江、闵行、长宁等地开展了大联动试点及铺开工作。在街镇层面,部分街镇已经自觉将大联动指挥中心与公安110指挥中心进行了初步的整合。松江等区公安110指挥中心重新选址建设工作已经启动,解决了长期以来综合指挥中心无法落地的问题。此外,为解决热线电话按条线设置、数量众多、不利于服务群众的弊端,市政府在全市范围内建立了12345市民服务热线,前端一口受理,后台再按照条线分别进行处理,有效实行了热线电话的集中统一。经过大联动试点工作,城市综合管理大联动的探索实践已经取得了初步的效果,产生了较好的示范作用和品牌影响力,联动的理念、资源整合的意识已经深入人心。这些为上海进一步拓展大联动工作奠定了扎实基础。

4. 城市治理相关理论为治理体系的建立提供了理论支撑

从公共管理理论看,打造城市治理和应急指挥体系符合整体治理理论。

整体治理理论是20世纪90年代在吸取官僚制、新公共管理理论的经验和教训的基础上产生的崭新理论。整体治理理论是以政府内部机构和部门的整体性运作为出发点，强调政府的社会管理和公共服务职能，重视公众需要和公众服务；以整体性为取向，克服了碎片化管理的困境，从而提供了一套全新的治理方式与治理工具。此外，随着"大数据"时代的到来，运用整体治理理论打破条块壁垒分割，整合数据资源，运用海量数据提高城市和社会管理水平也已经是大势所趋。

## 五 全面深化上海城市管理创新的对策建议

松江、闵行、长宁城市综合管理大联动的探索和实践已经证明，大联动工作是符合时代发展要求、适应社会发展规律、适合上海的城市管理创新之路，但仍需要进一步加强、健全和完善。下一步，建议以大联动机制为基本框架进一步深化城市管理创新。

1. 工作基础网格化，推动城市管理由粗放式管理转向精细化管理

城市网格化管理的重要价值在于管理人员明确、职责明确、责任落实，是精细化管理的重要范式。下一步要在目前大联动网格化管理的基础上，进一步细化、健全和完善。一是细化网格划分。要切实根据行政区域、社会管理复杂程度、地形地貌等要素进一步细化网格划分，既不要太大，也不要太小，做到边界清晰、实现多网合一，确保横向到边、纵向到底，不留死角，覆盖全面。在此基础上，按照社会管理和公共服务标准化试点项目的要求，对网格进行统一划分、统一编码、统一管理，制定符合实际、科学规范、配套完善的管理标准体系。二是加强力量配置。要对各类执法管理力量、辅助力量进行整合，按照比例投入网格，并确定一名负责人，全面负责该网格内的工作，做到人员和网格一一对应。在注重发挥体制内力量的同时，充分调动社区自治组织和社区志愿者的作用，引导和调动社会力量参与网格管理，形成行政管理和社会共治相结合的局面。三是明确工作职责。网格建立和人员投入后，要切实明确工作人员的工作内容、工作事项

以及相应的工作标准,各网格依要求开展信息采集,并及时处置和上报前端社会管理问题,做到职责清、任务明,充分加强城市前端管理。四是强化责任落实。要加强管理考核和责任追究,将责任落实到人,通过有赏有罚做到守土有责、各负其责,不推诿、不扯皮,实现责、权、利对等。五是加强信息化支撑。要将现有的基层信息化网络和手持移动终端整合起来,进一步畅通信息传递渠道,使基层信息采集终端和指挥中心实现互连互通,切实提高基层工作效率。

2. 工作手段信息化,推动城市管理由传统化管理转向数字化科学管理

随着当前社会治理要素日趋增多、难度不断增大,单靠传统手段已经难以实施科学有效的城市管理。与以往的城市管理手段相比,网格化管理具备更多新的科学技术,可以实现科技与新时代管理的有机结合,为社会提供更有效的服务。要通过切实提高城市综合管理的智能化、科技化水平,推动城市管理由传统管理转向数字化科学管理。可结合当前上海智慧城市建设,加强街面视频探头等设施建设,有效提高街面巡控水平,及时发现"黑车"运营等问题,探索建立全过程监管、全方位参与的信息管理系统和配套机制,提升城市管理信息化水平和工作效能。

一是整合视频图像监控系统。目前,城市管理运行中各职能部门(包括供水、供电、物业公司)均有大量分散的图像监控系统,应对分散的视频监控系统进行全面的梳理和整合,要求能在指挥中心内统一进行调阅和使用。同时,对各联动单位的应急救援车辆,统一安装 GPS 定位系统,以实现对车辆应急处置情况的实时指挥和监督,最大限度地提高指挥调度的可视化程度,达到"运筹帷幄、决胜千里"的实战效果。二是整合通信对讲系统。将各部门分散配备的通信对讲系统进行统一信道的工作,按照指挥体系科学编划群组,以提高指挥调度的便捷化水平,达到一呼百应的效果。三是整合信息系统工作。目前,各条线均开发了各自的信息系统,但也存在条线数据壁垒分割、不能共享的问题。应利用智慧城市建设这一契机,通过建立移动互联 APP、数据交换协议等途径,实现条线信息的互联互通。同时,对分散在各条线的指挥系统(如公安的 110 指挥系统、大联动的城市管理平

台、网格中心的城市网格化管理信息系统等）进行技术研发，使各系统能够互联互通，指令在系统间相互派发，实现网络化指挥派单。提高全区城市管理和应急指挥的信息化程度。四是提升指挥决策信息技术水平。将信息系统与GIS、图像监控等技术进行有效融合，打造立体化的指挥决策技术体系，提高管理指挥的可视化、智能化水平。五是加强数据挖掘和利用。加强各地区、各部门的数据沉淀、共享、分析、研判，有效开展数据挖掘和深层次利用，为开展预警预防、完善治理措施和领导层科学决策提供参考依据。

3. 执法管理综合化，推动城市管理由分散管理转向综合管理

城市管理涉及很多部门，容易造成管理资源浪费。在实践中，应强调综合化执法、协同管理，规避城市管理资源的重复浪费，提高管理效率。

一是组建条线三级专业化应急处置队伍。建议把具有紧急救援和应急处置职能的政府部门及企事业单位纳入社会治理和应急联动体系，按照各自承担的职责任务和服务民生的紧密程度，将联动成员单位划分为三级。二是加强基层综合化处置队伍建设。各街镇要进一步强化大联动综合执法队建设，配强人员、配齐装备，切实承担日常综合执法职责和响应基层网格发现上报的处置任务。同时，要组建治安巡逻、公共卫生、事故救援等基层应急队伍，形成覆盖全区的社会治理和应急处置网络。三是组建社会化志愿救援服务队伍。形成政府治理与居民自治良性互动的格局。四是加强与驻区部队和民兵预备役队伍的协同。加强与驻区部队和民兵预备役队伍的联系协调和协同配合，立足国防动员机制、部队指挥体制机制与政府应急管理机制衔接，制订紧急事件调用部队和民兵预备役力量的工作方案，形成统一指挥、密切联动的军地联合作战格局。五是明确处置队伍的职责分工。建立"首处责任制"。即对条线职责任务明确的事项，按各条线根据指挥中心的指令自行处理；对单一部门无法处置和解决的事项，首处部门可以呼叫指挥中心调派其他职能部门进行增援，联合进行处置；对到达现场后一时性质不清、区域不明的事件，按照"先受理、后移交"的原则先行处

置，待情况弄清后再转至相关部门，从而确保群众反映的问题能够及时、快速、有效解决。

4. 监督评价约束激励化，确保各项改革措施落实到位

一是建立城市管理工作评价机制。围绕信息发现、上报、派发、处置、反馈等各个环节，对各部门、各单位的工作开展日常监督检查，分级开展定期评价，并将评价结果纳入各级政府、部门的目标考核，纳入相关行业单位的考核。提高城市管理工作的考核权重。同时，加大街镇对条线职能部门履职情况的监督考核，充分发挥条线职能部门在属地化管理中的作用，保障"条包块管"机制的落实。

二是建立城市治理社会化评估机制。建立社会举报和监督机制，畅通举报监督渠道，并对举报及时核实处理，反馈相关结果。结合文明指数测评、安全感满意度测评等外部评价体系，建立社会治理工作社会化评估机制，努力提高公众、社会参与和监督的程度。

5. 健全法律法规和提高公共服务能力，确保城市管理创新有法可依、科学合理以及满足公共服务刚性需求

一是健全法律法规。加强立法调研，针对保安行业管理、公民个人信息采集及监管等方面法律法规不健全，相关管理和执法依据不足等问题，研究提出立法建议，推动制定或修订法律法规规章，为行政管理和执法提供支撑。目前，可以结合实际需要，研究制定相关政府规章，在试行中逐步完善，待条件成熟时制定地方法规。

二是提高公共服务能力。合理配置公共资源，加大就业、住房、公交等服务保障力度，努力满足人民群众住房、公交等方面的合理需求。

**参考文献**

《坚定不移沿着中国特色社会主义道路前进 为全面建成小康社会而奋斗——在中国共产党第十八次全国代表大会上的报告》，2012 年 11 月。

《中国共产党第十八届中央委员会第三次全体会议公报》，2013年11月12日。

《中国共产党第十八届中央委员会第四次全体会议公报》，2014年10月24日。

《上海市十四届人大会议政府工作报告》，2013年1月。

胡舒立：《新常态改变中国——首席经济学家谈大趋势》，民主与建设出版社，2015。

上海市松江区、闵行区等区县相关调研材料。

# B.12
# 农业发展推动上海城乡一体化的作用研究
——以浦东新区泥城镇为例

沈开艳 等*

**摘　要：** 上海城乡能级提升需要城乡一体化发展，使得城市空间形成有效的分工与协作关系。这不仅需要中心城区的产业和居住人口向郊区扩散，也需要郊区农村与农业进一步产业化发展，以农业的成熟发展推动上海城市化与郊区发展，以支持上海发挥城市空间整体效应。上海市浦东新区泥城镇将现有的农业产业化，延长产业链，提高农民收入，实现集约化生产，以第三产业带动农业及相关产业的发展。然而，其生产性农业、服务性农业和观光农业的发展也遇到了人才、技术与信息问题。为此，应当完善培训体系，寻找技术支持，注重创新，增强品牌效应。

**关键词：** 上海　郊区　农业发展　城乡一体化

随着上海经济创新转型步伐的加快，上海城市整体功能得到全面提升。上海郊区的经济社会也随之发生深刻变化，郊区城镇化、城乡一体化发展步

---

\* 沈开艳，经济学博士，上海社会科学院经济研究所研究员，博士生导师，主要研究方向为宏观经济、中国经济理论与实践等。本研究课题组组长为沈开艳，课题组成员还有上海社会科学院经济研究所硕士研究生韩博、倪润森、姚婷、张凯。

伐逐步加快，并且取得丰硕成果。上海城市能级的提升，需要城市空间形成整体效应，中心城区与郊区形成有效的分工与协作关系，这就需要上海城乡一体化进一步发展。上海城乡一体化发展不仅是中心城区产业与人口向郊区迁移的过程，也是郊区特别是远郊农业与农村进一步发展的过程。从某种程度上讲，上海远郊农业的发展模式能否取得成功，关乎城乡能否真正一体化，也关系城市空间发展的有效性强弱。因此，上海远郊农村、农业与农民的发展，是上海城市发展过程中一个十分重要的课题与任务。上海是一个城乡二元结构比较明显的大行政区域，既有中心城区，也有近郊地区，还有远郊地区。在城乡一体化发展过程中，上海的远郊地区，三次产业的发展和融合具有鲜明的地方特色，但与此同时，产业发展水平、农业农村人口转移、城乡基础设施建设等仍面临不少问题，需要得到切实有效的解决。本报告以上海浦东新区泥城镇为例，旨在通过分析在城乡一体化过程中产业发展，特别是现代农业发展所面临的瓶颈问题，提出发展的合理化思路和对策建议。

## 一 新时期上海城市能级提升对城乡一体化的新要求

党的十八大报告提出，推动城乡发展一体化是加快转变经济发展方式的重要任务。习近平总书记在上海工作时就指出，上海要敢于攻坚克难，突破瓶颈制约，努力解决城乡之间的发展不平衡问题，在推进城乡一体化方面走在全国前列。对于第一产业增加值占比仅为0.5%、城镇化率已经超过90%的现代化大都市而言，上海的"城乡发展一体化"之路一直受到极大关注。作为我国最具影响力的城市之一，上海要力争在形成城乡经济社会发展一体化新格局方面走在前列，这是上海的历史使命，也与上海建设"四个中心"和社会主义现代化国际大都市的要求相匹配。

因此，2012年2月，上海市人民政府印发了《上海市推进城乡一体化发展"十二五"规划》，"十二五"规划力求以深化城乡体制机制改革与创新为突破口，在全市着力实施"富民增收""保障接轨""产业联动""资源统筹""体制改革"五大工程。目标是到2015年，在上海基本形成城乡一体的规划建设体系，实现城区现代繁荣、乡村生态优美；基本形成城乡一体的公共资源统筹共享机制，实现城乡基本公共服务均等化；基本形成城乡居民收入与国民经济发展水平同步增长机制，实现城乡居民收入差距不断缩小；基本形成城乡一体的协调互动发展新格局，实现城乡统筹继续走在全国前列。

2015年3月初，上海又公布了"城乡发展一体化路线图"——《关于推进新型城镇化建设促进本市城乡发展一体化的若干意见》（以下简称《若干意见》），与之相配套的有21个政策文件。在最新的浦东综合配套改革三年行动中，浦东将进一步聚焦城乡一体化改革，在涉农领域全面发力，加快形成成果共享、互动融合发展的新格局。《若干意见》的重点在于从体制机制的顶层设计上"破解城乡二元结构、明显缩小城乡差距"，力争使上海率先走出一条以人为本、"四化"同步、生态文明、文化传承的新型城镇化道路，以高质量的新型城镇化推动高水平的城乡发展一体化。

今后，依托于城市支持农村力度的逐步加大，上海的农村整体面貌有望明显改善，农民生活水平和质量也会逐步提高。从城乡发展一体化的角度出发，统筹考虑农村地区稳定发展问题，转变"三农"工作理念，有助于重新给农村定好位。在促进上海市农村地区协调发展的同时，能够充分挖掘其生态功能，促使农村地区从过去的农副产品生产供应基地转变为城市的后花园、生态屏障、精神家园，从过去只能提供产品转变为都市人群生态休闲、体验乡愁的首选之地，从过去直接向土地要收益转变为依托于以土地环境为媒介的增收方式，最终提升周边自然条件的利用率以及农业资源的附加值。上海通过城乡一体化，推进城市空间合理布局，让城市空间形成有效的分工与协作关系，提升上海城市能级。

## 二 上海市浦东新区城乡一体化发展历程与现状

1. 上海市浦东新区城乡一体化发展历程

自开发开放以来，浦东一直坚持推进开发区带动农村发展的多项工程和区镇联动等城乡一体化战略。在推动城乡一体化的过程中,上海既要在发展理念、城乡规划、资源配置和政府服务等方面强化一体化,也要正视城乡之间在空间形态、功能定位和管理治理等方面的客观差别,以及不同地区发展阶段和生产力水平的差异,尊重发展规律,避免城乡同质化和均质化。对于浦东新区而言,城乡一体化发展是浦东"二次创业"的重要任务,浦东要坚持以"四新"经济为导向,转变农业发展方式,通过坚持高端化、高科技、高附加值的"三高"农业发展定位,助推全区"新技术、新模式、新业态、新产业"的"四新"经济结构调整;同时,通过进一步优化完善各示范区的规划布局,明确各自的发展目标、形态布局、功能布局和农业产业导向,制定产业目录,打造特色差异化的农业产业集群。

2005年,浦东新区被认定为我国首个综合配套改革试点地区,开始着手村庄改造,目标直指"率先消除城乡二元结构,实现城乡经济社会一体化发展"的大战略。2010年3月,浦东出台了《浦东新区村庄改造五年行动计划》,明确村庄改造是城乡一体化的核心,和这一个过程相辅相成的是农民应当率先享受到比城市居民更好的生活环境,而后通过业态、生态、心态提升,逐渐融入城乡一体化发展的新格局中。在2014年正式印发的《浦东综合配套改革试点三年行动计划(2014-2016)》中,浦东进一步加码农村综合改革,包括加强农村集体经济组织产权制度改革、深化农村土地制度改革、推动城乡基本公共服务均等化、推动城乡建设和管理一体化、推进城乡生态文明制度改革在内的五大事项被正式列入三年行动计划分工任务表。

经过十年的奋斗,通过230个村庄和1个城区的融合,浦东以村庄改造为突破口,推动了城乡一体化的发展。特别是2010年以来,城与乡、乡与乡之间的差距快速缩小,农业增效、农民增收、农村增色三者实现了有机结合,本地农民与外来务工人员的生活城市化已成普遍趋势。从这个意义上讲,浦东新区已经成功地把"更高、更快、更好"的城市化品牌延伸到城乡一体化发展中。

### 2. 城乡一体化背景下上海市浦东新区的产业发展

根据浦东新区政府2014年的《政府工作报告》，2013年新区生产总值比2012年增长9.7%，地方财政收入比2012年增长11%。浦东新区积极推进金融领域的开放创新，转变贸易发展方式，提升国际航运服务能级，推动新区产业结构逐步转向以金融、航运、贸易为核心的现代服务业。

农业方面，新区加快浦东国家现代农业示范区建设步伐，探索建立政府财力引导、社会资金参与的现代农业发展投融资机制。新区新型农业经营体系和社会化服务体系建设得到推进。根据浦东农业生产的特点，经过多年实践和探索，形成的以"农民专业合作社（涉及企业）+生产基地+农户（家庭农场）"为基本模式的现代农业生产经营主体发展模式得到了进一步发展，目前已覆盖全区40%~45%的农业生产区域。2013年，浦东农村居民人均可支配收入1.95万元，比2012年增长10.7%，连续四年实现农村居民人均可支配收入"两高一快"目标。

工业方面，工业生产从高速转向低速低位运行，工业经济进入转型发展期。在稳增长、促转型的发展中，呈现内外需产品结构趋于合理、重点开发区集聚提升、"三大三新"整体形势向好的特点。随着生产的恢复加快，工业累计产值实现增长，2013年完成工业产值9137亿元，比2012年增长1%，占全市工业的比重为28.5%。在平稳发展的同时，浦东工业生产也呈现一些积极向上的新特点：一是轻工业占比有所上升；二是中小企业作用增大；三是技术型企业发展势头良好。

旅游业方面，新区积极推进产业结构升级，实现从单一的都市观光旅游向休闲度假的综合型旅游转变。2013年新区以《浦东新区旅游业发展第十二个五年规划》确定的"四三一"，即"四大板块、三项重点和一个转变"发展战略为目标，在陆家嘴板块、环迪士尼板块、三林世博板块和滨海-临港板块组织实施"推进大项目、促进大旅游、优化大环境"三项重点工作，提升新区整体旅游产业能级，扩大旅游新乡宣传。品牌活动方面，如在大团举行的上海桃花节开幕式，使大团的特色农业产业和生态旅游业得到了最大化开发，"金大团"的金字招牌再次在上海市民中响了起来。2013年新区旅行社、旅游饭店和旅游景点三大行业共接待旅游者3001.79万人，比2012年增长8%；实现营业收入122.54亿元，比2012年增长1%。

## 三 城乡一体化进程中上海浦东新区泥城镇三大产业的互动发展

在城乡一体化过程中，浦东新区泥城镇将现有的农业产业化，其中延长产业链是推动城乡一体化发展、提高农民收入、实现集约化生产的关键步骤。因此，通过城镇化可以带动农业及相关产业的发展，同时产业的成熟发展也可以推动城镇化进程。泥城镇的产业化发展依赖于种植业的良好基础，在挖掘农业生产潜力方面，第一产业分别与第二、第三产业通过开办加工企业、发展旅游服务业等方式进行产业对接。

1. 浦东新区泥城镇的三大产业发展

第一产业，通过农业产业化带动地区发展。作为传统的农业地区，泥城镇大部分农业人口之前都以种植业为生，且泥城镇有着较为雄厚的种植业发展基础。针对这一现状，泥城镇通过将农业产业品牌化、市场化来达到产业转型升级、提高农民收入的目的。例如，将泥城镇的特产青扁豆进行品牌化发展。将种植户集中起来结成合作社，由合作社统一收购青扁豆，并进行加工、贴牌，进一步与市场销售渠道中的批发商合作，解决销路问题。同时还根据时令将青扁豆深加工，不仅延长了产业链，而且增加了产品附加值。集约化、合作化的经营，提高了农民收入。截至2013年末，泥城镇农民人均收入达到17800元，红刚青扁豆合作社全年实现产值3.38亿元。

同时，农业生产规模的扩大也带来了农业基础设施需求量的增加。通过对农田改造、基础设施建设的投资，改善了农业生产条件。通过完成大芦线设施菜田农田水利工程，中小河道整治和疏浚，地下渠道、泵站等灌排设施的修理等项目，达到了农业发展的基本要求。由于泥城镇地处上海市郊，面对比较大的高质量蔬菜需求，泥城镇主要依靠青扁豆做文章。其中，已经在建的品牌蔬菜标准化生产基地包括冷库、气调库、加工厂房和物流服务中心等部分，通过标准化基地的建设带动周边优质农产品的贴牌销售，在形成一个完整产业链、增加附加值的同时，形成集聚效应，推动地区发展和农民的收入增长。

第二产业，招商引资注重实体经济。依托临港重装备产业基地的集聚效应和毗邻上海自贸试验区的区位条件，泥城镇在招商引资过程中有比较突出的优势，招商成效也比较明显。通过有序的土地出让，引进外来企业到泥城镇投资，包括一批具有较高技术含量、税源较好的企业。同时，在招商引资过程中也比较注重针对高污染、高耗能等产业的结构调整。截至2014年上半年，全镇规模以上工业产值5.05亿元，完成年度目标10.5亿元的48.1%，其中，新引进的项目包括弘全实业、南汇压力容器和浦纳商业等。

对于实体经济的发展，泥城镇主要是通过产业开发、招商育财并重、招商推介会、强化"三资"管理等方式来推动外来企业的落户和本地企业的发展。产业开发方面，通过土地出让来实现企业投资的落地。同时根据现实需要，对企业的落后产能进行了更新换代，如金亚蓄电池厂、泥城砖瓦厂等，并对部分企业的燃煤（重油）锅炉进行清洁能源替代，在改善产业结构、避免大规模污染的前提下提高了企业效益。招商方面，较之以往更加注重企业的规模和纳税能力。根据2013年数据，辖区内注册资本达1000万元以上的企业42家，同比增加23家，税收1000万元以上的纳税大户由16家增加到22家，实现税收6.12亿元。第二产业的招商引资带来了大量就业机会，且这些企业都是良好的税源。增强的企业财政能力可以为其他产业的联动发展打好物质基础。"三资"管理方面，通过出台相关法规和考核办法，推动集体单位（公司）收入、滚存结余等资金集中管理，强化对集体资产的使用。此外，通过对泥城镇第二产业结构演变的分析研究，我们可以发现，泥城镇的第二产业形态已逐渐开始向着以低碳环保和可持续发展方面为主转变。

第三产业，依托农业打造特色服务业。泥城镇的第三产业主要依托于农业的产业规模，形成自己特有的观光农业、采摘农业来吸纳就业、提高整体收入。观光农业方面，根据现有的条件，依托大芦线、浦马河沿线建设成景观走廊，同时，在两条河流交汇处形成"新南泥湾景观群"。其中，两条沿线的景观走廊建成两个可供游人观赏的景观园：一个是创意翠谷景观群，以薰衣草景观为核心；另一个是都市田园景观群，主打休闲产业。

2. 浦东新区泥城镇产业互动发展推动城乡一体化

泥城镇的第一产业分别与第二、第三产业有着各自的连接渠道。以第一产业的特色农产品为依托，形成以深加工为基础，种植、采购、加工、销售相对完整的产业链。泥城镇的种植业优势很明显，其中青扁豆、西甜瓜、三黄鸡等农副产品已经有了各自的品牌效应。近年来已经形成了比较好的经济效益。我们注意到，以青扁豆为龙头的农副产品已经占据了相当的市场份额，并且有一套相对有效的产业链，是泥城镇农业产业化一个比较成功的典范。

依托第一产业的优势，形成以采摘、观光旅游业为主体的第三产业链。根据已有的规划及在建项目，泥城镇周边将形成若干个以观光旅游为目的的休闲旅游区域。包括薰衣草、采摘园、浦东南泥湾等项目，是第三产业与第一产业结合的典型。依托第一产业相对成熟以及地价、人力资本优势发展第三产业（采摘、观光）已经是国内很多地区开展的一项产业化政策。泥城镇靠近上海市区，有着得天独厚的区位优势；同时，在基础条件方面，泥城镇已经完成了针对待开发区域的搬迁工作。依托毗邻临港产业区的区位优势，泥城镇已逐渐形成区域内行政、生活服务中心。临港产业区与泥城镇衔接紧密。在产业区内，已有相当多的装备制造业以及相关产业的企业落户。在这一过程中，与之紧密相联的泥城镇成了产业区的生活承接地带。一方面是为产业区内企业员工提供生活服务；另一方面是发挥政府的行政服务职能，与企业沟通互动，形成联动共进。

由此可以看到，泥城镇的产业结构处于一个相对动态发展的过程。一方面，传统的种植业通过产业化获得了新的发展契机。农业不再单单是"种植—收割—销售"这一简单的靠天吃饭的生产模式，而是连接了第

二、第三产业的综合性经济模式,这意味着经济发展的重心不断向第二、第三等高附加值产业转移。另一方面,根据各产业的具体情况,产业空间布局逐渐清晰。以观光旅游为主的第三产业向泥城镇周边的大芦线、泐马河等河流集中,并多元化发展,第二产业依托种植业,仍旧与农田相结合。

## 四 浦东新区泥城镇现代农业体系的发展瓶颈及其原因分析

由于泥城镇的临港装备产业区实际归属于临港集团管理,因此对于泥城镇自身来说,城乡一体化过程中进行产业转型主要是发展现代农业体系。其产业规划是以第一产业为主导,带动第二、第三产业联动发展。围绕着打造现代农业体系确立农业产业定位:生产型产业、服务型产业和观光型产业[①],本课题组在对泥城镇进行多次实地调研以及对收集整理的各种资料进行分析研究后发现,当前泥城镇在城乡一体化过程中,产业转型仍然存在多种现实约束和发展瓶颈。

### (一)生产性农业的发展瓶颈

1. 农业人才不足

在城镇化过程中,大批农村劳动力转移到城市从事各种服务业,这在城镇化之初促进了农村剩余劳动力的就业,对经济发展产生了巨大的推动作用。

一方面,随着城镇化的不断推进,农村劳动力的年龄结构出现问题,以中老年人务农为多,青年人太少。目前,泥城镇从事农业劳作的人员基本在40岁以上,年轻人大多不愿再从事农业生产活动,而是选择进入城区发展。加之,由于中年以上的农民缺乏农技知识和其他专业技能,大多不符合现代

---

① 引自《泥城镇现代农业产业发展规划(2015-2020)》。

农业对专业化农民的要求。近年来，为了发展现代农业，泥城镇政府大力兴建农业基础设施，逐步引入先进的现代农业技术，但农业终究离不开农民，发展现代农业必须要增加农民收入，培养专业化农民，引进农技人才，只有这样才能将泥城镇生产性农业产业推向更高的层次。

另一方面，泥城镇的农业耕种存在规模小、土地流转率低[①]的问题。在市场专业分工的引导下，耕地应当由种植能手承包以形成规模效应。引入周边省市的种植大户来承包经营（例如开展家庭农场），不仅可以提高农业生产效率，还可以弥补现今由年龄的结构性问题带来的劳动力缺口。再者，由于外来人员子女入学受到各种制约，农业补贴发放受到户籍的限制，泥城镇土地使用权的流转面临各种现实困难，新型家庭农场很难发展起来。

2. 农业发展动力不足

泥城镇地处临港新城开发前沿地带，土地级差成本较高，土地进行商业开发或建设工业园区带来的经济收益远远大于传统农作物耕种（即种植业）所得。针对这一状况，浦东新区采取了一些补助政策，比如对18～60岁农民每人直补1200元，土地流转收益包括政府补贴＋基本农田保护补贴＋龙头企业补贴＋村级组织补贴＋种水稻补贴＋农药、化肥、种子、机械播种补贴等，人均一年综合收益达5000元左右[②]，但这一收入仍然远远低于其他土地开发的收益。因此，总体而言，种地或土地流转经营对于泥城镇农民的利益激励是严重偏低的。于是，在这种氛围下，当地农民发展农业的意愿就显得并不是十分强烈了。再加上农民对泥城镇现代农业开发政策了解较少，对未来农业的发展抱有消极态度，进而造成农业发展动力不足。要解决农民从事农业的积极性不足问题，需要在宣传泥城镇现代农业开发政策的同时，让农民得到实际的收入增加和利益保障。

3. 农产品附加值不高

发展现代农业归根到底是为了提高农民生活水平，落脚点是增加农产品

---

① 根据泥城镇提供的统计数据，泥城镇现有农业户口15000人，仅有26户规模不大的家庭农场。
② 根据上海农委政务网站（www.shagri.gov.cn）发布的信息整理。

销售收入。泥城镇现有农产品主要以初级生产和初加工为主，精加工农产品种类少，产品结构单一，农产品附加值较低，销售范围基本在南汇东南区域，只有少数品牌（如红刚牌青扁豆）行销上海市及周边省份。上述因素严重制约了泥城镇依靠农产品增收的能力。

为了推进农业标准化工作，浦东新区倡导农产品开发要坚持"品种、品质、品牌"的"三品"战略。"三品"中，泥城镇依靠上海交通大学和农学院的重点扶持，在品种和品质方面成绩突出，而在品牌树立方面能力较差。众所周知，市场中知名品牌的农产品价格普遍要比没有品牌的农产品价格高出许多，故增加农产品附加值除了推进农产品深加工、延长价值链外，最重要的便是树立品牌，发展精品农业，走高端路线。泥城镇在现有品牌的基础上，在积极增强品牌影响力、拓展品牌价值方面做得仍然不够。例如泥城镇的西甜瓜品质要优于书院镇，但是因为书院镇的"田博牌西甜瓜"是上海知名品牌，所以泥城镇的西甜瓜只能靠贴牌销售，利润微薄。根据课题组的调研发现，泥城镇"红刚牌青扁豆"在上海具有良好的品牌效应，但除此之外便没有其他知名品牌，其原因有二：一是品牌投入较少，"合作社＋企业"的模式在让农民充分享受收益方面具有明显的作用，但同时也减少了企业的利润，限制了企业在品牌塑造方面的投入；二是这一品牌没有发挥出产业链的优势，例如书院镇着力打造的品牌"书院人家"集合了旅游休闲、餐饮、农产品销售等产业，形成了产业链联动发展优势，品牌影响力逐步增强，而泥城镇目前并没有将本地的产业链进行整合，品牌影响力明显不足，产业链比较短。

### （二）服务性农业的发展瓶颈

目前，上海市中心城区在城市功能、基础设施、城市面貌、产能等级等方面大大优于郊区，集聚了全市大约80%的服务业。长期以来，泥城镇依靠中心城市的集聚辐射作用，服务业得到一定的发展。目前，泥城镇服务型产业转型升级缓慢，模式相对单一。泥城镇2015年至2020年发展规划构想主要是依托农业带动服务业，再依靠特色性服务型产业的发展增强郊区

"反磁力"作用,实现城乡一体化的新格局。然而,为实现规划构想,泥城镇面临农业现代化技术缺失、农业技术系统性培训不足、市场供求信息匮乏等发展瓶颈。

#### 1. 现代化农业技术缺失

泥城镇已有的品牌蔬菜(青扁豆为主)均为价值较低的传统农产品,当前土地级差成本较高,农民对泥城镇的开发政策缺乏了解,对农业的未来发展不抱太大希望,态度相对消极。因此,更多的是维持传统农产品的生产,不愿意增加农业投入,导致农产品科技含量较低。而当前发达国家更多的是采用智能化温室蔬菜生产模式,如智能化温室组合降温系统、智能化温室混合式通风系统、智能化温室农业物联网系统等,但是泥城镇主要还是以露天生产农产品为主。露天蔬菜生产的缺点是缺乏高效率灌溉机械、病虫害自动化高效防治等方面的先进设备。此外,例如接种室、培育室、细胞学实验室等综合性实验室在泥城镇也十分匮乏。

#### 2. 农业技术系统性培训不足

我国城市化与工业化进程迅猛,泥城镇大量农业劳动力向非农产业和部门转移。现有的农业劳动力由于年龄、性别、受教育程度等限制,工作能力差异较大。因此,在农业部门向非农产业部门转移的背景下,农村滞留劳动力会因为缺乏技能而无法胜任现代化农业的生产工作。课题组在对泥城镇的实地调查中发现,泥城镇的农业生产缺少系统化集体培训及交流。因此,为保证农业可持续发展、实现城乡统筹发展,对农业劳动力进行生产技能培训是当前较为紧迫的任务之一。

#### 3. 市场供求信息匮乏

随着市场经济的不断发展,农产品的生产经营与市场经济存在着密切的联系。泥城镇依托中心城市的集聚辐射作用,农产品市场潜力是十分巨大的。但是,由于当前农村市场信息匮乏、城乡市场供需信息不对称,农民很难及时得到市场和农产品价格等消息,造成市场信息失衡,市场机遇难以及时把握。

## （三）发展观光农业面临各种挑战

### 1. 与周边村镇产业同质化竞争现象严重

泥城镇周边的村镇在观光农业发展方面业已形成一定规模，以书院镇塘北村和大团镇赵桥村为代表的"美丽乡村"逐渐形成一定规模。相比之下，泥城镇的观光农业虽然起步不晚，但是由于缺乏完善的产业布局，目前规模较小、影响力有限，而且与周边城镇观光农业同质化明显。因此，泥城镇要在观光农业方面脱颖而出，就要构建自己的核心竞争力，有与周边村镇进行错位竞争的实力和优势。

### 2. 现有资源开发力度不够

泥城镇是红色革命根据地，拥有"红、白、绿、黄"等特色农产品，农业生产和农产品资源丰富。目前，除了对青扁豆的开发效益显著外，泥城镇对其他资源的开发十分有限，在一定程度上限制了泥城镇观光农业的发展。目前，泥城镇红色主题馆已于2014年建成，镇文化中心也编排了一系列红色主题节目，这是十分值得肯定的。但目前的不足之处是红色文化向农产品开发等产业延伸不够，即没有充分利用红色文化的影响力带动其他产业发展。泥城镇建设现代农业体系，要把生产性农业、服务型农业和观光型农业联动发展，整合各种资源形成发展合力。

### 3. 地理和交通区位的约束

观光农业的定位是服务于中心城区的市民以及周边省市的游客。泥城镇东南的临港地区在其原有建设规划中，是以滴水湖为中心主城区向周边四个镇延伸，建设成为小型化卫星城市的设想。其中，环滴水湖地区发挥着主要的辐射功能。然而，目前看来，由于滴水湖中心城区建设的放缓，其对周边村镇的辐射范围明显不足，经济带动效力也不显著，严重制约了泥城镇观光农业的潜力发挥。

另外，泥城镇距离上海市中心城区比较远，也不在轨道交通的节点上，通勤费用比较高，人员进出耗费在往返交通上的时间较长。这些都增加了从业人员和游客的出行成本，也制约了泥城镇承接中心城区向本区转移人口进而形成大型社区的发展趋势。而与泥城镇毗邻的书院镇由于紧靠16号线，地理位置较泥城镇更好，其发展观光农业如"农家乐"等便具有更大的比较优势。因此，泥城镇要在现有公交线路基础上，降低通勤费用，建设更便捷快速的交通网络，助力观光农业发展，还需要另辟蹊径。

## 五 打破发展瓶颈推进城乡一体化的政策建议

### 1. 完善培训体系，寻找技术支持

迄今为止，泥城镇还缺乏技术比较纯熟的现代化农民队伍，同时也比较缺乏在农业种植、养殖等方面的专家服务团队或专业性服务机构。因此，人力资本与技术支持的不足是制约泥城镇当前发展的主要短板。

第一，加大对农民的技术培训力度。泥城镇在现代农业方面有着比较大的发展潜力，其中地理优势、产业优势比较突出，但是人力资本还比较欠缺。高度发达的现代农业，包括由此衍生的服务业和现代化的制造业，都需要技术水平比较高的职业农民。显然，泥城镇现有的培训体系并不适合本地的农业现代化发展，更不能满足农民关于提高自身技术水平的需求。因此，这已经成为制约泥城镇发展的重要因素。针对这种情况，建议泥城镇加大新型职业农民培训力度，以农业部全国新型职业农民培训区县试点建设为契机，着力培育一批骨干农民，推动农业经济主体职业化。泥城镇可以充分利用上海市丰富的职业教育资源，依托上海市众多的专业技术学校和机构等，聘请农业技术、人力资源管理等方面的专家教师来现场授课教学，根据自身的发展特点和需求情况对当地农民进行有针对性的职业培训。

第二，加大技术人才的聘请和引进力度。从目前情况看，泥城镇拥有农业产业化的诸多优势和基础，但是农业技术作为重要的生产要素却并没有发挥应有的作用。通过各种渠道，引进技术人才和农业专家可以补齐短板，使原有的产业优势更加明显，农业产业化的效益也将提高。

因此，与前文所述类似，一方面，泥城镇可以凭借上海职业教育资源丰

富的优势聘请技术专家作为农业顾问，直接指导农业生产。另一方面，泥城镇可以通过与周边的乡镇及人才市场建立合作关系，并利用好本镇的信息门户网站，做到及时更新人才引进信息，借助就业平台和网络媒介这两股力量，加大宣传力度和人才引进力度，吸引有一定技术的劳动力前来就业。

2. 改变思路，注重创新，突出特点

与泥城镇一样，泥城镇周边的几个城镇目前也已经开始农业产业化以及服务业的发展，但是泥城镇与它们相比，自身的特色并没有特别予以突出。相反，同质化的竞争却日益激烈。无序的竞争不仅浪费了经济资源，同时也恶化了经济发展的环境。要跳出这个怪圈，只能改变现有的思路，挖掘泥城镇自身的优势。与其他周边城镇相比，泥城镇本身具有如红色文化、观光产业等优势，完全可以与周边展开差异化竞争与合作。

一是充分挖掘当地的自然文化资源，实现当地观光旅游产业的升级完善。泥城镇历史悠久，自然环境良好，并经过革命年代的洗礼积淀了深厚的红色文化根基，同时又通过多年的发展完善了当地的基础设施建设，交通便捷，环境宜人，是上海市郊不可多得的"后花园"之一。但是，泥城镇的这些优势却未能在当地的旅游产业中得到彰显，较之隔壁书院镇日益受到市场欢迎的度假休闲产业，泥城镇还有非常大的空间可为。为此，泥城镇可以依托当地的自然文化优势，大力宣传当地的红色革命文化，并积极与周边的学校、教育事业单位建立合作关系，鼓励相关部门组织中小学生和单位员工等来革命纪念馆参观学习，这既能弘扬红色文化，提升泥城镇的整体知名度，又能提高当地旅游资源的利用效率，并扩大相关消费市场的需求。

二是注重对本地既有旅游景点的升级改造，设计开发新的休闲度假观光区，打造旅游品牌。泥城镇在以此为契机逐步打开旅游消费市场的同时，要加强对当地既有旅游景点的改造和升级，同时充分利用好新拆迁的永胜村，设计开发新的休闲度假观光区，打造当地的旅游品牌。经过课题组的初步考察，永胜村目前基本处于完全闲置状态，但村内的道路、河流四通八达，交通便利，且村民旧居大多保存完好，各家各户的房屋或风格相似呈整排相连状，或风格各异且彼此分隔，村内还有大片的农田、水塘可供开发，村落整体情况十分适合深度挖掘,发展现代观光旅游休闲农业。

因此,可以从整体视角对永胜村进行统一规划开发,再根据不同的休闲游乐主题将村落分块改造,如适合亲子游的家庭度假区块,适合公司单位集体散心、工作的商务休闲区块等。在此基础上,再对原有的房屋、河道等进行修整改造,房屋可以再装修成各具特色的观光别墅、高档会所等,河道可以清理整治成景观河流。通过整合现有资源丰富的旅游产业链条,实现泥城镇从单一的观光旅游向针对不同消费群体的特色休闲度假旅游转变,并带动配套服务市场的发展,实现第三产业的升级转型。

3. 延长产业链,增加品牌效应

产业链的延伸和品牌效应的创造是一个地区产业成功发展的关键。在泥城镇已有的产业中,农产品加工业已经具备一定的规模。现有的产业链增加了农产品的附加值,但是品牌效应并不显著。利用现有资源,整合上、中、下游产业链,提高农产品的附加值。青扁豆是泥城镇的招牌农产品,其"红刚"品牌已经形成很大的市场效应,同时其依托农村合作社实现集体生产的模式也得到了其他地区的推崇。但是目前对青扁豆的大规模开发还只停留在第一阶段即种植层面上,实现的也不过是从农民到市场的单向联系,缺乏对青扁豆的深度开发,农产品附加值不高。

针对这一问题,一方面,泥城镇可以引进先进技术在当地建造生产基地,鼓励农民对青扁豆进行深加工处理,如做成青扁豆罐头等副产品,既能延长青扁豆的储存期,使之可以销售到江浙沪之外更远的市场,甚至可以远销国外,同时也可以解决可能出现的各种突发性市场问题,如市场过剩、产品滞销等。另一方面,可以对青扁豆的生产基地进行适度改造升级,使之在保持原有种植功能的同时,兼具参观旅游的功能,从而吸引周边市民到基地来观光,尝试实地采摘果实,这既能给都市人群提供体验学农乐趣的机会,又可以使当地农民取得一定的盈利收入。同时,泥城镇除了青扁豆外的其他产品还没有形成比较有影响力的品牌。根据现有的情况,建议泥城镇将西甜瓜等其他有特色的农副产品纳入农产品深加工的生产体系,并更加注重商标等知识产权的保护。

总之，与其他城镇相比，泥城镇有着比较突出的产业优势，在尽量与周边展开差异化竞争的同时，应当更加注重人力资本和智力支持，深化农业产业化。通过职业培训、争取外来技术支持等方式增加农产品的附加值，达到应有的经济效益。除此之外，关于第三产业的发展，应当更加注重吸纳本地的劳动力，这样不仅可以节约社会招聘等方面的重置成本，同时也可以实现增加农民收入、发展地方经济的双赢局面。

# 法律声明

"皮书系列"(含蓝皮书、绿皮书、黄皮书)之品牌由社会科学文献出版社最早使用并持续至今,现已被中国图书市场所熟知。"皮书系列"的LOGO( )与"经济蓝皮书""社会蓝皮书"均已在中华人民共和国国家工商行政管理总局商标局登记注册。"皮书系列"图书的注册商标专用权及封面设计、版式设计的著作权均为社会科学文献出版社所有。未经社会科学文献出版社书面授权许可,任何使用与"皮书系列"图书注册商标、封面设计、版式设计相同或者近似的文字、图形或其组合的行为均系侵权行为。

经作者授权,本书的专有出版权及信息网络传播权为社会科学文献出版社享有。未经社会科学文献出版社书面授权许可,任何就本书内容的复制、发行或以数字形式进行网络传播的行为均系侵权行为。

社会科学文献出版社将通过法律途径追究上述侵权行为的法律责任,维护自身合法权益。

欢迎社会各界人士对侵犯社会科学文献出版社上述权利的侵权行为进行举报。电话:010-59367121,电子邮箱:fawubu@ssap.cn。

社会科学文献出版社

权威·前沿·原创

社会科学文献出版社

# 皮书系列

## 2016年

盘点年度资讯 预测时代前程

社会科学文献出版社 学术传播中心 编制

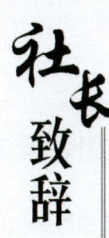

# 社长致辞

我们是图书出版者,更是人文社会科学内容资源供应商;

我们背靠中国社会科学院,面向中国与世界人文社会科学界,坚持为人文社会科学的繁荣与发展服务;

我们精心打造权威信息资源整合平台,坚持为中国经济与社会的繁荣与发展提供决策咨询服务;

我们以读者定位自身,立志让爱书人读到好书,让求知者获得知识;

我们精心编辑、设计每一本好书以形成品牌张力,以优秀的品牌形象服务读者,开拓市场;

我们始终坚持"创社科经典,出传世文献"的经营理念,坚持"权威、前沿、原创"的产品特色;

我们"以人为本",提倡阳光下创业,员工与企业共享发展之成果;

我们立足于现实,认真对待我们的优势、劣势,我们更着眼于未来,以不断的学习与创新适应不断变化的世界,以不断的努力提升自己的实力;

我们愿与社会各界友好合作,共享人文社会科学发展之成果,共同推动中国学术出版乃至内容产业的繁荣与发展。

社会科学文献出版社社长
中国社会学会秘书长

2016 年 1 月

**社会科学文献出版社**
SOCIAL SCIENCES ACADEMIC PRESS (CHINA)

社会科学文献出版社成立于1985年，是直属于中国社会科学院的人文社会科学专业学术出版机构。

成立以来，特别是1998年实施第二次创业以来，依托于中国社会科学院丰厚的学术出版和专家学者两大资源，坚持"创社科经典，出传世文献"的出版理念和"权威、前沿、原创"的产品定位，社科文献立足内涵式发展道路，从战略层面推动学术出版五大能力建设，逐步走上了智库产品与专业学术成果系列化、规模化、数字化、国际化、市场化发展的经营道路。

先后策划出版了著名的图书品牌和学术品牌"皮书"系列、"列国志"、"社科文献精品译库"、"全球化译丛"、"全面深化改革研究书系"、"近世中国"、"甲骨文"、"中国史话"等一大批既有学术影响又有市场价值的系列图书，形成了较强的学术出版能力和资源整合能力。2015年社科文献出版社发稿5.5亿字，出版图书约2000种，承印发行中国社科院院属期刊74种，在多项指标上都实现了较大幅度的增长。

凭借着雄厚的出版资源整合能力，社科文献出版社长期以来一直致力于从内容资源和数字平台两个方面实现传统出版的再造，并先后推出了皮书数据库、列国志数据库、"一带一路"数据库、中国田野调查数据库、台湾大陆同乡会数据库等一系列数字产品。数字出版已经初步形成了产品设计、内容开发、编辑标引、产品运营、技术支持、营销推广等全流程体系。

在国内原创著作、国外名家经典著作大量出版，数字出版突飞猛进的同时，社科文献出版社从构建国际话语体系的角度推动学术出版国际化。先后与斯普林格、博睿、牛津、剑桥等十余家国际出版机构合作面向海外推出了"皮书系列""改革开放30年研究书系""中国梦与中国发展道路研究丛书""全面深化改革研究书系"等一系列在世界范围内引起强烈反响的作品；并持续致力于中国学术出版走出去，组织学者和编辑参加国际书展，筹办国际性学术研讨会，向世界展示中国学者的学术水平和研究成果。

此外，社科文献出版社充分利用网络媒体平台，积极与中央和地方各类媒体合作，并联合大型书店、学术书店、机场书店、网络书店、图书馆，逐步构建起了强大的学术图书内容传播平台。学术图书的媒体曝光率居全国之首，图书馆藏率居于全国出版机构前十位。

上述诸多成绩的取得，有赖于一支以年轻的博士、硕士为主体，一批从中国社科院刚退出科研一线的各学科专家为支撑的300多位高素质的编辑、出版和营销队伍，为我们实现学术立社，以学术品位、学术价值来实现经济效益和社会效益这样一个目标的共同努力。

作为已经开启第三次创业梦想的人文社会科学学术出版机构，我们将以改革发展为动力，以学术资源建设为中心，以构建智慧型出版社为主线，将"整合、专业、分类、协同、持续"为各项工作指导原则，全力推进出版社数字化转型，坚定不移地走专业化、数字化、国际化发展道路，全面提升出版社核心竞争力，为实现"社科文献梦"奠定坚实基础。

经济类    皮书系列
重点推荐

# 经 济 类

经济类皮书涵盖宏观经济、城市经济、大区域经济，
提供权威、前沿的分析与预测

### 经济蓝皮书
2016年中国经济形势分析与预测

李 扬 / 主编　　2015年12月出版　　定价：79.00元

◆ 本书为总理基金项目，由著名经济学家李扬领衔，联合中国社会科学院等数十家科研机构、国家部委和高等院校的专家共同撰写，系统分析了2015年的中国经济形势并预测2016年我国经济运行情况。

### 世界经济黄皮书
2016年世界经济形势分析与预测

王洛林　张宇燕 / 主编　　2015年12月出版　　定价：79.00元

◆ 本书由中国社会科学院世界经济与政治研究所的研究团队撰写，2015年世界经济增长继续放缓，增长格局也继续分化，发达经济体与新兴经济体之间的增长差距进一步收窄。2016年世界经济增长形势不容乐观。

### 产业蓝皮书
中国产业竞争力报告（2016）NO.6

张其仔 / 主编　　2016年12月出版　　估价：98.00元

◆ 本书由中国社会科学院工业经济研究所研究团队在深入实际、调查研究的基础上完成。通过运用丰富的数据资料和最新的测评指标，从学术性、系统性、预测性上分析了2015年中国产业竞争力，并对未来发展趋势进行了预测。

皮书系列 重点推荐　经济类

### G20国家创新竞争力黄皮书
**二十国集团（G20）国家创新竞争力发展报告（2016）**

李建平　李闽榕　赵新力/主编　2016年11月出版　估价：138.00元

◆ 本报告在充分借鉴国内外研究者的相关研究成果的基础上，紧密跟踪技术经济学、竞争力经济学、计量经济学等学科的最新研究动态，深入分析G20国家创新竞争力的发展水平、变化特征、内在动因及未来趋势，同时构建了G20国家创新竞争力指标体系及数学模型。

### 国际城市蓝皮书
**国际城市发展报告（2016）**

屠启宇/主编　2016年1月出版　估价：79.00元

◆ 本书作者以上海社会科学院从事国际城市研究的学者团队为核心，汇集同济大学、华东师范大学、复旦大学、上海交通大学、南京大学、浙江大学相关城市研究专业学者。立足动态跟踪介绍国际城市发展实践中，最新出现的重大战略、重大理念、重大项目、重大报告和最佳案例。

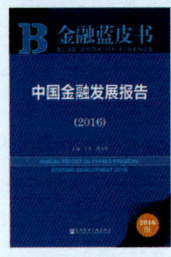

### 金融蓝皮书
**中国金融发展报告（2016）**

李扬　王国刚/主编　2015年12月出版　定价：79.00元

◆ 本书由中国社会科学院金融研究所组织编写，概括和分析了2015年中国金融发展和运行中的各方面情况，研讨和评论了2015年发生的主要金融事件。本书由业内专家和青年精英联合编著，有利于读者了解掌握2015年中国的金融状况，把握2016年中国金融的走势。

### 农村绿皮书
**中国农村经济形势分析与预测（2015~2016）**

中国社会科学院农村发展研究所　国家统计局农村社会经济调查司/著
2016年4月出版　估价：69.00元

◆ 本书描述了2015年中国农业农村经济发展的一些主要指标和变化，以及对2016年中国农业农村经济形势的一些展望和预测。

## 经济类

**皮书系列 重点推荐**

### 西部蓝皮书

中国西部发展报告（2016）

姚慧琴　徐璋勇 / 主编　　2016年7月出版　　估价：89.00元

◆ 本书由西北大学中国西部经济发展研究中心主编，汇集了源自西部本土以及国内研究西部问题的权威专家的第一手资料，对国家实施西部大开发战略进行年度动态跟踪，并对2016年西部经济、社会发展态势进行预测和展望。

### 民营经济蓝皮书

中国民营经济发展报告No.12（2015~2016）

王钦敏 / 主编　　2016年1月出版　　估价：75.00元

◆ 改革开放以来，民营经济从无到有、从小到大，是最具活力的增长极。本书是中国工商联课题组的研究成果，对2015年度中国民营经济的发展现状、趋势进行了详细的论述，并提出了合理的建议。是广大民营企业进行政策咨询、科学决策和理论创新的重要参考资料，也是理论工作者进行理论研究的重要参考资料。

### 经济蓝皮书夏季号

中国经济增长报告（2015~2016）

李　扬 / 主编　　2016年8月出版　　估价：69.00元

◆ 中国经济增长报告主要探讨2015~2016年中国经济增长问题，以专业视角解读中国经济增长，力求将其打造成一个研究中国经济增长、服务宏微观各级决策的周期性、权威性读物。

### 中三角蓝皮书

长江中游城市群发展报告（2016）

秦尊文 / 主编　　2016年10月出版　　估价：69.00元

◆ 本书是湘鄂赣皖四省专家学者共同研究的成果，从不同角度、不同方位记录和研究长江中游城市群一体化，提出对策措施，以期为将"中三角"打造成为继珠三角、长三角、京津冀之后中国经济增长第四极奉献学术界的聪明才智。

皮书系列 重点推荐

社会政法类

# 社会政法类

社会政法类皮书聚焦社会发展领域的热点、难点问题，提供权威、原创的资讯与视点

### 社会蓝皮书

2016年中国社会形势分析与预测

李培林　陈光金　张　翼/主编　2015年12月出版　定价:79.00元

◆ 本书由中国社会科学院社会学研究所组织研究机构专家、高校学者和政府研究人员撰写，聚焦当下社会热点，对2015年中国社会发展的各个方面内容进行了权威解读，同时对2016年社会形势发展趋势进行了预测。

### 法治蓝皮书

中国法治发展报告No.14（2016）

李　林　田　禾/主编　2016年3月出版　估价:105.00元

◆ 本年度法治蓝皮书回顾总结了2015年度中国法治发展取得的成就和存在的不足，并对2016年中国法治发展形势进行了预测和展望。

### 反腐倡廉蓝皮书

中国反腐倡廉建设报告No.6

李秋芳　张英伟/主编　2017年1月出版　估价:79.00元

◆ 本书抓住了若干社会热点和焦点问题，全面反映了新时期新阶段中国反腐倡廉面对的严峻局面，以及中国共产党反腐倡廉建设的新实践新成果。根据实地调研、问卷调查和舆情分析，梳理了当下社会普遍关注的与反腐败密切相关的热点问题。

## 社会政法类 — 皮书系列重点推荐

### 生态城市绿皮书
#### 中国生态城市建设发展报告（2016）
刘举科　孙伟平　胡文臻/主编　2016年6月出版　估价:98.00元

◆ 报告以绿色发展、循环经济、低碳生活、民生宜居为理念，以更新民众观念、提供决策咨询、指导工程实践、引领绿色发展为宗旨，试图探索一条具有中国特色的城市生态文明建设新路。

### 公共服务蓝皮书
#### 中国城市基本公共服务力评价（2016）
钟君　吴正杲/主编　2016年12月出版　估价:79.00元

◆ 中国社会科学院经济与社会建设研究室与华图政信调查组成联合课题组，从2010年开始对基本公共服务力进行研究，研创了基本公共服务力评价指标体系，为政府考核公共服务与社会管理工作提供了理论工具。

### 教育蓝皮书
#### 中国教育发展报告（2016）
杨东平/主编　2016年5月出版　估价:79.00元

◆ 本书由国内的中青年教育专家合作研究撰写。深度剖析2015年中国教育的热点话题，并对当下中国教育中出现的问题提出对策建议。

### 生态文明绿皮书
#### 中国省域生态文明建设评价报告（ECI 2016）
严耕/主编　2016年12月出版　估价:85.00元

◆ 本书基于国家最新发布的权威数据，对我国的生态文明建设状况进行科学评价，并开展相应的深度分析，结合中央的政策方针和各省的具体情况，为生态文明建设推进，提出针对性的政策建议。

皮书系列
重点推荐

行业报告类

# 行业报告类

行业报告类皮书立足重点行业、新兴行业领域，
提供及时、前瞻的数据与信息

## 房地产蓝皮书
### 中国房地产发展报告 No.13（2016）

魏后凯 李景国 / 主编　　2016 年 5 月出版　　估价：79.00 元

◆ 蓝皮书秉承客观公正、科学中立的宗旨和原则，追踪 2015 年我国房地产市场最新资讯，深度分析，剖析因果，谋划对策，并对 2016 年房地产发展趋势进行了展望。

## 旅游绿皮书
### 2015～2016 年中国旅游发展分析与预测

宋　瑞 / 主编　　2016 年 1 出版　　估价：98.00 元

◆ 本书中国社会科学院旅游研究中心组织相关专家编写的年度研究报告，对 2015 年旅游行业的热点问题进行了全面的综述并提出专业性建议，并对 2016 年中国旅游的发展趋势进行展望。

## 互联网金融蓝皮书
### 中国互联网金融发展报告（2016）

李东荣 / 主编　　2016 年 8 月出版　　估价：79.00 元

◆ 近年来，许多基于互联网的金融服务模式应运而生并对传统金融业产生了深刻的影响和巨大的冲击，"互联网金融"成为社会各界关注的焦点。本书探析了 2015 年互联网金融的特点和 2016 年互联网金融的发展方向和亮点。

### 资产管理蓝皮书

中国资产管理行业发展报告（2016）

智信资产管理研究院 / 编著　　2016 年 6 月出版　　估价 :89.00 元

◆ 中国资产管理行业刚刚兴起，未来将中国金融市场最有看点的行业，也会成为快速发展壮大的行业。本书主要分析了 2015 年度资产管理行业的发展情况，同时对资产管理行业的未来发展做出科学的预测。

### 老龄蓝皮书

中国老龄产业发展报告（2016）

吴玉韶　党俊武 / 编著
2016 年 9 月出版　　估价 :79.00 元

◆ 本书着眼于对中国老龄产业的发展给予系统介绍，深入解析，并对未来发展趋势进行预测和展望，力求从不同视角、不同层面全面剖析中国老龄产业发展的现状、取得的成绩、存在的问题以及重点、难点等。

### 金融蓝皮书

中国金融中心发展报告（2016）

王　力　黄育华 / 编著　　2017 年 11 月出版　　估价 :75.00 元

◆ 本报告将提升中国金融中心城市的金融竞争力作为研究主线，全面、系统、连续地反映和研究中国金融中心城市发展和改革的最新进展，展示金融中心理论研究的最新成果。

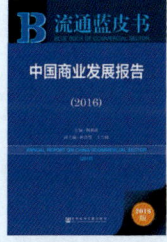

### 流通蓝皮书

中国商业发展报告（2016）

荆林波 / 编著　　2016 年 5 月出版　　估价 :89.00 元

◆ 本书是中国社会科学院财经院与利丰研究中心合作的成果，从关注中国宏观经济出发，突出了中国流通业的宏观背景，详细分析了批发业、零售业、物流业、餐饮产业与电子商务等产业发展状况。

皮书系列重点推荐　国别与地区类

# 国别与地区类

国别与地区类皮书关注全球重点国家与地区，提供全面、独特的解读与研究

## 美国蓝皮书

美国研究报告（2016）

黄　平　郑秉文/主编　2016年7月出版　估价：89.00元

◆ 本书是由中国社会科学院美国所主持完成的研究成果，它回顾了美国2015年的经济、政治形势与外交战略，对2016年以来美国内政外交发生的重大事件以及重要政策进行了较为全面的回顾和梳理。

## 拉美黄皮书

拉丁美洲和加勒比发展报告（2015~2016）

吴白乙/主编　2016年5月出版　估价：89.00元

◆ 本书对2015年拉丁美洲和加勒比地区诸国的政治、经济、社会、外交等方面的发展情况做了系统介绍，对该地区相关国家的热点及焦点问题进行了总结和分析，并在此基础上对该地区各国2016年的发展前景做出预测。

## 日本经济蓝皮书

日本经济与中日经贸关系研究报告（2016）

王洛林　张季风/编著　2016年5月出版　估价：79.00元

◆ 本书系统、详细地介绍了2015年日本经济以及中日经贸关系发展情况，在进行了大量数据分析的基础上，对2016年日本经济以及中日经贸关系的大致发展趋势进行了分析与预测。

权威　前沿　原创

## 国别与地区类

### 俄罗斯黄皮书
**俄罗斯发展报告（2016）**

李永全 / 编著　2016 年 7 月出版　估价 :79.00 元

◆ 本书系统介绍了 2015 年俄罗斯经济政治情况，并对 2015 年该地区发生的焦点、热点问题进行了分析与回顾；在此基础上，对该地区 2016 年的发展前景进行了预测。

### 国际形势黄皮书
**全球政治与安全报告（2016）**

李慎明　张宇燕 / 主编　2015 年 12 月出版　定价 :69.00 元

◆ 本书旨在对本年度全球政治及安全形势的总体情况、热点问题及变化趋势进行回顾与分析，并提出一定的预测及对策建议。作者通过事实梳理、数据分析、政策分析等途径，阐释了本年度国际关系及全球安全形势的基本特点，并在此基础上提出了具有启示意义的前瞻性结论。

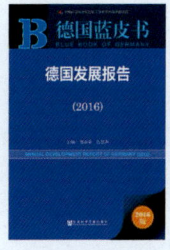

### 德国蓝皮书
**德国发展报告（2016）**

郑春荣　伍慧萍 / 主编　2016 年 6 月出版　估价 :69.00 元

◆ 本报告由同济大学德国研究所组织编撰，由该领域的专家学者对德国的政治、经济、社会文化、外交等方面的形势发展情况，进行全面的阐述与分析。

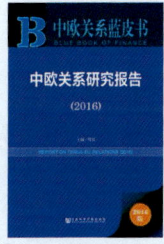

### 中欧关系蓝皮书
**中欧关系研究报告（2016）**

周弘 / 编著　2016 年 12 月出版　估价 :98.00 元

◆ 本书由欧洲所暨欧洲学会推出，旨在分析、评估和预测年度中欧关系发展态势。本报告的作者均为欧洲方面的专家，他们对欧洲与中国在各个领域的发展情况进行了深入地分析和研究，对读者了解和把握中欧关系是非常有益的参考。

皮书系列 重点推荐　地方发展类

# 地方发展类

地方发展类皮书关注中国各省份、经济区域，提供科学、多元的预判与资政信息

### 北京蓝皮书
北京公共服务发展报告（2015~2016）

施昌奎/主编　2016年1月出版　估价：69.00元

◆ 本书是由北京市政府职能部门的领导、首都著名高校的教授、知名研究机构的专家共同完成的关于北京市公共服务发展与创新的研究成果。

### 河南蓝皮书
河南经济发展报告（2016）

河南省社会科学院/编著　2016年12月出版　估价：79.00元

◆ 本书以国内外经济发展环境和走向为背景，主要分析当前河南经济形势，预测未来发展趋势，全面反映河南经济发展的最新动态、热点和问题，为地方经济发展和领导决策提供参考。

### 京津冀蓝皮书
京津冀发展报告（2016）

文魁　祝尔娟/编著　2016年4月出版　估价：89.00元

◆ 京津冀协同发展作为重大的国家战略，已进入顶层设计、制度创新和全面推进的新阶段。本书以问题为导向，围绕京津冀发展中的重要领域和重大问题，研究如何推进京津冀协同发展。

 文化传媒类

# 文化传媒类

文化传媒类皮书透视文化领域、文化产业，
探索文化大繁荣、大发展的路径

### 新媒体蓝皮书
中国新媒体发展报告 No.7（2016）

唐绪军 / 主编　2016 年 6 月出版　估价：79.00 元

◆ 本书是由中国社会科学院新闻与传播研究所组织编写的关于新媒体发展的最新年度报告，旨在全面分析中国新媒体的发展现状，解读新媒体的发展趋势，探析新媒体的深刻影响。

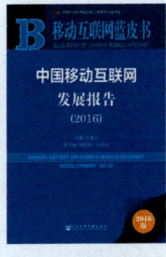

### 移动互联网蓝皮书
中国移动互联网发展报告（2016）

官建文 / 编著　2016 年 6 月出版　估价：79.00 元

◆ 本书着眼于对中国移动互联网 2015 年度的发展情况做深入解析，对未来发展趋势进行预测，力求从不同视角、不同层面全面剖析中国移动互联网发展的现状、年度突破以及热点趋势等。

### 文化蓝皮书
中国文化产业发展报告（2016）

张晓明　王家新　章建刚 / 主编　2016 年 4 月出版　估价：79.00 元

◆ 本书由中国社会科学院文化研究中心编写。从 2012 年开始，中国社会科学院文化研究中心设立了国内首个文化产业的研究类专项资金——"文化产业重大课题研究计划"，开始在全国范围内组织多学科专家学者对我国文化产业发展重大战略问题进行联合攻关研究。本书集中反映了该计划的研究成果。

# 经济类

**G20国家创新竞争力黄皮书**
二十国集团（G20）国家创新竞争力发展报告（2016）
著（编）者：李建平 李闽榕 赵新力
2016年11月出版 / 估价：138.00元

**产业蓝皮书**
中国产业竞争力报告（2016）NO.6
著（编）者：张其仔 2016年12月出版 / 估价：98.00元

**城市创新蓝皮书**
中国城市创新报告（2016）
著（编）者：周天勇 旷建伟 2016年8月出版 / 估价：69.00元

**城市蓝皮书**
中国城市发展报告NO.9
著（编）者：潘家华 魏后凯 2016年9月出版 / 估价：69.00元

**城市群蓝皮书**
中国城市群发展指数报告（2016）
著（编）者：刘士林 刘新静 2016年10月出版 / 估价：69.00元

**城乡一体化蓝皮书**
中国城乡一体化发展报告（2015~2016）
著（编）者：汝信 付崇兰 2016年7月出版 / 估价：85.00元

**城镇化蓝皮书**
中国新型城镇化健康发展报告（2016）
著（编）者：张占斌 2016年5月出版 / 估价：79.00元

**创新蓝皮书**
创新型国家建设报告（2015~2016）
著（编）者：詹正茂 2016年11月出版 / 估价：69.00元

**低碳发展蓝皮书**
中国低碳发展报告（2016）
著（编）者：齐晔 2016年3月出版 / 估价：89.00元

**低碳经济蓝皮书**
中国低碳经济发展报告（2016）
著（编）者：薛进军 赵忠秀 2016年6月出版 / 估价：85.00元

**东北蓝皮书**
中国东北地区发展报告（2016）
著（编）者：马克 黄文艺 2016年8月出版 / 估价：79.00元

**工业化蓝皮书**
中国工业化进程报告（2016）
著（编）者：黄群慧 吕铁 李晓华 等
2016年11月出版 / 估价：89.00元

**管理蓝皮书**
中国管理发展报告（2016）
著（编）者：张晓东 2016年9月出版 / 估价：98.00元

**国际城市蓝皮书**
国际城市发展报告（2016）
著（编）者：屠启宇 2016年1月出版 / 估价：79.00元

**国家创新蓝皮书**
中国创新发展报告（2016）
著（编）者：陈劲 2016年9月出版 / 估价：69.00元

**金融蓝皮书**
中国金融发展报告（2016）
著（编）者：李扬 王国刚 2015年12月出版 / 定价：79.00元

**京津冀产业蓝皮书**
京津冀产业协同发展报告（2016）
著（编）者：中智科博（北京）产业经济发展研究院
2016年6月出版 / 估价：69.00元

**京津冀蓝皮书**
京津冀发展报告（2016）
著（编）者：文魁 祝尔娟 2016年4月出版 / 估价：89.00元

**经济蓝皮书**
2016年中国经济形势分析与预测
著（编）者：李扬 2015年12月出版 / 定价：79.00元

**经济蓝皮书·春季号**
2016年中国经济前景分析
著（编）者：李扬 2016年5月出版 / 估价：79.00元

**经济蓝皮书·夏季号**
中国经济增长报告（2015~2016）
著（编）者：李扬 2016年8月出版 / 估价：99.00元

**经济信息绿皮书**
中国与世界经济发展报告（2016）
著（编）者：杜平 2015年12月出版 / 定价：89.00元

**就业蓝皮书**
2016年中国本科生就业报告
著（编）者：麦可思研究院 2016年6月出版 / 估价：98.00元

**就业蓝皮书**
2016年中国高职高专生就业报告
著（编）者：麦可思研究院 2016年6月出版 / 估价：98.00元

**临空经济蓝皮书**
中国临空经济发展报告（2016）
著（编）者：连玉明 2016年11月出版 / 估价：79.00元

**民营经济蓝皮书**
中国民营经济发展报告NO.12（2015~2016）
著（编）者：王钦敏 2016年1月出版 / 估价：75.00元

**农村绿皮书**
中国农村经济形势分析与预测（2015~2016）
著（编）者：中国社会科学院农村发展研究所
国家统计局农村社会经济调查司
2016年4月出版 / 估价：69.00元

**农业应对气候变化蓝皮书**
气候变化对中国农业影响评估报告No.2
著（编）者：矫梅燕 2016年8月出版 / 估价：98.00元

## 经济类·社会政法类

**企业公民蓝皮书**
中国企业公民报告 NO.4
著(编)者:邹东涛　2016年1月出版／估价:79.00元

**气候变化绿皮书**
应对气候变化报告（2016）
著(编)者:王伟光　郑国光　2016年11月出版／估价:98.00元

**区域蓝皮书**
中国区域经济发展报告（2015~2016）
著(编)者:梁昊光　2016年5月出版／估价:79.00元

**全球环境竞争力绿皮书**
全球环境竞争力报告（2016）
著(编)者:李建平　李闽榕　王金南
2016年12月出版／估价:198.00元

**人口与劳动绿皮书**
中国人口与劳动问题报告 NO.17
著(编)者:蔡昉　张车伟　2016年11月出版／估价:69.00元

**商务中心区蓝皮书**
中国商务中心区发展报告 NO.2（2016）
著(编)者:魏后凯　李国红　2016年1月出版／估价:89.00元

**世界经济黄皮书**
2016年世界经济形势分析与预测
著(编)者:王洛林　张宇燕　2015年12月出版／定价:79.00元

**世界旅游城市绿皮书**
世界旅游城市发展报告（2016）
著(编)者:鲁勇　周正宇　宋宇　2016年6月出版／估价:88.00元

**西北蓝皮书**
中国西北发展报告（2016）
著(编)者:孙发平　苏海红　鲁顺元
2015年12月出版／估价:79.00元

**西部蓝皮书**
中国西部发展报告（2016）
著(编)者:姚慧琴　徐璋勇　2016年7月出版／估价:89.00元

**县域发展蓝皮书**
中国县域经济增长能力评估报告（2016）
著(编)者:王力　2016年10月出版／估价:69.00元

**新型城镇化蓝皮书**
新型城镇化发展报告（2016）
著(编)者:李伟　宋敏　沈体雁　2016年11月出版／估价:98.00元

**新兴经济体蓝皮书**
金砖国家发展报告（2016）
著(编)者:林跃勤　周文　2016年7月出版／估价:79.00元

**长三角蓝皮书**
2016年全面深化改革中的长三角
著(编)者:张伟斌　2016年10月出版／估价:69.00元

**中部竞争力蓝皮书**
中国中部经济社会竞争力报告（2016）
著(编)者:教育部人文社会科学重点研究基地
　　　　南昌大学中国中部经济社会发展研究中心
2016年10月出版／估价:79.00元

**中部蓝皮书**
中国中部地区发展报告（2016）
著(编)者:宋亚平　2016年12月出版／估价:78.00元

**中国省域竞争力蓝皮书**
中国省域经济综合竞争力发展报告（2015~2016）
著(编)者:李建平　李闽榕　高燕京
2016年2月出版／估价:198.00元

**中三角蓝皮书**
长江中游城市群发展报告（2016）
著(编)者:秦尊文　2016年10月出版／估价:69.00元

**中小城市绿皮书**
中国中小城市发展报告（2016）
著(编)者:中国城市经济学会中小城市经济发展委员会
　　　　中国城镇化促进会中小城市发展委员会
　　　　《中国中小城市发展报告》编纂委员会
　　　　中小城市发展战略研究院
2016年10月出版／估价:98.00元

**中原蓝皮书**
中原经济区发展报告（2016）
著(编)者:李英杰　2016年6月出版／估价:88.00元

**自贸区蓝皮书**
中国自贸区发展报告（2016）
著(编)者:王力　王吉培　2016年10月出版／估价:69.00元

## 社会政法类

**北京蓝皮书**
中国社区发展报告（2016）
著(编)者:于燕燕　2017年2月出版／估价:79.00元

**殡葬绿皮书**
中国殡葬事业发展报告（2016）
著(编)者:李伯森　2016年4月出版／估价:158.00元

**城市管理蓝皮书**
中国城市管理报告（2016）
著(编)者:谭维克　刘林　2017年2月出版／估价:118.00元

**城市生活质量蓝皮书**
中国城市生活质量报告（2016）
著(编)者:张连城　张平　杨春学　郎丽华
2016年7月出版／估价:89.00元

皮书系列 2016全品种 — 社会政法类

**城市政府能力蓝皮书**
中国城市政府公共服务能力评估报告（2016）
著（编）者：何艳玲  2016年7月出版 / 估价：69.00元

**创新蓝皮书**
中国创业环境发展报告（2016）
著（编）者：姚凯 曹祎遐  2016年1月出版 / 估价：69.00元

**慈善蓝皮书**
中国慈善发展报告（2016）
著（编）者：杨团  2016年6月出版 / 估价：79.00元

**地方法治蓝皮书**
中国地方法治发展报告 NO.2（2016）
著（编）者：李林 田禾  2016年1月出版 / 估价：98.00元

**法治蓝皮书**
中国法治发展报告 NO.14（2016）
著（编）者：李林 田禾  2016年3月出版 / 估价：105.00元

**反腐倡廉蓝皮书**
中国反腐倡廉建设报告 NO.6
著（编）者：李秋芳 张英伟  2017年1月出版 / 估价：79.00元

**非传统安全蓝皮书**
中国非传统安全研究报告（2015～2016）
著（编）者：余潇枫 魏志江  2016年5月出版 / 估价：79.00元

**妇女发展蓝皮书**
中国妇女发展报告 NO.6
著（编）者：王金玲  2016年9月出版 / 估价：148.00元

**妇女教育蓝皮书**
中国妇女教育发展报告 NO.3
著（编）者：张李玺  2016年10月出版 / 估价：78.00元

**妇女绿皮书**
中国性别平等与妇女发展报告（2016）
著（编）者：谭琳  2016年12月出版 / 估价：99.00元

**公共服务蓝皮书**
中国城市基本公共服务力评价（2016）
著（编）者：钟君 吴正杲  2016年12月出版 / 估价：79.00元

**公共管理蓝皮书**
中国公共管理发展报告（2016）
著（编）者：贡森 李国强 杨维富
2016年4月出版 / 估价：69.00元

**公共外交蓝皮书**
中国公共外交发展报告（2016）
著（编）者：赵启正 雷蔚真  2016年4月出版 / 估价：89.00元

**公民科学素质蓝皮书**
中国公民科学素质报告（2016）
著（编）者：李群 许佳军  2016年3月出版 / 估价：79.00元

**公益蓝皮书**
中国公益发展报告（2016）
著（编）者：朱健刚  2016年5月出版 / 估价：78.00元

**国际人才蓝皮书**
海外华侨华人专业人士报告（2016）
著（编）者：王辉耀 苗绿  2016年8月出版 / 估价：69.00元

**国际人才蓝皮书**
中国国际移民报告（2016）
著（编）者：王辉耀  2016年2月出版 / 估价：79.00元

**国际人才蓝皮书**
中国海归发展报告（2016）NO.3
著（编）者：王辉耀 苗绿  2016年10月出版 / 估价：69.00元

**国际人才蓝皮书**
中国留学发展报告（2016）NO.5
著（编）者：王辉耀 苗绿  2016年10月出版 / 估价：79.00元

**国家公园蓝皮书**
中国国家公园体制建设报告（2016）
著（编）者：苏杨 张玉钧 石金莲 刘锋 等
2016年10月出版 / 估价：69.00元

**海洋社会蓝皮书**
中国海洋社会发展报告（2016）
著（编）者：崔凤 宋宁而  2016年7月出版 / 估价：89.00元

**行政改革蓝皮书**
中国行政体制改革报告（2016）NO.5
著（编）者：魏礼群  2016年4月出版 / 估价：98.00元

**华侨华人蓝皮书**
华侨华人研究报告（2016）
著（编）者：贾益民  2016年12月出版 / 估价：98.00元

**环境竞争力绿皮书**
中国省域环境竞争力发展报告（2016）
著（编）者：李建平 李闽榕 王金南
2016年11月出版 / 估价：198.00元

**环境绿皮书**
中国环境发展报告（2016）
著（编）者：刘鉴强  2016年5月出版 / 估价：79.00元

**基金会蓝皮书**
中国基金会发展报告（2016）
著（编）者：刘忠祥  2016年4月出版 / 估价：69.00元

**基金会绿皮书**
中国基金会发展独立研究报告（2016）
著（编）者：基金会中心网 中央民族大学基金会研究中心
2016年6月出版 / 估价：88.00元

**基金会透明度蓝皮书**
中国基金会透明度发展研究报告（2016）
著（编）者：基金会中心网 清华大学廉政与治理研究中心
2016年9月出版 / 估价：85.00元

**教师蓝皮书**
中国中小学教师发展报告（2016）
著（编）者：曾晓东 鱼霞  2016年6月出版 / 估价：69.00元

## 社会政法类 — 皮书系列 2016全品种

**教育蓝皮书**
中国教育发展报告（2016）
著(编)者：杨东平　2016年5月出版 / 估价：79.00元

**科普蓝皮书**
中国科普基础设施发展报告（2016）
著(编)者：任福君　2016年6月出版 / 估价：69.00元

**科学教育蓝皮书**
中国科学教育发展报告（2016）
著(编)者：罗晖　王康友　2016年10月出版 / 估价：79.00元

**劳动保障蓝皮书**
中国劳动保障发展报告（2016）
著(编)者：刘燕斌　2016年8月出版 / 估价：158.00元

**连片特困区蓝皮书**
中国连片特困区发展报告（2016）
著(编)者：游俊　冷志明　丁建军
2016年3月出版 / 估价：98.00元

**民间组织蓝皮书**
中国民间组织报告（2016）
著(编)者：黄晓勇　2016年12月出版 / 估价：79.00元

**民调蓝皮书**
中国民生调查报告（2016）
著(编)者：谢耘耕　2016年5月出版 / 估价：128.00元

**民族发展蓝皮书**
中国民族发展报告（2016）
著(编)者：郝时远　王延中　王希恩
2016年4月出版 / 估价：98.00元

**女性生活蓝皮书**
中国女性生活状况报告 NO.10（2016）
著(编)者：韩湘景　2016年4月出版 / 估价：79.00元

**汽车社会蓝皮书**
中国汽车社会发展报告（2016）
著(编)者：王俊秀　2016年1月出版 / 估价：69.00元

**青年蓝皮书**
中国青年发展报告（2016）NO.4
著(编)者：廉思　等　2016年4月出版 / 估价：69.00元

**青少年蓝皮书**
中国未成年人互联网运用报告（2016）
著(编)者：李文革　沈杰　季为民
2016年11月出版 / 估价：89.00元

**青少年体育蓝皮书**
中国青少年体育发展报告（2016）
著(编)者：郭建军　杨桦　2016年9月出版 / 估价：69.00元

**区域人才蓝皮书**
中国区域人才竞争力报告 NO.2
著(编)者：桂昭明　王辉耀
2016年6月出版 / 估价：69.00元

**群众体育蓝皮书**
中国群众体育发展报告（2016）
著(编)者：刘国永　杨桦　2016年10月出版 / 估价：69.00元

**人才蓝皮书**
中国人才发展报告（2016）
著(编)者：潘晨光　2016年9月出版 / 估价：85.00元

**人权蓝皮书**
中国人权事业发展报告 NO.6（2016）
著(编)者：李君如　2016年9月出版 / 估价：128.00元

**社会保障绿皮书**
中国社会保障发展报告（2016）NO.8
著(编)者：王延中　2016年4月出版 / 估价：99.00元

**社会工作蓝皮书**
中国社会工作发展报告（2016）
著(编)者：民政部社会工作研究中心
2016年8月出版 / 估价：79.00元

**社会管理蓝皮书**
中国社会管理创新报告 NO.4
著(编)者：连玉明　2016年11月出版 / 估价：89.00元

**社会蓝皮书**
2016年中国社会形势分析与预测
著(编)者：李培林　陈光金　张翼
2015年12月出版 / 定价：79.00元

**社会体制蓝皮书**
中国社会体制改革报告（2016）NO.4
著(编)者：龚维斌　2016年4月出版 / 估价：79.00元

**社会心态蓝皮书**
中国社会心态研究报告（2016）
著(编)者：王俊秀　杨宜音　2016年10月出版 / 估价：69.00元

**社会组织蓝皮书**
中国社会组织评估发展报告（2016）
著(编)者：徐家良　廖鸿　2016年12月出版 / 估价：69.00元

**生态城市绿皮书**
中国生态城市建设发展报告（2016）
著(编)者：刘举科　孙伟平　胡文臻
2016年9月出版 / 估价：148.00元

**生态文明绿皮书**
中国省域生态文明建设评价报告（ECI 2016）
著(编)者：严耕　2016年12月出版 / 估价：85.00元

**世界社会主义黄皮书**
世界社会主义跟踪研究报告（2015～2016）
著(编)者：李慎明　2016年4月出版 / 估价：258.00元

**水与发展蓝皮书**
中国水风险评估报告（2016）
著(编)者：王浩　2016年9月出版 / 估价：69.00元

**皮书系列 2016全品种** 社会政法类·行业报告类

**体育蓝皮书**
长三角地区体育产业发展报告（2016）
著（编）者：张林　2016年4月出版 / 估价：79.00元

**体育蓝皮书**
中国公共体育服务发展报告（2016）
著（编）者：戴健　2016年12月出版 / 估价：79.00元

**土地整治蓝皮书**
中国土地整治发展研究报告 NO.3
著（编）者：国土资源部土地整治中心
2016年5月出版 / 估价：89.00元

**土地政策蓝皮书**
中国土地政策发展报告（2016）
著（编）者：高延利　李宪文　唐健
2016年12月出版 / 估价：69.00元

**危机管理蓝皮书**
中国危机管理报告（2016）
著（编）者：文学国　范正青　2016年8月出版 / 估价：89.00元

**形象危机应对蓝皮书**
形象危机应对研究报告（2016）
著（编）者：唐钧　2016年6月出版 / 估价：149.00元

**医改蓝皮书**
中国医药卫生体制改革报告（2016）
著（编）者：文学国　房志武　2016年11月出版 / 估价：98.00元

**医疗卫生绿皮书**
中国医疗卫生发展报告 NO.7（2016）
著（编）者：申宝忠　韩玉珍　2016年4月出版 / 估价：75.00元

**政治参与蓝皮书**
中国政治参与报告（2016）
著（编）者：房宁　2016年7月出版 / 估价：108.00元

**政治发展蓝皮书**
中国政治发展报告（2016）
著（编）者：房宁　杨海蛟　2016年5月出版 / 估价：88.00元

**智慧社区蓝皮书**
中国智慧社区发展报告（2016）
著（编）者：罗昌智　张辉德　2016年7月出版 / 估价：69.00元

**中国农村妇女发展蓝皮书**
农村流动女性城市生活发展报告（2016）
著（编）者：谢丽华　2016年12月出版 / 估价：79.00元

**宗教蓝皮书**
中国宗教报告（2016）
著（编）者：邱永辉　2016年5月出版 / 估价：79.00元

## 行业报告类

**保健蓝皮书**
中国保健服务产业发展报告 NO.2
著（编）者：中国保健协会　中共中央党校
2016年7月出版 / 估价：198.00元

**保健蓝皮书**
中国保健食品产业发展报告 NO.2
著（编）者：中国保健协会
　　　　　中国社会科学院食品药品产业发展与监管研究中心
2016年7月出版 / 估价：198.00元

**保健蓝皮书**
中国保健用品产业发展报告 NO.2
著（编）者：中国保健协会
　　　　　国务院国有资产监督管理委员会研究中心
2016年2月出版 / 估价：198.00元

**保险蓝皮书**
中国保险业创新发展报告（2016）
著（编）者：项俊波　2016年12月出版 / 估价：69.00元

**保险蓝皮书**
中国保险业竞争力报告（2016）
著（编）者：项俊波　2015年12月出版 / 估价：99.00元

**采供血蓝皮书**
中国采供血管理报告（2016）
著（编）者：朱永明　耿鸿武　2016年8月出版 / 估价：69.00元

**彩票蓝皮书**
中国彩票发展报告（2016）
著（编）者：益彩基金　2016年4月出版 / 估价：98.00元

**餐饮产业蓝皮书**
中国餐饮产业发展报告（2016）
著（编）者：邢颖　2016年4月出版 / 估价：69.00元

**测绘地理信息蓝皮书**
测绘地理信息转型升级研究报告（2016）
著（编）者：库热西·买合苏提　2016年12月出版 / 估价：98.00元

**茶业蓝皮书**
中国茶产业发展报告（2016）
著（编）者：杨江帆　李闽榕　2016年10月出版 / 估价：78.00元

**产权市场蓝皮书**
中国产权市场发展报告（2015～2016）
著（编）者：曹和平　2016年5月出版 / 估价：89.00元

**产业安全蓝皮书**
中国出版传媒产业安全报告（2016）
著（编）者：北京印刷学院文化产业安全研究院
2016年4月出版 / 估价：69.00元

**产业安全蓝皮书**
中国文化产业安全报告（2016）
著（编）者：北京印刷学院文化产业安全研究院
2016年4月出版 / 估价：89.00元

行业报告类  皮书系列 2016全品种

**产业安全蓝皮书**
中国新媒体产业安全报告（2016）
著(编)者：北京印刷学院文化产业安全研究院
2016年5月出版 / 估价：69.00元

**大数据蓝皮书**
网络空间和大数据发展报告（2016）
著(编)者：杜平　2016年2月出版 / 估价：69.00元

**电子商务蓝皮书**
中国电子商务服务业发展报告 NO.3
著(编)者：荆林波　梁春晓　2016年5月出版 / 估价：69.00元

**电子政务蓝皮书**
中国电子政务发展报告（2016）
著(编)者：洪毅　杜平　2016年11月出版 / 估价：79.00元

**杜仲产业绿皮书**
中国杜仲橡胶资源与产业发展报告（2016）
著(编)者：杜红岩　胡文臻　俞锐
2016年1月出版 / 估价：85.00元

**房地产蓝皮书**
中国房地产发展报告 NO.13（2016）
著(编)者：魏后凯　李景国　2016年5月出版 / 估价：79.00元

**服务外包蓝皮书**
中国服务外包产业发展报告（2016）
著(编)者：王晓红　刘德军
2016年6月出版 / 估价：89.00元

**服务外包蓝皮书**
中国服务外包竞争力报告（2016）
著(编)者：王力　刘春生　黄育华
2016年11月出版 / 估价：85.00元

**工业和信息化蓝皮书**
世界网络安全发展报告（2016）
著(编)者：洪京一　2016年4月出版 / 估价：69.00元

**工业和信息化蓝皮书**
世界信息化发展报告（2016）
著(编)者：洪京一　2016年4月出版 / 估价：69.00元

**工业和信息化蓝皮书**
世界信息技术产业发展报告（2016）
著(编)者：洪京一　2016年4月出版 / 估价：79.00元

**工业和信息化蓝皮书**
世界制造业发展报告（2016）
著(编)者：洪京一　2016年4月出版 / 估价：69.00元

**工业和信息化蓝皮书**
移动互联网产业发展报告（2016）
著(编)者：洪京一　2016年4月出版 / 估价：79.00元

**工业设计蓝皮书**
中国工业设计发展报告（2016）
著(编)者：王晓红　于炜　张立群
2016年9月出版 / 估价：138.00元

**互联网金融蓝皮书**
中国互联网金融发展报告（2016）
著(编)者：李东荣　2016年8月出版 / 估价：79.00元

**会展蓝皮书**
中外会展业动态评估年度报告（2016）
著(编)者：张敏　2016年1月出版 / 估价：78.00元

**节能汽车蓝皮书**
中国节能汽车产业发展报告（2016）
著(编)者：中国汽车工程研究院股份有限公司
2016年12月出版 / 估价：69.00元

**金融监管蓝皮书**
中国金融监管报告（2016）
著(编)者：胡滨　2016年4月出版 / 估价：89.00元

**金融蓝皮书**
中国金融中心发展报告（2016）
著(编)者：王力　黄育华　2017年11月出版 / 估价：75.00元

**金融蓝皮书**
中国商业银行竞争力报告（2016）
著(编)者：王松奇　2016年5月出版 / 估价：69.00元

**经济林产业绿皮书**
中国经济林产业发展报告（2016）
著(编)者：李芳东　胡文臻　乌云塔娜　杜红岩
2016年12月出版 / 估价：69.00元

**客车蓝皮书**
中国客车产业发展报告（2016）
著(编)者：姚蔚　2016年2月出版 / 估价：85.00元

**老龄蓝皮书**
中国老龄产业发展报告（2016）
著(编)者：吴玉韶　党俊武　2016年9月出版 / 估价：79.00元

**流通蓝皮书**
中国商业发展报告（2016）
著(编)者：荆林波　2016年5月出版 / 估价：89.00元

**旅游安全蓝皮书**
中国旅游安全报告（2016）
著(编)者：郑向敏　谢朝武　2016年5月出版 / 估价：128.00元

**旅游绿皮书**
2015～2016年中国旅游发展分析与预测
著(编)者：宋瑞　2016年1月出版 / 估价：98.00元

**煤炭蓝皮书**
中国煤炭工业发展报告（2016）
著(编)者：岳福斌　2016年12月出版 / 估价：79.00元

**民营企业社会责任蓝皮书**
中国民营企业社会责任年度报告（2016）
著(编)者：中华全国工商业联合会
2016年7月出版 / 估价：69.00元

## 皮书系列 2016全品种 — 行业报告类

### 民营医院蓝皮书
中国民营医院发展报告（2016）
著(编)者：庄一强　2016年10月出版 / 估价：75.00元

### 能源蓝皮书
中国能源发展报告（2016）
著(编)者：崔民选　王军生　陈义和
2016年8月出版 / 估价：79.00元

### 农产品流通蓝皮书
中国农产品流通产业发展报告（2016）
著(编)者：贾敬敦　张东科　张玉玺　张鹏毅　周伟
2016年1月出版 / 估价：89.00元

### 期货蓝皮书
中国期货市场发展报告(2016)
著(编)者：李群　王在荣　2016年11月出版 / 估价：69.00元

### 企业公益蓝皮书
中国企业公益研究报告（2016）
著(编)者：钟宏武　汪杰　顾一　黄晓娟　等
2016年12月出版 / 估价：69.00元

### 企业公众透明度蓝皮书
中国企业公众透明度报告（2016）NO.2
著(编)者：黄速建　王晓光　肖红军
2016年1月出版 / 估价：98.00元

### 企业国际化蓝皮书
中国企业国际化报告（2016）
著(编)者：王辉耀　2016年11月出版 / 估价：98.00元

### 企业蓝皮书
中国企业绿色发展报告NO.2（2016）
著(编)者：李红玉　朱光辉　2016年8月出版 / 估价：79.00元

### 企业社会责任蓝皮书
中国企业社会责任研究报告（2016）
著(编)者：黄群慧　钟宏武　张蒽　等
2016年11月出版 / 估价：79.00元

### 企业社会责任能力蓝皮书
中国上市公司社会责任能力成熟度报告（2016）
著(编)者：肖红军　王晓光　李伟阳
2016年11月出版 / 估价：69.00元

### 汽车安全蓝皮书
中国汽车安全发展报告（2016）
著(编)者：中国汽车技术研究中心
2016年7月出版 / 估价：89.00元

### 汽车电子商务蓝皮书
中国汽车电子商务发展报告（2016）
著(编)者：中华全国工商业联合会汽车经销商商会
　　　　　北京易观智库网络科技有限公司
2016年5月出版 / 估价：128.00元

### 汽车工业蓝皮书
中国汽车工业发展年度报告（2016）
著(编)者：中国汽车工业协会　中国汽车技术研究中心
　　　　　丰田汽车（中国）投资有限公司
2016年4月出版 / 估价：128.00元

### 汽车蓝皮书
中国汽车产业发展报告（2016）
著(编)者：国务院发展研究中心产业经济研究部
　　　　　中国汽车工程学会　大众汽车集团（中国）
2016年8月出版 / 估价：158.00元

### 清洁能源蓝皮书
国际清洁能源发展报告（2016）
著(编)者：苏树辉　袁国林　李玉崙
2016年11月出版 / 估价：99.00元

### 人力资源蓝皮书
中国人力资源发展报告（2016）
著(编)者：余兴安　2016年12月出版 / 估价：79.00元

### 融资租赁蓝皮书
中国融资租赁业发展报告（2015~2016）
著(编)者：李光荣　王力　2016年1月出版 / 估价：89.00元

### 软件和信息服务业蓝皮书
中国软件和信息服务业发展报告（2016）
著(编)者：洪京一　2016年12月出版 / 估价：198.00元

### 商会蓝皮书
中国商会发展报告NO.5（2016）
著(编)者：王钦敏　2016年7月出版 / 估价：89.00元

### 上市公司蓝皮书
中国上市公司社会责任信息披露报告（2016）
著(编)者：张旺　张杨　2016年11月出版 / 估价：69.00元

### 上市公司蓝皮书
中国上市公司质量评价报告（2015~2016）
著(编)者：张跃文　王力　2016年11月出版 / 估价：118.00元

### 设计产业蓝皮书
中国设计产业发展报告（2016）
著(编)者：陈冬亮　梁昊光　2016年3月出版 / 估价：89.00元

### 食品药品蓝皮书
食品药品安全与监管政策研究报告（2016）
著(编)者：唐民皓　2016年7月出版 / 估价：69.00元

### 世界能源蓝皮书
世界能源发展报告（2016）
著(编)者：黄晓勇　2016年6月出版 / 估价：99.00元

### 水利风景区蓝皮书
中国水利风景区发展报告（2016）
著(编)者：兰思仁　2016年8月出版 / 估价：69.00元

### 私募市场蓝皮书
中国私募股权市场发展报告（2016）
著(编)者：曹和平　2016年12月出版 / 估价：79.00元

### 碳市场蓝皮书
中国碳市场报告（2016）
著(编)者：宁金彪　2016年11月出版 / 估价：69.00元

## 行业报告类
## 皮书系列 2016全品种

**体育蓝皮书**
中国体育产业发展报告(2016)
著(编)者:阮伟 钟秉枢　2016年7月出版 / 估价:69.00元

**投资蓝皮书**
中国投资发展报告(2016)
著(编)者:谢平　2016年4月出版 / 估价:128.00元

**土地市场蓝皮书**
中国农村土地市场发展报告(2016)
著(编)者:李光荣 高传捷　2016年1月出版 / 估价:69.00元

**网络空间安全蓝皮书**
中国网络空间安全发展报告(2016)
著(编)者:惠志斌 唐涛　2016年4月出版 / 估价:79.00元

**物联网蓝皮书**
中国物联网发展报告(2016)
著(编)者:黄桂田 龚六堂 张全升
2016年1月出版 / 估价:69.00元

**西部工业蓝皮书**
中国西部工业发展报告(2016)
著(编)者:方行明 甘犁 刘方健 姜凌 等
2016年9月出版 / 估价:79.00元

**西部金融蓝皮书**
中国西部金融发展报告(2016)
著(编)者:李忠民　2016年8月出版 / 估价:75.00元

**协会商会蓝皮书**
中国行业协会商会发展报告(2016)
著(编)者:景朝阳 李勇　2016年4月出版 / 估价:99.00元

**新能源汽车蓝皮书**
中国新能源汽车产业发展报告(2016)
著(编)者:中国汽车技术研究中心
日产(中国)投资有限公司 东风汽车有限公司
2016年8月出版 / 估价:89.00元

**新三板蓝皮书**
中国新三板市场发展报告(2016)
著(编)者:王力　2016年6月出版 / 估价:69.00元

**信托市场蓝皮书**
中国信托业市场报告(2015~2016)
著(编)者:用益信托工作室
2016年2月出版 / 估价:198.00元

**信息安全蓝皮书**
中国信息安全发展报告(2016)
著(编)者:张晓东　2016年2月出版 / 估价:69.00元

**信息化蓝皮书**
中国信息化形势分析与预测(2016)
著(编)者:周宏仁　2016年8月出版 / 估价:98.00元

**信用蓝皮书**
中国信用发展报告(2016)
著(编)者:章政 田侃　2016年4月出版 / 估价:99.00元

**休闲绿皮书**
2016年中国休闲发展报告
著(编)者:宋瑞
2016年10月出版 / 估价:79.00元

**药品流通蓝皮书**
中国药品流通行业发展报告(2016)
著(编)者:佘鲁林 温再兴
2016年8月出版 / 估价:158.00元

**医药蓝皮书**
中国中医药产业园战略发展报告(2016)
著(编)者:裴长洪 房书亭 吴滌心
2016年3月出版 / 估价:89.00元

**邮轮绿皮书**
中国邮轮产业发展报告(2016)
著(编)者:汪泓　2016年10月出版 / 估价:79.00元

**智能养老蓝皮书**
中国智能养老产业发展报告(2016)
著(编)者:朱勇　2016年10月出版 / 估价:89.00元

**中国SUV蓝皮书**
中国SUV产业发展报告(2016)
著(编)者:靳军　2016年12月出版 / 估价:69.00元

**中国金融行业蓝皮书**
中国债券市场发展报告(2016)
著(编)者:谢多　2016年7月出版 / 估价:69.00元

**中国上市公司蓝皮书**
中国上市公司发展报告(2016)
著(编)者:中国社会科学院上市公司研究中心
2016年9月出版 / 估价:98.00元

**中国游戏蓝皮书**
中国游戏产业发展报告(2016)
著(编)者:孙立军 刘跃军 牛兴侦
2016年4月出版 / 估价:69.00元

**中国总部经济蓝皮书**
中国总部经济发展报告(2015~2016)
著(编)者:赵弘　2016年9月出版 / 估价:79.00元

**资本市场蓝皮书**
中国场外交易市场发展报告(2016)
著(编)者:高峦　2016年8月出版 / 估价:79.00元

**资产管理蓝皮书**
中国资产管理行业发展报告(2016)
著(编)者:智信资产管理研究院
2016年6月出版 / 估价:89.00元

皮书系列 2016全品种 文化传媒类

# 文化传媒类

**传媒竞争力蓝皮书**
中国传媒国际竞争力研究报告（2016）
著（编）者：李本乾 刘强
2016年11月出版 / 估价：148.00元

**传媒蓝皮书**
中国传媒产业发展报告（2016）
著（编）者：崔保国 2016年5月出版 / 估价：98.00元

**传媒投资蓝皮书**
中国传媒投资发展报告（2016）
著（编）者：张向东 谭云明
2016年6月出版 / 估价：128.00元

**动漫蓝皮书**
中国动漫产业发展报告（2016）
著（编）者：卢斌 郑玉明 牛兴侦
2016年7月出版 / 估价：79.00元

**非物质文化遗产蓝皮书**
中国非物质文化遗产发展报告（2016）
著（编）者：陈平 2016年5月出版 / 估价：98.00元

**广电蓝皮书**
中国广播电影电视发展报告（2016）
著（编）者：国家新闻出版广电总局发展研究中心
2016年7月出版 / 估价：98.00元

**广告主蓝皮书**
中国广告主营销传播趋势报告 NO.9
著（编）者：黄升民 杜国清 邵华冬 等
2016年10月出版 / 估价：148.00元

**国际传播蓝皮书**
中国国际传播发展报告（2016）
著（编）者：胡正荣 李继东 姬德强
2016年11月出版 / 估价：89.00元

**纪录片蓝皮书**
中国纪录片发展报告（2016）
著（编）者：何苏六 2016年10月出版 / 估价：79.00元

**科学传播蓝皮书**
中国科学传播报告（2016）
著（编）者：詹正茂 2016年7月出版 / 估价：69.00元

**两岸创意经济蓝皮书**
两岸创意经济研究报告（2016）
著（编）者：罗昌智 董泽平 2016年12月出版 / 估价：98.00元

**两岸文化蓝皮书**
两岸文化产业合作发展报告（2016）
著（编）者：胡惠林 李保宗 2016年7月出版 / 估价：79.00元

**媒介与女性蓝皮书**
中国媒介与女性发展报告(2015~2016)
著（编）者：刘利群 2016年8月出版 / 估价：118.00元

**媒体融合蓝皮书**
中国媒体融合发展报告（2016）
著（编）者：梅宁华 宋建武 2016年7月出版 / 估价：79.00元

**全球传媒蓝皮书**
全球传媒发展报告（2016）
著（编）者：胡正荣 李继东 唐晓芬
2016年12月出版 / 估价：79.00元

**少数民族非遗蓝皮书**
中国少数民族非物质文化遗产发展报告（2016）
著（编）者：肖远平（彝） 柴立（满）
2016年6月出版 / 估价：128.00元

**视听新媒体蓝皮书**
中国视听新媒体发展报告（2016）
著（编）者：国家新闻出版广电总局发展研究中心
2016年7月出版 / 估价：98.00元

**文化创新蓝皮书**
中国文化创新报告（2016）NO.7
著（编）者：于平 傅才武 2016年7月出版 / 估价：98.00元

**文化建设蓝皮书**
中国文化发展报告（2016）
著（编）者：江畅 孙伟平 戴茂堂
2016年4月出版 / 估价：108.00元

**文化科技蓝皮书**
文化科技创新发展报告（2016）
著（编）者：于平 李凤亮 2016年10月出版 / 估价：89.00元

**文化蓝皮书**
中国公共文化服务发展报告（2016）
著（编）者：刘新成 张永新 张旭 2016年10月出版 / 估价：98.00元

**文化蓝皮书**
中国公共文化投入增长测评报告（2016）
著（编）者：王亚南 2016年12月出版 / 估价：79.00元

**文化蓝皮书**
中国少数民族文化发展报告（2016）
著（编）者：武翠英 张晓明 任乌晶
2016年9月出版 / 估价：69.00元

**文化蓝皮书**
中国文化产业发展报告（2016）
著（编）者：张晓明 王家新 章建刚
2016年4月出版 / 估价：79.00元

**文化蓝皮书**
中国文化产业供需协调检测报告（2016）
著（编）者：王亚南 2016年2月出版 / 估价：79.00元

**文化蓝皮书**
中国文化消费需求景气评价报告（2016）
著（编）者：王亚南 2016年2月出版 / 估价：79.00元

权威 前沿 原创

**文化传媒类·地方发展类**

**皮书系列 2016全品种**

**文化品牌蓝皮书**
中国文化品牌发展报告（2016）
著(编)者：欧阳友权　2016年4月出版／估价：89.00元

**文化遗产蓝皮书**
中国文化遗产事业发展报告（2016）
著(编)者：刘世锦　2016年3月出版／估价：89.00元

**文学蓝皮书**
中国文情报告（2015～2016）
著(编)者：白烨　2016年5月出版／估价：69.00元

**新媒体蓝皮书**
中国新媒体发展报告NO.7（2016）
著(编)者：唐绪军　2016年7月出版／估价：79.00元

**新媒体社会责任蓝皮书**
中国新媒体社会责任研究报告（2016）
著(编)者：钟瑛　2016年10月出版／估价：79.00元

**移动互联网蓝皮书**
中国移动互联网发展报告（2016）
著(编)者：官建文　2016年6月出版／估价：79.00元

**舆情蓝皮书**
中国社会舆情与危机管理报告（2016）
著(编)者：谢耘耕　2016年8月出版／估价：98.00元

## 地方发展类

**安徽经济蓝皮书**
芜湖创新型城市发展报告（2016）
著(编)者：张志宏　2016年4月出版／估价：69.00元

**安徽蓝皮书**
安徽社会发展报告（2016）
著(编)者：程桦　2016年4月出版／估价：89.00元

**安徽社会建设蓝皮书**
安徽社会建设分析报告（2015～2016）
著(编)者：黄家海　王开玉　蔡宪
2016年4月出版／估价：89.00元

**澳门蓝皮书**
澳门经济社会发展报告（2015～2016）
著(编)者：吴志良　郝雨凡　2016年5月出版／估价：79.00元

**北京蓝皮书**
北京公共服务发展报告（2015～2016）
著(编)者：施昌奎　2016年1月出版／估价：69.00元

**北京蓝皮书**
北京经济发展报告（2015～2016）
著(编)者：杨松　2016年6月出版／估价：79.00元

**北京蓝皮书**
北京社会发展报告（2015～2016）
著(编)者：李伟东　2016年7月出版／估价：79.00元

**北京蓝皮书**
北京社会治理发展报告（2015～2016）
著(编)者：殷星辰　2016年6月出版／估价：79.00元

**北京蓝皮书**
北京文化发展报告（2015～2016）
著(编)者：李建盛　2016年5月出版／估价：79.00元

**北京旅游绿皮书**
北京旅游发展报告（2016）
著(编)者：北京旅游学会　2016年7月出版／估价：88.00元

**北京人才蓝皮书**
北京人才发展报告（2016）
著(编)者：于淼　2016年12月出版／估价：128.00元

**北京社会心态蓝皮书**
北京社会心态分析报告（2015～2016）
著(编)者：北京社会心理研究所
2016年8月出版／估价：79.00元

**北京社会组织管理蓝皮书**
北京社会组织发展与管理（2015～2016）
著(编)者：黄江松　2016年4月出版／估价：78.00元

**北京体育蓝皮书**
北京体育产业发展报告（2016）
著(编)者：钟秉枢　陈杰　杨铁黎
2016年10月出版／估价：79.00元

**北京养老产业蓝皮书**
北京养老产业发展报告（2016）
著(编)者：周明明　冯喜良　2016年4月出版／估价：69.00元

**滨海金融蓝皮书**
滨海新区金融发展报告（2016）
著(编)者：王爱俭　张锐钢　2016年9月出版／估价：79.00元

**城乡一体化蓝皮书**
中国城乡一体化发展报告·北京卷（2015～2016)
著(编)者：张宝秀　黄序　2016年5月出版／估价：79.00元

**创意城市蓝皮书**
北京文化创意产业发展报告（2016）
著(编)者：张京成　王国华　2016年12月出版／估价：69.00元

**创意城市蓝皮书**
青岛文化创意产业发展报告（2016）
著(编)者：马达　张丹妮　2016年6月出版／估价：79.00元

23

**皮书系列 2016全品种** 地方发展类

创意城市蓝皮书
台北文化创意产业发展报告（2016）
著(编)者：陈耀竹 邱琪瑄　2016年11月出版 / 估价:89.00元

创意城市蓝皮书
无锡文化创意产业发展报告（2016）
著(编)者：谭军 张鸣年　2016年10月出版 / 估价:79.00元

创意城市蓝皮书
武汉文化创意产业发展报告（2016）
著(编)者：黄永林 陈汉桥　2016年12月出版 / 估价:89.00元

创意城市蓝皮书
重庆创意产业发展报告（2016）
著(编)者：程宇宁　2016年4月出版 / 估价:89.00元

地方法治蓝皮书
南宁法治发展报告（2016）
著(编)者：杨雄雄　2016年12月出版 / 估价:69.00元

福建妇女发展蓝皮书
福建省妇女发展报告（2016）
著(编)者：刘群英　2016年11月出版 / 估价:88.00元

甘肃蓝皮书
甘肃经济发展分析与预测（2016）
著(编)者：朱智文 罗哲　2016年1月出版 / 估价:79.00元

甘肃蓝皮书
甘肃社会发展分析与预测（2016）
著(编)者：安文华 包晓霞　2016年1月出版 / 估价:79.00元

甘肃蓝皮书
甘肃文化发展分析与预测（2016）
著(编)者：安文华 周小华　2016年1月出版 / 估价:79.00元

甘肃蓝皮书
甘肃县域社会发展评价报告（2016）
著(编)者：刘进军 柳民 王建兵　2016年1月出版 / 估价:79.00元

甘肃蓝皮书
甘肃舆情分析与预测（2016）
著(编)者：陈双梅 郝树声　2016年1月出版 / 估价:79.00元

甘肃蓝皮书
甘肃商务发展报告（2016）
著(编)者：杨志武 王福生 王晓芳　2016年1月出版 / 估价:69.00元

广东蓝皮书
广东全面深化改革发展报告（2016）
著(编)者：周林生 涂成林　2016年11月出版 / 估价:69.00元

广东蓝皮书
广东社会工作发展报告（2016）
著(编)者：罗观翠　2016年6月出版 / 估价:89.00元

广东蓝皮书
广东省电子商务发展报告（2016）
著(编)者：程晓 邓顺国　2016年7月出版 / 估价:79.00元

广东社会建设蓝皮书
广东省社会建设发展报告（2016）
著(编)者：广东省社会工作委员会
2016年12月出版 / 估价:99.00元

广东外经贸蓝皮书
广东对外经济贸易发展研究报告（2015~2016）
著(编)者：陈万灵　2016年5月出版 / 估价:89.00元

广西北部湾经济区蓝皮书
广西北部湾经济区开放开发报告（2016）
著(编)者：广西北部湾经济区规划建设管理委员会办公室　广西社会科学院 广西北部湾发展研究院
2016年10月出版 / 估价:79.00元

广州蓝皮书
2016年中国广州经济形势分析与预测
著(编)者：庾建设 沈奎 谢博能　2016年6月出版 / 估价:79.00元

广州蓝皮书
2016年中国广州社会形势分析与预测
著(编)者：张强 陈怡霓 杨秦　2016年6月出版 / 估价:79.00元

广州蓝皮书
广州城市国际化发展报告（2016）
著(编)者：朱名宏　2016年11月出版 / 估价:69.00元

广州蓝皮书
广州创新型城市发展报告（2016）
著(编)者：尹涛　2016年10月出版 / 估价:69.00元

广州蓝皮书
广州经济发展报告（2016）
著(编)者：朱名宏　2016年7月出版 / 估价:69.00元

广州蓝皮书
广州农村发展报告（2016）
著(编)者：朱名宏　2016年8月出版 / 估价:69.00元

广州蓝皮书
广州汽车产业发展报告（2016）
著(编)者：杨再高 冯兴亚　2016年9月出版 / 估价:69.00元

广州蓝皮书
广州青年发展报告（2015~2016）
著(编)者：魏国华 张强　2016年7月出版 / 估价:69.00元

广州蓝皮书
广州商贸业发展报告（2016）
著(编)者：李江涛 肖振宇 荀振英
2016年7月出版 / 估价:69.00元

广州蓝皮书
广州社会保障发展报告（2016）
著(编)者：蔡国萱　2016年10月出版 / 估价:65.00元

广州蓝皮书
广州文化创意产业发展报告（2016）
著(编)者：甘新　2016年8月出版 / 估价:79.00元

广州蓝皮书
中国广州城市建设与管理发展报告（2016）
著(编)者：董皞 陈小钢 李江涛　2016年7月出版 / 估价:69.00元

## 皮书系列 2016全品种 — 地方发展类

**广州蓝皮书**
中国广州科技和信息化发展报告（2016）
著(编)者：邹采荣 马正勇 冯元 2016年8月出版 / 估价：79.00元

**广州蓝皮书**
中国广州文化发展报告（2016）
著(编)者：徐俊忠 陆志强 顾涧清 2016年7月出版 / 估价：69.00元

**贵阳蓝皮书**
贵阳城市创新发展报告·白云篇（2016）
著(编)者：连玉明 2016年10月出版 / 估价：89.00元

**贵阳蓝皮书**
贵阳城市创新发展报告·观山湖篇（2016）
著(编)者：连玉明 2016年10月出版 / 估价：89.00元

**贵阳蓝皮书**
贵阳城市创新发展报告·花溪篇（2016）
著(编)者：连玉明 2016年10月出版 / 估价：89.00元

**贵阳蓝皮书**
贵阳城市创新发展报告·开阳篇（2016）
著(编)者：连玉明 2016年10月出版 / 估价：89.00元

**贵阳蓝皮书**
贵阳城市创新发展报告·南明篇（2016）
著(编)者：连玉明 2016年10月出版 / 估价：89.00元

**贵阳蓝皮书**
贵阳城市创新发展报告·清镇篇（2016）
著(编)者：连玉明 2016年10月出版 / 估价：89.00元

**贵阳蓝皮书**
贵阳城市创新发展报告·乌当篇（2016）
著(编)者：连玉明 2016年10月出版 / 估价：89.00元

**贵阳蓝皮书**
贵阳城市创新发展报告·息烽篇（2016）
著(编)者：连玉明 2016年10月出版 / 估价：89.00元

**贵阳蓝皮书**
贵阳城市创新发展报告·修文篇（2016）
著(编)者：连玉明 2016年10月出版 / 估价：89.00元

**贵阳蓝皮书**
贵阳城市创新发展报告·云岩篇（2016）
著(编)者：连玉明 2016年10月出版 / 估价：89.00元

**贵州房地产蓝皮书**
贵州房地产发展报告NO.3（2016）
著(编)者：武廷方 2016年6月出版 / 估价：89.00元

**贵州蓝皮书**
册亨经济社会发展报告(2016)
著(编)者：黄德林 2016年1月出版 / 估价：69.00元

**贵州蓝皮书**
贵安新区发展报告（2016）
著(编)者：马长青 吴大华 2016年4月出版 / 估价：69.00元

**贵州蓝皮书**
贵州法治发展报告（2016）
著(编)者：吴大华 2016年5月出版 / 估价：79.00元

**贵州蓝皮书**
贵州民航业发展报告（2016）
著(编)者：申振东 吴大华 2016年10月出版 / 估价：69.00元

**贵州蓝皮书**
贵州人才发展报告（2016）
著(编)者：于杰 吴大华 2016年9月出版 / 估价：69.00元

**贵州蓝皮书**
贵州社会发展报告（2016）
著(编)者：王兴骥 2016年5月出版 / 估价：79.00元

**海淀蓝皮书**
海淀区文化和科技融合发展报告（2016）
著(编)者：陈名杰 孟景伟 2016年5月出版 / 估价：75.00元

**海峡西岸蓝皮书**
海峡西岸经济区发展报告（2016）
著(编)者：福建省人民政府发展研究中心
福建省人民政府发展研究中心咨询服务中心
2016年9月出版 / 估价：65.00元

**杭州都市圈蓝皮书**
杭州都市圈发展报告（2016）
著(编)者：董祖德 沈翔 2016年5月出版 / 估价：89.00元

**杭州蓝皮书**
杭州妇女发展报告（2016）
著(编)者：魏颖 2016年4月出版 / 估价：79.00元

**河北经济蓝皮书**
河北省经济发展报告（2016）
著(编)者：马树强 金浩 刘兵 张贵
2016年3月出版 / 估价：89.00元

**河北蓝皮书**
河北经济社会发展报告（2016）
著(编)者：周文夫 2016年1月出版 / 估价：79.00元

**河北食品药品安全蓝皮书**
河北食品药品安全研究报告（2016）
著(编)者：丁锦霞 2016年6月出版 / 估价：79.00元

**河南经济蓝皮书**
2016年河南经济形势分析与预测
著(编)者：胡五岳 2016年2月出版 / 估价：69.00元

**河南蓝皮书**
2016年河南社会形势分析与预测
著(编)者：刘道兴 牛苏林 2016年4月出版 / 估价：69.00元

**河南蓝皮书**
河南城市发展报告（2016）
著(编)者：谷建全 王建国 2016年3月出版 / 估价：79.00元

**河南蓝皮书**
河南法治发展报告（2016）
著(编)者：丁同民 闫德民 2016年6月出版 / 估价：79.00元

**河南蓝皮书**
河南工业发展报告（2016）
著(编)者：龚绍东 赵西三 2016年1月出版 / 估价：79.00元

**皮书系列 2016全品种** — 地方发展类

**河南蓝皮书**
河南金融发展报告（2016）
著(编)者：河南省社会科学院
2016年6月出版 / 估价：69.00元

**河南蓝皮书**
河南经济发展报告（2016）
著(编)者：河南省社会科学院
2016年12月出版 / 估价：79.00元

**河南蓝皮书**
河南农业农村发展报告（2016）
著(编)者：吴海峰　2016年4月出版　估价：69.00元

**河南蓝皮书**
河南文化发展报告（2016）
著(编)者：卫绍生　2016年3月出版 / 估价：79.00元

**河南商务蓝皮书**
河南商务发展报告（2016）
著(编)者：焦锦淼　穆荣国　2016年4月出版 / 估价：88.00元

**黑龙江产业蓝皮书**
黑龙江产业发展报告（2016）
著(编)者：于渤　2016年10月出版 / 估价：79.00元

**黑龙江蓝皮书**
黑龙江经济发展报告（2016）
著(编)者：曲伟　2016年1月出版 / 估价：79.00元

**黑龙江蓝皮书**
黑龙江社会发展报告（2016）
著(编)者：张新颖　2016年1月出版 / 估价：79.00元

**湖南城市蓝皮书**
区域城市群整合（主题待定）
著(编)者：童中贤　韩未名　2016年12月出版 / 估价：79.00元

**湖南蓝皮书**
2016年湖南产业发展报告
著(编)者：梁志峰　2016年5月出版 / 估价：98.00元

**湖南蓝皮书**
2016年湖南电子政务发展报告
著(编)者：梁志峰　2016年5月出版 / 估价：98.00元

**湖南蓝皮书**
2016年湖南经济展望
著(编)者：梁志峰　2016年5月出版 / 估价：128.00元

**湖南蓝皮书**
2016年湖南两型社会与生态文明发展报告
著(编)者：梁志峰　2016年5月出版 / 估价：98.00元

**湖南蓝皮书**
2016年湖南社会发展报告
著(编)者：梁志峰　2016年5月出版 / 估价：88.00元

**湖南蓝皮书**
2016年湖南县域经济社会发展报告
著(编)者：梁志峰　2016年5月出版 / 估价：98.00元

**湖南蓝皮书**
湖南城乡一体化发展报告（2016）
著(编)者：陈文胜　刘祚祥　邝奕轩　等
2016年7月出版 / 估价：89.00元

**湖南县域绿皮书**
湖南县域发展报告 NO.3
著(编)者：袁准　周小毛　2016年9月出版 / 估价：69.00元

**沪港蓝皮书**
沪港发展报告（2015～2016）
著(编)者：尤安山　2016年4月出版 / 估价：89.00元

**吉林蓝皮书**
2016年吉林经济社会形势分析与预测
著(编)者：马克　2016年2月出版 / 估价：89.00元

**济源蓝皮书**
济源经济社会发展报告（2016）
著(编)者：喻新安　2016年4月出版 / 估价：69.00元

**健康城市蓝皮书**
北京健康城市建设研究报告（2016）
著(编)者：王鸿春　2016年4月出版 / 估价：79.00元

**江苏法治蓝皮书**
江苏法治发展报告 NO.5（2016）
著(编)者：李力　龚廷泰　2016年9月出版 / 估价：98.00元

**江西蓝皮书**
江西经济社会发展报告（2016）
著(编)者：张勇　姜玮　梁勇　2016年10月出版 / 估价：79.00元

**江西文化产业蓝皮书**
江西文化产业发展报告（2016）
著(编)者：张圣才　汪春翔　2016年10月出版 / 估价：128.00元

**经济特区蓝皮书**
中国经济特区发展报告（2016）
著(编)者：陶一桃　2016年12月出版 / 估价：89.00元

**辽宁蓝皮书**
2016年辽宁经济社会形势分析与预测
著(编)者：曹晓峰　张晶　梁启东
2016年12月出版 / 估价：79.00元

**拉萨蓝皮书**
拉萨法治发展报告（2016）
著(编)者：车明怀　2016年7月出版 / 估价：79.00元

**洛阳蓝皮书**
洛阳文化发展报告（2016）
著(编)者：刘福兴　陈启明　2016年7月出版 / 估价：79.00元

**南京蓝皮书**
南京文化发展报告（2016）
著(编)者：徐宁　2016年12月出版 / 估价：79.00元

**内蒙古蓝皮书**
内蒙古反腐倡廉建设报告 NO.2
著(编)者：张志华　无极　2016年12月出版 / 估价：69.00元

## 地方发展类 皮书系列 2016全品种

**浦东新区蓝皮书**
上海浦东经济发展报告（2016）
著(编)者:沈开艳 陆沪根　2016年1月出版 / 估价:69.00元

**青海蓝皮书**
2016年青海经济社会形势分析与预测
著(编)者:赵宗福　2015年12月出版 / 估价:69.00元

**人口与健康蓝皮书**
深圳人口与健康发展报告（2016）
著(编)者:陆杰华 罗乐宣 苏杨
2016年11月出版 / 估价:89.00元

**山东蓝皮书**
山东经济形势分析与预测（2016）
著(编)者:李广杰　2016年11月出版 / 估价:89.00元

**山东蓝皮书**
山东社会形势分析与预测（2016）
著(编)者:涂可国　2016年6月出版 / 估价:89.00元

**山东蓝皮书**
山东文化发展报告（2016）
著(编)者:张华 唐洲雁　2016年6月出版 / 估价:98.00元

**山西蓝皮书**
山西资源型经济转型发展报告（2016）
著(编)者:李志强　2016年5月出版 / 估价:89.00元

**陕西蓝皮书**
陕西经济发展报告（2016）
著(编)者:任宗哲 白宽犁 裴成荣
2016年1月出版 / 估价:69.00元

**陕西蓝皮书**
陕西社会发展报告（2016）
著(编)者:任宗哲 白宽犁 牛昉
2016年1月出版 / 估价:69.00元

**陕西蓝皮书**
陕西文化发展报告（2016）
著(编)者:任宗哲 白宽犁 王长寿
2016年1月出版 / 估价:65.00元

**陕西蓝皮书**
丝绸之路经济带发展报告（2016）
著(编)者:任宗哲 石英 白宽犁
2016年8月出版 / 估价:79.00元

**上海蓝皮书**
上海传媒发展报告（2016）
著(编)者:强荧 焦雨虹　2016年1月出版 / 估价:69.00元

**上海蓝皮书**
上海法治发展报告（2016）
著(编)者:叶青　2016年5月出版 / 估价:69.00元

**上海蓝皮书**
上海经济发展报告（2016）
著(编)者:沈开艳　2016年1月出版 / 估价:69.00元

**上海蓝皮书**
上海社会发展报告（2016）
著(编)者:杨雄 周海旺　2016年1月出版 / 估价:69.00元

**上海蓝皮书**
上海文化发展报告（2016）
著(编)者:荣跃明　2016年1月出版 / 估价:74.00元

**上海蓝皮书**
上海文学发展报告（2016）
著(编)者:陈圣来　2016年1月出版 / 估价:69.00元

**上海蓝皮书**
上海资源环境发展报告（2016）
著(编)者:周冯琦 汤庆合 任文伟
2016年1月出版 / 估价:69.00元

**上饶蓝皮书**
上饶发展报告（2015~2016）
著(编)者:朱寅健　2016年3月出版 / 估价:128.00元

**社会建设蓝皮书**
2016年北京社会建设分析报告
著(编)者:宋贵伦 冯虹　2016年7月出版 / 估价:79.00元

**深圳蓝皮书**
深圳法治发展报告（2016）
著(编)者:张骁儒　2016年5月出版 / 估价:69.00元

**深圳蓝皮书**
深圳经济发展报告（2016）
著(编)者:张骁儒　2016年6月出版 / 估价:89.00元

**深圳蓝皮书**
深圳劳动关系发展报告（2016）
著(编)者:汤庭芬　2016年6月出版 / 估价:79.00元

**深圳蓝皮书**
深圳社会建设与发展报告（2016）
著(编)者:张骁儒 陈东平　2016年6月出版 / 估价:79.00元

**深圳蓝皮书**
深圳文化发展报告(2016)
著(编)者:张骁儒　2016年1月出版 / 估价:69.00元

**四川法治蓝皮书**
四川依法治省年度报告 NO.2（2016）
著(编)者:李林 杨天宗 田禾
2016年3月出版 / 估价:108.00元

**四川蓝皮书**
2016年四川经济形势分析与预测
著(编)者:杨钢　2016年1月出版 / 估价:89.00元

**四川蓝皮书**
四川城镇化发展报告（2016）
著(编)者:侯水平 范秋美　2016年4月出版 / 估价:79.00元

**四川蓝皮书**
四川法治发展报告（2016）
著(编)者:郑泰安　2016年1月出版 / 估价:69.00元

**四川蓝皮书**
四川企业社会责任研究报告（2015~2016）
著（编）者：侯水平 盛毅　2016年4月出版 / 估价：79.00元

**四川蓝皮书**
四川社会发展报告（2016）
著（编）者：郭晓鸣　2016年4月出版 / 估价：79.00元

**四川蓝皮书**
四川生态建设报告（2016）
著（编）者：李晟之　2016年4月出版 / 估价：79.00元

**四川蓝皮书**
四川文化产业发展报告（2016）
著（编）者：侯水平　2016年4月出版 / 估价：79.00元

**体育蓝皮书**
上海体育产业发展报告（2015~2016）
著（编）者：张林 黄海燕　2016年10月出版 / 估价：79.00元

**体育蓝皮书**
长三角地区体育产业发展报告（2015~2016）
著（编）者：张林　2016年4月出版 / 估价：79.00元

**天津金融蓝皮书**
天津金融发展报告（2016）
著（编）者：王爱俭 孔德昌　2016年9月出版 / 估价：89.00元

**图们江区域合作蓝皮书**
图们江区域合作发展报告（2016）
著（编）者：李铁　2016年4月出版 / 估价：98.00元

**温州蓝皮书**
2016年温州经济社会形势分析与预测
著（编）者：潘忠强 王春光 金浩　2016年4月出版 / 估价：69.00元

**扬州蓝皮书**
扬州经济社会发展报告（2016）
著（编）者：丁纯　2016年12月出版 / 估价：89.00元

**长株潭城市群蓝皮书**
长株潭城市群发展报告（2016）
著（编）者：张萍　2016年10月出版 / 估价：69.00元

**郑州蓝皮书**
2016年郑州文化发展报告
著（编）者：王哲　2016年9月出版 / 估价：65.00元

**中医文化蓝皮书**
北京中医药文化传播发展报告（2016）
著（编）者：毛嘉陵　2016年5月出版 / 估价：79.00元

**珠三角流通蓝皮书**
珠三角商圈发展研究报告（2016）
著（编）者：王先庆 林至颖　2016年7月出版 / 估价：98.00元

**遵义蓝皮书**
遵义发展报告（2016）
著（编）者：曾征 龚永育　2016年12月出版 / 估价：69.00元

## 国别与地区类

**阿拉伯黄皮书**
阿拉伯发展报告（2015~2016）
著（编）者：罗林　2016年11月出版 / 估价：79.00元

**北部湾蓝皮书**
泛北部湾合作发展报告（2016）
著（编）者：吕余生　2016年10月出版 / 估价：69.00元

**大湄公河次区域蓝皮书**
大湄公河次区域合作发展报告（2016）
著（编）者：刘稚　2016年9月出版 / 估价：79.00元

**大洋洲蓝皮书**
大洋洲发展报告（2015~2016）
著（编）者：喻常森　2016年10月出版 / 估价：89.00元

**德国蓝皮书**
德国发展报告（2016）
著（编）者：郑春荣 伍慧萍
2016年5月出版 / 估价：69.00元

**东北亚黄皮书**
东北亚地区政治与安全（2016）
著（编）者：黄凤志 刘清才 张慧智 等
2016年5月出版 / 估价：69.00元

**东盟黄皮书**
东盟发展报告（2016）
著（编）者：杨晓强 庄国土　2016年12月出版 / 估价：75.00元

**东南亚蓝皮书**
东南亚地区发展报告（2015~2016）
著（编）者：厦门大学东南亚研究中心 王勤
2016年4月出版 / 估价：79.00元

**俄罗斯黄皮书**
俄罗斯发展报告（2016）
著（编）者：李永全　2016年7月出版 / 估价：79.00元

**非洲黄皮书**
非洲发展报告 NO.18（2015~2016）
著（编）者：张宏明　2016年9月出版 / 估价：79.00元

**国家国别类**

**皮书系列 重点推荐**

**国际形势黄皮书**
全球政治与安全报告（2016）
著(编)者：李慎明 张宇燕
2015年12月出版 定价：69.00元

**韩国蓝皮书**
韩国发展报告（2016）
著(编)者：牛林杰 刘宝全
2016年12月出版 估价：89.00元

**加拿大蓝皮书**
加拿大发展报告（2016）
著(编)者：仲伟合 2016年4月出版 估价：89.00元

**拉美黄皮书**
拉丁美洲和加勒比发展报告（2015～2016）
著(编)者：吴白乙 2016年5月出版 估价：89.00元

**美国蓝皮书**
美国研究报告（2016）
著(编)者：郑秉文 黄平
2016年6月出版 估价：89.00元

**缅甸蓝皮书**
缅甸国情报告（2016）
著(编)者：李晨阳 2016年8月出版 估价：79.00元

**欧洲蓝皮书**
欧洲发展报告（2015～2016）
著(编)者：周弘 黄平 江时学
2016年7月出版 估价：89.00元

**日本经济蓝皮书**
日本经济与中日经贸关系研究报告（2016）
著(编)者：王洛林 张季风
2016年5月出版 估价：79.00元

**日本蓝皮书**
日本研究报告（2016）
著(编)者：李薇 2016年4月出版 估价：69.00元

**上海合作组织黄皮书**
上海合作组织发展报告（2016）
著(编)者：李进峰 吴宏伟 李伟
2016年7月出版 估价：98.00元

**世界创新竞争力黄皮书**
世界创新竞争力发展报告（2016）
著(编)者：李闽榕 李建平 赵新力
2016年1月出版 估价：148.00元

**土耳其蓝皮书**
土耳其发展报告（2016）
著(编)者：郭长刚 刘义 2016年7月出版 估价：69.00元

**亚太蓝皮书**
亚太地区发展报告（2016）
著(编)者：李向阳 2016年1月出版 估价：69.00元

**印度蓝皮书**
印度国情报告（2016）
著(编)者：吕昭义 2016年5月出版 估价：89.00元

**印度洋地区蓝皮书**
印度洋地区发展报告（2016）
著(编)者：汪戎 2016年5月出版 估价：89.00元

**英国蓝皮书**
英国发展报告（2015～2016）
著(编)者：王展鹏 2016年10月出版 估价：89.00元

**越南蓝皮书**
越南国情报告（2016）
著(编)者：广西社会科学院 罗梅 李碧华
2016年8月出版 估价：69.00元

**越南蓝皮书**
越南经济发展报告（2016）
著(编)者：黄志勇 2016年10月出版 估价：69.00元

**以色列蓝皮书**
以色列发展报告（2016）
著(编)者：张倩红 2016年9月出版 估价：89.00元

**中东黄皮书**
中东发展报告 No.18（2015～2016）
著(编)者：杨光 2016年10月出版 估价：89.00元

**中欧关系蓝皮书**
中欧关系研究报告（2016）
著(编)者：周弘 2016年12月出版 估价：98.00元

**中亚黄皮书**
中亚国家发展报告（2016）
著(编)者：孙力 吴宏伟 2016年8月出版 估价：89.00元

社会科学文献出版社　皮书系列

### ❖ 皮书起源 ❖

"皮书"起源于十七、十八世纪的英国,主要指官方或社会组织正式发表的重要文件或报告,多以"白皮书"命名。在中国,"皮书"这一概念被社会广泛接受,并被成功运作、发展成为一种全新的出版形态,则源于中国社会科学院社会科学文献出版社。

### ❖ 皮书定义 ❖

皮书是对中国与世界发展状况和热点问题进行年度监测,以专业的角度、专家的视野和实证研究方法,针对某一领域或区域现状与发展态势展开分析和预测,具备原创性、实证性、专业性、连续性、前沿性、时效性等特点的公开出版物,由一系列权威研究报告组成。

### ❖ 皮书作者 ❖

皮书系列的作者以中国社会科学院、著名高校、地方社会科学院的研究人员为主,多为国内一流研究机构的权威专家学者,他们的看法和观点代表了学界对中国与世界的现实和未来最高水平的解读与分析。

### ❖ 皮书荣誉 ❖

皮书系列已成为社会科学文献出版社的著名图书品牌和中国社会科学院的知名学术品牌。2011年,皮书系列正式列入"十二五"国家重点出版规划项目;2012~2015年,重点皮书列入中国社会科学院承担的国家哲学社会科学创新工程项目;2016年,46种院外皮书使用"中国社会科学院创新工程学术出版项目"标识。

# 中国皮书网
### www.pishu.cn

发布皮书研创资讯，传播皮书精彩内容
引领皮书出版潮流，打造皮书服务平台

**栏目设置：**

- □ 资讯：皮书动态、皮书观点、皮书数据、皮书报道、皮书发布、电子期刊
- □ 标准：皮书评价、皮书研究、皮书规范
- □ 服务：最新皮书、皮书书目、重点推荐、在线购书
- □ 链接：皮书数据库、皮书博客、皮书微博、在线书城
- □ 搜索：资讯、图书、研究动态、皮书专家、研创团队

中国皮书网依托皮书系列"权威、前沿、原创"的优质内容资源，通过文字、图片、音频、视频等多种元素，在皮书研创者、使用者之间搭建了一个成果展示、资源共享的互动平台。

自 2005 年 12 月正式上线以来，中国皮书网的 IP 访问量、PV 浏览量与日俱增，受到海内外研究者、公务人员、商务人士以及专业读者的广泛关注。

2008 年、2011 年，中国皮书网均在全国新闻出版业网站荣誉评选中获得"最具商业价值网站"称号；2012 年，获得"出版业网站百强"称号。

2014 年，中国皮书网与皮书数据库实现资源共享，端口合一，将提供更丰富的内容，更全面的服务。

# 权威报告　热点资讯　海量资源
## 当代中国与世界发展的高端智库平台

皮书数据库 www.pishu.com.cn

　　皮书数据库是专业的人文社会科学综合学术资源总库,以大型连续性图书——皮书系列为基础,整合国内外相关资讯构建而成。包含六大子库,涵盖两百多个主题,囊括了近十几年间中国与世界经济社会发展报告,覆盖经济、社会、政治、文化、教育、国际问题等多个领域。

　　皮书数据库以篇章为基本单位,方便用户对皮书内容的阅读需求。用户可进行全文检索,也可对文献题目、内容提要、作者名称、作者单位、关键字等基本信息进行检索,还可对检索到的篇章再做二次筛选,进行在线阅读或下载阅读。智能多维度导航,可使用户根据自己熟知的分类标准进行分类导航筛选,使查找和检索更高效、便捷。

　　权威的研究报告,独特的调研数据,前沿的热点资讯,皮书数据库已发展成为国内最具影响力的关于中国与世界现实问题研究的成果库和资讯库。

## 皮书俱乐部会员服务指南

**1. 谁能成为皮书俱乐部成员?**
- 皮书作者自动成为俱乐部成员
- 购买了皮书产品(纸质书/电子书)的个人用户

**2. 会员可以享受的增值服务**
- 免费获赠皮书数据库100元充值卡
- 加入皮书俱乐部,免费获赠该纸质图书的电子书
- 免费定期获赠皮书电子期刊
- 优先参与各类皮书学术活动
- 优先享受皮书产品的最新优惠

**3. 如何享受增值服务?**

(1)免费获赠100元皮书数据库体验卡

第1步　刮开皮书附赠充值的涂层(右下);

第2步　登录皮书数据库网站(www.pishu.com.cn),注册账号;

第3步　登录并进入"会员中心"—"在线充值"—"充值卡充值",充值成功后即可使用。

(2)加入皮书俱乐部,凭数据库体验卡获赠该书的电子书

第1步　登录社会科学文献出版社官网(www.ssap.com.cn),注册账号;

第2步　登录并进入"会员中心"—"皮书俱乐部",提交加入皮书俱乐部申请;

第3步　审核通过后,再次进入皮书俱乐部,填写页面所需图书、体验卡信息即可自动兑换相应电子书。

**4. 声明**

解释权归社会科学文献出版社所有

---

皮书俱乐部会员可享受社会科学文献出版社其他相关免费增值服务,有任何疑问,均可与我们联系。

图书销售热线:010-59367070/7028　图书服务QQ:800045692　图书服务邮箱:duzhe@ssap.cn

数据库服务热线:400-008-6695　数据库服务QQ:2475522410　数据库服务邮箱:database@ssap.cn

欢迎登录社会科学文献出版社官网(www.ssap.com.cn)和中国皮书网(www.pishu.cn)了解更多信息

# 皮书大事记
## （2015）

☆ 2015年11月9日，社会科学文献出版社2015年皮书编辑出版工作会议召开，会议就皮书装帧设计、生产营销、皮书评价以及质检工作中的常见问题等进行交流和讨论，为2016年出版社的融合发展指明了方向。

☆ 2015年11月，中国社会科学院2015年度纳入创新工程后期资助名单正式公布，《社会蓝皮书：2015年中国社会形势分析与预测》等41种皮书纳入2015年度"中国社会科学院创新工程学术出版资助项目"。

☆ 2015年8月7~8日，由中国社会科学院主办，社会科学文献出版社和湖北大学共同承办的"第十六次全国皮书年会（2015）：皮书研创与中国话语体系建设"在湖北省恩施市召开。中国社会科学院副院长李培林、国家新闻出版广电总局原副总局长、中国出版协会常务副理事长邬书林，湖北省委宣传部副部长喻立平，中国社会科学院科研局局长马援，国家新闻出版广电总局出版管理司副司长许正明，中共恩施州委书记王海涛，社会科学文献出版社社长谢寿光，湖北大学党委书记刘建凡等相关领导出席开幕式。来自中国社会科学院、地方社会科学院及高校、政府研究机构的领导及近200个皮书课题组的380多人出席了会议，会议规模又创新高。会议宣布了2016年授权使用"中国社会科学院创新工程学术出版项目"标识的院外皮书名单，并颁发了第六届优秀皮书奖。

☆ 2015年4月28日，"第三届皮书学术评审委员会第二次会议暨第六届优秀皮书奖评审会"在京召开。中国社会科学院副院长李培林、蔡昉出席会议并讲话，国家新闻出版广电总局原副局长、中国出版协会常务副理事长邬书林也出席本次会议。会议分别由中国社会科学院科研局局长马援和社会科学文献出版社社长谢寿光主持。经分学科评审和大会汇评，最终匿名投票评选出第六届"优秀皮书奖"和"优秀皮书报告奖"书目。此外，该委员会还根据《中国社会科学院皮书管理办法》，审议并投票评选出2015年纳入中国社会科学院创新工程项目的皮书和2016年使用"中国社会科学院创新工程学术出版项目"标识的院外皮书。

☆ 2015年1月30~31日，由社会科学文献出版社皮书研究院组织的2014年版皮书评价复评会议在京召开。皮书学术评审委员会部分委员、相关学科专家、学术期刊编辑、资深媒体人等近50位评委参加本次会议。中国社会科学院科研局局长马援、社会科学文献出版社社长谢寿光出席开幕式并发表讲话，中国社会科学院科研成果处处长薛增朝出席闭幕式并做发言。

# 皮书数据库
## www.pishu.com.cn

### 皮书数据库三期

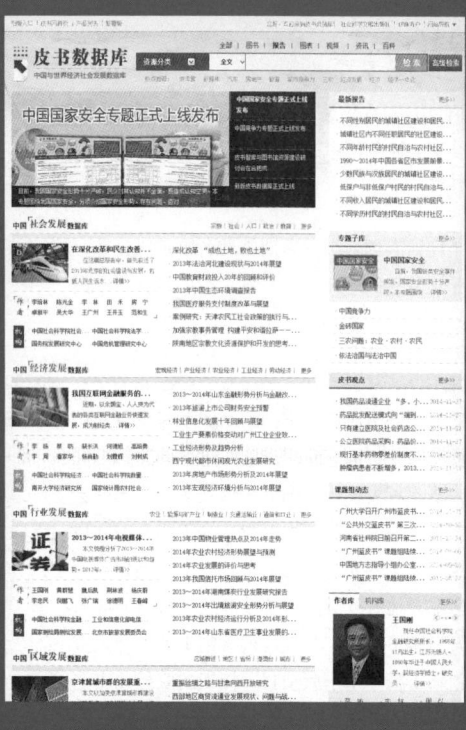

- 皮书数据库（SSDB）是社会科学文献出版社整合现有皮书资源开发的在线数字产品，全面收录"皮书系列"的内容资源，并以此为基础整合大量相关资讯构建而成。

- 皮书数据库现有中国经济发展数据库、中国社会发展数据库、世界经济与国际政治数据库等子库，覆盖经济、社会、文化等多个行业、领域，现有报告30000多篇，总字数超过5亿字，并以每年4000多篇的速度不断更新累积。

- 新版皮书数据库主要围绕存量+增量资源整合、资源编辑标引体系建设、产品架构设置优化、技术平台功能研发等方面开展工作，并将中国皮书网与皮书数据库合二为一联体建设，旨在以"皮书研创出版、信息发布与知识服务平台"为基本功能定位，打造一个全新的皮书品牌综合门户平台，为您提供更优质更到位的服务。

## 更多信息请登录

### 中国皮书网
http://www.pishu.cn

**中国皮书网**
http://www.pishu.cn

**皮书微博**
http://www.weibo.com/pishu

**皮书博客**
http://blog.sina.com.cn/pishu

**皮书微信**
皮书说

---

## 请到各地书店皮书专架/专柜购买，也可办理邮购

咨询/邮购电话：010-59367028　59367070　　邮　箱：duzhe@ssap.cn
邮购地址：北京市西城区北三环中路甲29号院3号楼华龙大厦13层读者服务中心
邮　　编：100029
银行户名：社会科学文献出版社
开户银行：中国工商银行北京北太平庄支行
账　　号：0200010019200365434
网上书店：010-59367070　　qq：1265056568
网　　址：www.ssap.com.cn　　www.pishu.cn